趣读哲学丛书

中国哲学大师的智慧

胡兴松　编著

中山大學出版社
SUN YAT-SEN UNIVERSITY PRESS
·广州·

版权所有　翻印必究

图书在版编目（CIP）数据

中国哲学大师的智慧/胡兴松编著. —广州：中山大学出版社，2015.11

（趣读哲学丛书）

ISBN 978-7-306-05446-3

Ⅰ.①中… Ⅱ.①胡… Ⅲ.①哲学家—生平事迹—中国—先秦时代 Ⅳ.①K825.1

中国版本图书馆 CIP 数据核字（2015）第 224449 号

出版人：徐　劲
策划编辑：徐诗荣
责任编辑：徐诗荣
封面设计：曾　斌
责任校对：廖丽玲
责任技编：何雅涛
出版发行：中山大学出版社
电　　话：编辑部 020-84110283，84113349，84111997，84110779
　　　　　发行部 020-84111998，84111981，84111160
地　　址：广州市新港西路 135 号
邮　　编：510275　传　真：020-84036565
网　　址：http://www.zsup.com.cn　E-mail：zdcbs@mail.sysu.edu.cn
印　刷　者：佛山市浩文彩色印刷有限公司
规　　格：787mm×1092mm　1/16　20.75 印张　340 千字
版次印次：2015 年 11 月第 1 版　2015 年 11 月第 1 次印刷
定　　价：39.80 元

如发现本书因印装质量影响阅读，请与出版社发行部联系调换

总序

哲学是鲜活的，可以趣读

在古希腊神话中，有这样一个故事，狮身人面的女妖司芬克斯站在路旁向行人提出了一个谜语：早晨四脚走路，中午两脚走路，黄昏三脚走路。这是什么？猜不出谜语者都要被其吃掉。后来，聪明的王子俄狄浦斯从此路过，说出了谜底，女妖即跳崖而死。这条司芬克斯之谜的谜底就是"人"。其实，人之谜，是一个猜不破的永恒之谜。世上最伟大的杰作是人，最难读懂的也是人。这不仅是因人的形形色色，更是因人的变化多端。要写好大写的"人"字，要读懂"人"这部天书，无论自觉与否，都离不开哲学思维与方法，因为"哲学就是人学"、"哲学的秘密就在于人"。

人们初入哲学殿堂，常会产生哲学语言晦涩难懂、哲学理论枯燥乏味的感觉。其实，在现实生活中，我们不能"跟着感觉走"，因为人的感觉往往是不可靠的。哲学绝不是学究式的教条，哲学始终都是鲜活的。这是因为：其一，哲学"是自己时代的精华"、"是文明的活的灵魂"（马克思语），具有鲜活的内容；其二，"哲学无定论"，它不可能一劳永逸地破译世界的奥秘，在哲学的殿堂里并不存在绝对正确、至善至美的真理，哲学的发展是鲜活的；其三，就哲学的表达形式而言，虽然在哲学史上曾出现过像赫拉克利特这样的哲学家为免被民众所轻视而故意将哲学著作写得晦涩难懂的情况，但从哲学发展史来看，哲学书籍一般都是形象生动、有血有肉的。而哲学的晦涩难懂和枯燥乏味，则往往产生于呆板、僵化的表述。正因为哲学是鲜活的，需要趣读，也可以趣读，所以，本套丛书以"趣读哲学丛书"命名。

正因为立足于趣读，本套丛书舍弃了完善哲学理论体系的追求，因为我欣赏克尔凯郭尔的《宫殿旁的狗窝》这一则哲学寓言故事。请允许我复制如下："一位思想者建立了一座庞大的建筑，一个体系，一个包容万有及世界历程等等一切的体系，然而，假如我们考察他的个人生活，会发现一个可怕而荒唐的事实：思想家本人并不居住在这座恢宏、高大的宫殿之中，而是住在旁边的马厩里，或者在一个狗窝里，或至多住在脚夫的草屋里。假如有人提醒他注意这个事实，他就会发怒，因为他并不惧怕生活在幻想之中，只要他能够完成这一体系——这也同样借助于幻想。"① 正因我不愿居住在"宫殿旁的狗窝"里，所以我在本套丛书中力求另辟蹊径，以生动活泼的形式和新颖别致的角度来阐释哲学道理，反映哲学鲜活的本质。主观愿望与客观实际效果是否一致，读者自有评说。

我们不奢望培养出千千万万的"哲学王"，然而，一个人不能没有哲学头脑，一个民族不能没有哲学思想。在"经济繁荣"的条件下出现"哲学贫困"，绝对是民族与国家的悲哀。为此，我们必须变革"贫困的哲学"，使哲学兼容并蓄、与时俱进，使哲学走出书斋、走近大众，使哲学通俗易懂、深入人心。我企盼本套丛书在这一方面有所促进与推动。

哲学是"爱智"之学，哲学是"爱思"之学，哲学青睐充满智慧与思维的头脑。古希腊哲学家亚里士多德说："每一个人在本性上都想求知。"英国著名哲学家毛姆则说："人人都可以成为哲学家！"最早的哲学家就是出于对普通人习以为常的事情感到"诧异"，进而通过思辨来提出自己的一孔之见，从而形成独特的哲学学说的。努力吧，也许你就是未来的哲学家！

我喜爱鲜活的哲学，也期望大家能喜爱我用此种方式来阐释和解读哲学。"我爱"与"爱我"的和谐统一，是本人追求之目标。

"路漫漫其修远兮，吾将上下而求索。"

胡兴松
2015 年 5 月 12 日于前海湾畔

---

① 杨玉功编译：《克尔凯郭尔哲学寓言集》，商务印书馆 2000 年版，第 37 页。

目录

卷首语 …………………………………………………………… (1)

道法自然的老子 ………………………………………………… (13)

老子是当之无愧的中国哲学之父,所著《道德经》洋洋五千言,博大精深。老子提出了以"道"为核心的哲学体系,认为道生万物,道法自然,道需自悟,人们要顺天道而行,以达"道"之境界。老子关于"刚强与柔弱"等言说,闪耀着朴素的辩证法思想;关于"无为而治"的为政之道,关于"保全本性"的养生之道和修身之道,都是人类宝贵的精神财富。

贵己重生的杨子 ………………………………………………… (41)

在中国哲学史上,杨子第一个说出了"我"——人的自我、人的个人利益。杨子关切的是自我、自由与本真,主张"贵己"、"重生",倡导"拔一毛而利天下不为也"。提倡人们在"轻物重生"的范围内,保全真性情,不为身外之物所拖累,实现真正的精神自由。许多与杨子相关的故事,如一毛不拔、美者自美、杨布打狗、歧路忘羊等,则是广为流传,经久不息。

逍遥自在的庄子 ……………………………………………………（49）

庄子是道家学派的第二代宗师，后世将其与老子并称为"老庄"。庄子主张"天道无为"、"无为而治"，崇尚自然，追求逍遥自在的绝对自由境界。他的许多故事如庄周梦蝶、涸辙之鱼、鹏程万里、螳螂捕蝉、每况愈下、盗亦有道等背后的人生价值观、辩证思维与机智，无不令人折服，引人深思。

清静无为的列子 ……………………………………………………（65）

列子是老子和庄子之外的又一位道家学派的著名代表人物。他的哲学思想源于黄帝、老子，主张清静无为，顺其自然。列子的学说主要是养生术，认为人不能长生不死，一切都应率性而为。《列子》记载了众多民间故事、寓言和神话传说，如愚公移山、杞人忧天、纪昌学射等，篇篇闪烁着智慧的光芒，表达了精微的哲理，完全可以与古希腊的《伊索寓言》媲美。

仁者爱人的孔子 ……………………………………………………（77）

儒家学派的创始人孔子，是我国历史上最著名的思想家、哲学家和教育家，中华民族传统文化的奠基者之一，也是具有深远影响的世界文化名人。在最能代表中国文化符号的人物中，孔子名列第一。孔子面对春秋末期急剧变革的社会现实，汲取夏商的文化营养，继承周代的文化传统，创造了以"仁"、"礼"、"中庸"为主要内容的哲学思想体系。

人性本善的孟子 ························· (141)

孟子继承和发扬孔子的哲学思想，成了仅次于孔子的一代儒家宗师，有"亚圣"之称，与孔子并称为"孔孟"。孟子哲学思想的核心是"性善论"，提倡培养"富贵不能淫，贫贱不能移，威武不能屈"的大丈夫精神。孟母三迁、始作俑者、缘木求鱼、一曝十寒、顾左右而言他、舍鱼取掌等脍炙人口的语句，都源自孟子。

人性本恶的荀子 ························· (185)

荀子承孔孟之余绪，集诸子之大成，开儒家之新风，创独家之荀学，从而成为了我国先秦思想的集大成者。荀子在人性问题上提出"性恶论"，主张"人性本恶"，否认天赋的道德观念，强调后天环境和教育对人的影响。他反对信仰天命鬼神，视天为自然之天，并提出了"天人相分"的思想，主张"天地合而万物生"的唯物主义观点。

学富五车的惠子 ························· (203)

惠子，战国时期著名的政治家、哲学家，是名家学派的开山鼻祖和主要代表人物，为合纵抗秦的最主要的组织人和支持者，担任魏国宰相长达12年。惠子学识渊博，能言善辩，善用比喻，《庄子·天下篇》说："惠施多方，其书五车。"成语"学富五车"由此而来。惠子与庄子在知识、学问和智慧问题上多次进行过高水平的辩论，"濠梁之辩"即为其经典案例。

白马非马的公孙龙子 ……………………………………（215）

公孙龙子是名家"离坚白派"的代表人物，是战国末期活跃于政治舞台上的一位游士、谋士和辩士。他以善辩著称，曾为平原君门客。在学术上，公孙龙子提出了"白马非马"、"离坚白"等著名命题。有人将公孙龙子的思想和西方哲学相比较，认为他"构造了一个相当丰富的关于语言本身的哲学理论"，并不比亚里士多德逊色，并认为他开创了中国理性学派的先河。

兼爱非攻的墨子 ……………………………………（225）

墨子是墨家学派的创始人。他是中国历史上唯一一个农民出身的哲学家，也是整个中国两千年文明历史上第一位站在最底层劳动者和社会弱者的立场上说话的哲人。墨子的"兼爱"思想是其整个哲学思想体系的核心。墨子还创立了以几何学、物理学、光学为突出成就的一整套科学理论，后人尊称其为"科圣"。

军令如山的孙子 ……………………………………（249）

孙子是战国时期伟大的思想家、卓越的军事家，被后人尊崇为"兵圣"、"兵家之祖"和"兵家之师"。他给后世留下了一部不朽的军事名著——《孙子兵法》。它是我国现存最早、最完整、最系统的兵书，在国际上，也被视为"世界古代第一部兵书"，被誉为世界"兵家圣典"。

身残志坚的孙膑子 ·· （255）

孙膑是战国时期伟大的思想家、卓越的军事家。他早年曾与庞涓师从鬼谷子学习兵法，在争先吃饼、哄骗师傅、百担有余、月朗星稀等事件中，孙膑都比庞涓智高一等。庞涓出任魏将后，妒孙膑之才而将其骗至魏，施以膑刑（割去膝盖骨），故称"孙膑"。孙膑遭受迫害，装疯度日，后逃往齐国，为田忌门客，助田忌赛马。孙膑身残志坚，在与魏国的战争中，齐威王任孙膑为军师，围魏救赵，减灶诱敌而大败魏军。随后，孙膑急流勇退，隐退而居，著《孙膑兵法》。

富国强兵的管子 ·· （265）

管子，是春秋时期齐国著名的思想家、政治家、军事家、哲学家、法家学派先驱。管子一生传奇，从平民到宰相，甚至为齐桓公尊为"仲父"，被后人誉为"华夏第一相"。管子功成名就，既是学识渊博的思想家，又是政绩斐然的政治家，可以说是先秦诸子中唯一成功的典范。

以法为本的韩非子 ·· （287）

韩非子是战国晚期著名的哲学家、思想家和散文家，是法家思想的集大成者。韩非是中国历史上第一个提出"以法治国"的人，其法治思想为秦始皇所重用，为中国第一个统一专制的中央集权制国家的诞生提供了理论依据。韩非提出了唯物主义的自然观和无神论思想，其朴素辩证法思想较为突出。他一生创作了大量脍炙人口的寓言故事，最著名的有"自相矛盾"、"守株待兔"、"讳疾忌医"、"滥竽充数"、"老马识途"等。

合纵抗秦的苏秦 ··· (297)

苏秦是战国时代最著名的说客与谋士,纵横家中合纵派的领军人物和最高首脑。他曾先后说服燕、赵、韩、魏、齐、楚六国联合起来抗秦,迫使秦国废帝退帝,苏秦成为"纵约长","并相六国,显赫一时"。他也是最讲究语言修辞的说客,他的辞藻华丽、排比气势如虹、比喻夸张随手拈来,各种修辞手段应有尽有,可以说他是战国时代说客、谋士中的集大成者。历史上留下许多与他相关的著名典故,如"悬梁刺股"、"前倨后恭"等。

连横攻弱的张仪 ··· (309)

张仪是战国时期著名的政治家、外交家和谋略家,与当时纵横家苏秦齐名,是连横派的领军人物和最高首脑。苏秦创"合纵"之法,游说六国合纵抗秦之后,张仪则施以"连横"之术,游说六国亲秦,拆散"合纵"。在当时"合纵"派与"连横"派的斗争中,最终以张仪为首的连横派的胜利而告终。

后　记 ·· (321)

卷 首 语

　　走进璀璨的中国哲学史殿堂，首先映入眼帘的是——道家的老子、庄子、列子和杨子，儒家的孔子、孟子和荀子，名家的惠子和公孙龙子，墨家的墨子，兵家的孙子和孙膑子，法家的管子和韩非子，纵横家的苏秦与张仪。这些先秦圣哲，可谓中国哲学史上的一座令人敬仰的群雕。而他们精巧的智慧、深邃的思想、可爱的品性，正是蕴藏在一个个鲜活的生命体之中，并以其风趣的形象示人。

　　走近大师，也许你会惊叹：哦，原来他们也是有血有肉的人啊！

一、道　　家

　　老子是当之无愧的中国哲学之父，在中国哲学史上占有重要的地位。老子触景生情所著《老子》（亦称《道德经》）洋洋五千言，博大精深，犹如长江浩海，任人取酌。

　　老子自幼敏而好学，心地善良，为人诚实，曾任周守藏室之史，后骑青牛，西去觅真空，隐居而求"道"，不知所终。

　　在哲学上，老子提出了以"道"为核心的哲学体系，认为"道"生万物，"道"是宇宙万物的本体，是产生整个物质世界的总根源。他认为，道法自然，大道难以言表，道需自悟，人们要顺天道而行，以达"道"之境界。

　　老子关于"刚强与柔弱"、"砖头与石头"、"楚弓楚得"等言说，闪耀着朴素的辩证法思想。他关于"君子德如玉"、"民不畏死"、"绝圣弃智"、"小国寡民"、"无为而治"的为政之道，他关于"保全本性"的养生之道和修身之道，都是人类宝贵的精神财富。

　　老子与孔子相会，接受孔子问礼，是中国哲学史上空前绝后的一大盛事。两位圣哲的会晤，为中国哲学史乃至世界哲学史留下了两个伟大

思想碰撞的光辉。孔子对老子是崇拜至极,"犹如见龙"即为孔子真实心理的写照。

老子天下第一,老子永远不老!

老子之后,以庄子、杨子为代表的道家,关切的是自我、自由与本真,属于内在精神生命追求。杨子学派,按其学说宗旨属于道家,但又与老庄有别。杨子曾师从老子,处于老子与庄子之间,成为道家承上启下的人物。

杨子主张"贵己"、"重生",倡导"拔一毛而利天下不为也"。在中国哲学史上,杨子第一个说出了"我"——人的自我、人的个人利益。诚然,杨子的"贵己"、"重生"的思想,是要人们在"轻物重生"的范围内,保全真性情,不为身外之物所拖累,实现真正的精神自由。这在当时也不乏赞誉之辞。

许多与杨子相关的故事,如杨布打狗、歧路忘羊、美者自美、一毛不拔,则是广为流传,经久不息。

庄子是道家学派的第二代宗师。他继承和发展了老子"道法自然"的观点,后世将其与老子并称为"老庄",他们的哲学思想体系被尊称为"老庄哲学"。庄子一生过着贫穷的生活,做过蒙地方的漆园吏(掌管漆园),曾拒绝楚威王礼聘为宰相,后"终身不仕"。

庄子主张"天道无为",其思想包含着朴素辩证法的因素,主张"无为而治",崇尚自然,追求逍遥自在的绝对自由境界。

通过"庄周梦蝶"的典故,我们似乎可见,在炎夏树荫下,童子抵树根而眠,庄周袒胸仰卧石榻,鼾声醉人。

涸泽之鱼、鹏程万里、螳螂捕蝉、每况愈下、盗亦有道等故事已经演绎为脍炙人口的成语。舐舔痔疮、宁做自由之龟、比南面王还快乐、无为方可保命等故事背后的人生价值观,鼓盆而歌、儒士儒服、巧论三剑、材与不材等故事背后的辩证思维与机智,无不令人折服,引人深思。

中国哲学史上永远保留着庄子逍遥自在的足迹,回响着庄子"天道无为"的天籁之音。

列子是老子和庄子之外的又一位道家学派的著名代表人物。他人穷志不穷,拒绝诱惑,长期隐居修道,后游学齐卫,是一个自由遨游的人,传说能御风而行,所过之处,草木皆枯。他师从壶丘子,曾点化尹生。

列子的哲学思想源于黄帝、老子,主张清静无为、顺其自然,追求自然的真性。列子的学说主要是养生术，认为人不能长生不死，一切都应率性而为。

《列子》记载了众多民间故事、寓言和神话传说，如愚公移山、歧路忘羊、杞人忧天、纪昌学射，篇篇闪烁着智慧的光芒，表达了精微的哲理，完全可以与古希腊的《伊索寓言》媲美。

二、儒　　家

春秋时期，儒家学派的创始人孔子，是我国历史上最著名的思想家、哲学家和教育家，中华民族传统文化的奠基者之一，也是具有深远影响的世界文化名人。孔子早年父母双亡，生活贫困，遭受凌辱，因贫贱而多才多艺，曾任"委吏"（司会计）和"乘田"（管畜牧）等小官，年50时任中都宰（县令），后升为司空（掌管工程）、司寇（掌管司法诉讼），行摄相事。孔子以国事为重，使鲁国出现了"路不拾遗"的政治景象。

随后，因齐国人使用"美人计"，孔子遭鲁定公冷遇，于是他信守"道不同不相谋"，率弟子周游列国，宣传自己的政治主张。孔子先到卫国，后过匡适陈，然后又过蒲返卫，又过曹适宋，后到郑、陈、蔡、楚等国，再次到卫，在外游历14年后返回鲁国。

在周游列国期间，孔子走得艰难辛酸：到卫被迫见南子而遭误会，过匡地遭遇围困，经蒲遭到扣押，入宋遭威胁，进郑吃闭门羹，在陈蔡绝粮七日，甚至还遭到世人"太多事"的指责与讽刺挖苦，"累累若丧家之犬"，但他相信天意，从而矢志不移，"知其不可而为之"。

孔子周游列国无果而终，返回鲁国后，虽被尊为"国老"，还是不得重用，只得继续从教，潜心著述，韦编三绝，致力于文化教育和文化典籍整理工作。

孔子自谓15岁就"志于学"，形成了独特的为学之道。他为人好学，学而不厌，不耻下问，"入太庙，每事问"；他学无常师，主张"三人行，必有我师，择其善者而从之"，曾拜项橐为师，问礼于老子，学琴于师襄子，学乐于苌弘，学史于炎子，甚至向采桑娘求教；他主张快乐学习，学习时"发愤忘食，乐以忘忧，不知老之将至"；他主张学无止境，强调终生学习。

作为"至圣先师"，孔子的为师之道令后人纷纷效仿。孔子首创私学

和分科教育，开设"杏坛"，讲授"六艺"，传教授业，打破了"学在官府"的传统。晚年返回鲁国后，他继续从教，奠定了"至圣先师"的地位。

孔子坚持"有教无类"，不分贫富、贵贱、智愚、善恶等，只要有心向学，都实施教育。孔子先后有"弟子三千，贤人七十二"，其中有不同国别、族类和不同出身的，也有不同天赋、不同年龄以及不同入门时间的，而孔子能够摒弃一切偏见，一视同仁对待他们。孔子弟子中有的是贵族子弟（如南宫敬叔、司马牛、孟懿子），有的是商人子弟（如子贡），但更多的是平民子弟（如颜回、曾参、闵子骞、子路、子张、子夏），还有家无立锥之地的"贱人"冉雍、出狱的犯人公冶长。从个体差异而言，有聪明过人的弟子，如"闻一以知十"的颜回、"闻一以知二"的子贡，也有天资愚钝者，如子羔"愚"、澹台灭明"材薄"、曾参"鲁"（迟钝）、子张"辟"（偏激）、子路"喭"（鲁莽）、冉求"退"（退缩）。孔子一旦收为门徒，同样施以教育。他认为，只要教育，"人皆可以为尧舜"。

孔子"诲人不倦"，认为弟子互有长短，充分尊重弟子的个性特点，坚持"因材施教"，采用不同的教学内容和教学方法，或"循循然善诱人"，或学思结合，或教学相长，使弟子们都能得到合乎天性、顺其自然的最优发展。

作为教师的孔子也是性情中人，他随和达观、不喜空论、追求浪漫的理想，但也有过自我夸耀、为眼见而蒙蔽；他赞子贡举一反三、为颜回而痛哭，但也发生过讥讽子路、骂樊迟学稼、斥宰予朽木不可雕、鼓励弟子对冉求鸣鼓而攻之。

孔子面对春秋末期急剧变革的社会现实，汲取夏商的文化营养，继承周代的文化传统，创造了以"仁"、"礼"、"中庸"为主要内容的哲学思想体系。

孔子的学说以"仁"为核心，视孝悌为"仁"的根本，而"仁"的执行要以"礼"为规范。他主张"孝在于敬心"，甚至斥责宰我不孝；他主张"克己复礼为仁"，"仁者爱人"，"己所不欲，勿施于人"；他推行仁政德治，主张为政"以正心善意为本"，"为政以德"，"以道事君"，更强调"水能载舟，亦能覆舟"，"民是立国之本"；他反对重税，反对苛政，反对杀戮。孔子的仁政之道，是对"人"的发现，标志着从殷周天命神学到伦理哲学的转变,在中国哲学史上具有划时代的意义。

孔子在强调内在的"仁"的同时,也肯定了作为外在规范系统的"礼"的重要性。他认为,"不学礼,无以立"。他强调"莫让'无私'伤规则","不要超越界限",甚至言传身教,测试洗衣女是否"通情达理"。孔子用"礼"来规范、约束人们行为的礼治之道,为世人所称道。

孔子对"中庸"极为推崇,视其为"至德"。他崇尚"中庸",主张"用其中"、"无过无不及",反对主观和墨守成规。孔子运用"过犹不及"的中庸之道,对生与死、利与义、情与礼、勇与怯、祸与福等,都有自己独到的见解,充满了朴素的辩证法思想。孔子的中庸之道,成为一种哲学智慧与方法论。

还有,孔子的为人之道也别具一格,造就了孔子"仰之弥高,钻之弥坚"的人格魅力。他讲究"君子之道",提倡做"明智与仁德之人",主张"谨言慎行",谦虚谨慎;强调做人要"能屈能伸","不为名所役","知足者常乐";强调要"修身、齐家、治国、平天下"。

在世界观上,孔子较少讲天道问题,但并不否定有人格意志的天;重视天命,却强调人为,认为存亡祸福都由人定,甚至能预知未来、料事如神、观天知雨;重视祭祀,但怀疑鬼神,主张"敬鬼神而远之"。

在认识论上,孔子虚悬"生而知之",但更重视"学而知之";主张全面学习他人,但更强调"择其善者而从之";主张多闻多见、学思结合、学行并重、言行统一。

孔子的学说内涵丰富,自成系统,在中国历史上产生了深远影响。近年,中外研究机构和学者分别进行的"中国文化符号调查"结果表明,在最能代表中国文化符号的人物中,孔子名列第一。

孟子继承和发扬孔子的哲学思想,成为了仅次于孔子的一代儒家宗师,有"亚圣"之称,与孔子并称为"孔孟"。孟子曾周游列国,以天下为己任,游说诸侯,宣传其主张,但不被重用。晚年回故乡从事教育和著述,与弟子一起著《孟子》七篇,至宋代被列为"四书"之一。

孟子哲学思想的核心是"性善论"。在此基础上,他提出了仁政学说和修养学说。他认为,"人性本善","人性向善,犹如水向下","人皆可为尧舜","好善足以治天下",只要自觉努力,任何人都可以达到"天人合一"的境界,成为道德完善的圣人。他针对当时"天下无道"的状况,提倡"王道",主张"仁政",强调"仁者无敌","以德服人",提

出了"保民而王"、"民贵君轻"、"与民同乐"的民本思想。他强调人的道德价值和道德自觉精神,提出个人修养要"尽心"、"知性"、"知天",要"舍生取义",要养浩然之气,要培养"富贵不能淫,贫贱不能移,威武不能屈"的大丈夫精神。

孟母三迁、始作俑者、缘木求鱼、一曝十寒、再作冯妇、以邻为壑、顾左右而言他、舍鱼取掌等脍炙人口的语句,都源自孟子。

作为先秦儒学的殿军,荀子提出了许多颇具特色的哲学见解。在自然观方面,他反对信仰天命鬼神,视天为自然之天,并提出了"天人相分"的思想,主张"天地合而万物生"的唯物主义观点,肯定自然的天具有不以人的意志转移的规律性,强调"制天命而用之"。在人性问题上,他提出"性恶论",主张"人性本恶",强调后天环境和教育对人的影响。在认识论上,他提出"形具而神生",认为人的精神活动依赖于人的形体;承认人的思维能反映现实,肯定世界的可知性,但有轻视感官作用的倾向。在政治思想上,他坚持儒家的礼治原则,主张"隆礼重法",同时重视人的物质需求,主张发展经济和礼法兼治、王霸并用。

在《劝学篇》中,荀子集中论述了关于学习的见解。他强调"学"的重要性,认为只有博学才能"知助而无过",学习必须联系实际,学以致用,学习态度应当精诚专一,要虚心、专心和静心,坚持不懈。同时,他非常重视教师在教学中的地位和作用,对教师提出了严格要求,认为教师如果不给学生做出榜样,学生是不能躬行实践的。

荀子讲学于齐、仕宦于楚、议兵于赵、议政于燕、论风俗于秦,对当时社会的影响不在孔孟之下。在战国末期的百家争鸣中,荀子学问渊博,承孔孟之余绪,集诸子之大成,开儒家之新风,创独家之荀学,从而成为了我国先秦思想的集大成者,奠定了其在中国古代文化发展史上不朽的地位。荀子的许多哲学观点,直至今日还闪耀着智慧的光芒,给人以启迪。

三、名　　家

惠子是名家的代表人物,合纵抗秦最主要的组织人和支持者。他担任魏国宰相长达12年,为魏惠王立法,主张魏国、齐国和楚国联合起来对抗秦国,并建议尊齐为王。魏惠王在位时,惠子因为与张仪不和而被驱逐出魏国，先到楚国，后回到宋国，与庄子成为朋友。公元前319年，惠子重返魏国。在先秦诸子中，惠子是一位很有特色的思想家。一方面，他是战国中期颇有作为的政治活动家，另一方面，他是"百家争鸣"中自成宗派的著名学者。

作为战国时代"名辩"思潮中的思想巨子，惠子与公孙龙子共同将名辩学说推向顶峰。惠子曾努力钻研宇宙间万物构成的原因，提出了"全同异"的观点，即"历物十事"，主要是有关宇宙万物的学说，主张广泛地分析世界上的事物，并从中总结出世界变化发展的规律。他提出的10个命题，主要是从观察事物的不同角度，说明高低、大小、中央与四周等事物的空间关系都是相对的，其中含有一定的辩证法因素。他的学说在当时与儒、墨、杨（朱）、秉（公孙龙）并列为五，对先秦名学的发展起了重要作用。

惠子学识渊博，能言善辩，善用比喻，《庄子·天下篇》说："惠施多方，其书五车。"成语"学富五车"由此而来。惠子与庄子在知识、学问和智慧问题上多次进行过高水平的辩论，"濠梁之辩"即为其经典案例。庄子的思维既敏捷又飘逸，惠子的思想既深邃又超凡。庄子对惠子崇敬有加，惠子死后，庄子慨叹道："自从先生去世，我没有了对手，我没有了谈论的对象！"

公孙龙子也是名家的代表人物，是战国末期活跃于政治舞台上的一位游士、谋士和辩士。他有自己鲜明的政治主张和系统的学术观点，并为此积极地进行游说和论辩。在政治上，他主张偃兵、兼爱，反对诸侯之间的战争，曾先后说赵惠王以兼爱，说燕昭王以偃兵。他作平原君赵胜家客卿20余年，受到赵国君臣的厚待。他在邯郸解围后劝平原君赵胜不受封地，为其采纳。他在平原君家与孔穿辩论"白马非马"，还与邹衍有辩论，受到邹衍的批评，不久被平原君罢黜。

在学术上，公孙龙子以论"白马非马"著称于时，又持"坚白石相离"说，是"离坚白"学派的主要代表。公孙龙以善辩著称。他的论辩犀利灵通，常展诡辩之风，而在诡辩之中更突出了他的论辩之才，往往是雄辩风生，独具匠心；他常常使用诘难句式，以揭露对方的矛盾，使其屈服，而针对对方的问题，他又能巧妙答辩，且将深刻的哲理蕴含在简洁的语句之中。

中国哲学大师的智慧

四、墨　家

墨子是墨家学派的创始人。他早年曾学习儒术，因不满周礼之烦琐，另立新说，聚徒讲学，创立墨学，与儒学对立，并称为"儒墨显学"。他率徒周游列国，劝卫养士，鼓而进义，答公孟子，智驳巫马子，献书楚王，宣传其政治主张；他止齐伐鲁，止鲁攻郑，说服公输盘，劝谏楚王，制止了多次战争。

墨子的"兼爱"思想是其整个哲学思想体系的核心，他提出了"兼爱、非攻、尚贤、尚同、节用、节葬、非乐、天志、明鬼、非命"十大主张，构成了墨子认为"择务而从事"的最重要的十件大事，也是构成墨子整个哲学思想和政治主张的主要之点，其中包含着极为丰富的朴素唯物主义和辩证法思想，为中国哲学史上宝贵的遗产，但也存在着某些消极的迷信成分。

墨子哲学思想的主要贡献是在认识论方面。他以"耳目之实"的直接感觉经验为认识的唯一来源。从这一朴素唯物主义经验论出发，墨子提出了检验认识真伪的标准（即"三表"），把"事"、"实"、"利"综合起来，以间接经验、直接经验和社会效果为准绳，努力排除个人的主观成见。

墨子的思想学说主要保存于《墨子》一书中。《墨子》内容丰富深邃，博大精深，其中有智德并修、兼爱救世的思想，创造发明、逻辑论辩的倡导，知行并用、利人牺牲的见解，刻苦实践、强力而为的主张，尚贤尚同、民主政治的作风，生产节约、消费分配的理论，防御非攻、抵抗侵略的精神等，是一部百科全书式的不朽之作，被称为人类文化的瑰宝。

五、兵　家

孙子被后人尊崇为"兵圣"、"兵家之祖"和"兵家之师"。公元前512年，经吴国谋臣伍子胥多次推荐，孙子带上他的兵法晋见吴王阖闾。他操练宫女，军令如山，与吴王问对，谈论治国的正道，深得吴王赏识，遂任命孙子以客卿身份为将军。公元前506年，吴楚大战，孙子指挥吴国军队以三万之师，千里远袭，深入大国，五战五捷，直捣楚都，创造了我国军事史上以少胜多的奇迹，为吴国立下了卓著战功。

孙子还给后世留下了一部不朽的军事名著——《孙子兵法》。它是我国现存最早、最完整、最系统的兵书，北宋神宗时，被列为"武经七书"之首。全书共分"计、作战、谋攻、形、势、虚实、军争、九变、行军、地形、九地、火攻、用间"13篇，5900余字，但这短短的几千字里却包含着一个博大精深的理论体系和十分丰富的思想内容，揭示了战争的规律，论述了战争论、治军论、制胜论等多方面的法则，具有朴素的唯物论和辩证法思想，对中国军事学术的发展产生了巨大而深远的影响。在国际上，《孙子兵法》被视为"世界古代第一部兵书"，现在不仅于军事领域，而且在经济、体育等方面都受到了极大关注和广泛应用。

孙膑子是战国时期伟大的思想家、卓越的军事家，早年曾与庞涓师从鬼谷子学习兵法，在争先吃饼、哄骗师傅、百担有余、月朗星稀等事件中，孙膑子都比庞涓智高一等，故而深得鬼谷子喜爱，并师传兵书。庞涓出任魏将后，妒孙膑子之才而将其骗至魏，施以膑刑（割去膝盖骨）。孙膑子遭受诱害，装疯度日，后逃往齐国，为田忌门客，助田忌赛马；孙膑子身残志坚，在与魏国的战争中，齐威王任孙膑子为军师，围魏救赵，减灶诱敌而大败魏军。随后，孙膑子急流勇退，隐退而居，著《孙膑兵法》。

孙膑子的论著博大精深，他提出的"战胜而强之"的战争观、"必攻不守"的进攻战略、"巧妙造势"的灵活战术、"以人为贵"的治军原则、"富国"是"强兵之急"的观点等战争哲理和运筹思想，不仅完善和发展了《孙子兵法》的理论，而且包含朴素的唯物论和辩证法思想，对后世兵家和军事著作也产生了很大影响。因此，它被誉为世界"兵家圣典"。

六、法　　家

管子，是春秋时期齐国著名的思想家、政治家、军事家、哲学家，法家学派先驱。管子一生传奇，从平民到宰相，甚至为齐桓公尊为"仲父"。他秉政四十年间，采用政治、军事、经济等谋略，辅佐齐桓公对内省刑薄赋、官山海、破厚葬、治理懒惰、招商引资，甚至设立"女闾"，

藏富于民，对外尊王攘夷、买鹿制楚、服帛降鲁梁、劝君信守盟约、九合诸侯一匡天下，使弱小的齐国成为春秋五霸之首。管子功成名就，既是学识渊博的思想家，又是政绩斐然的政治家，可以说是先秦诸子中唯一成功的典范。

在哲学上，管子提出了唯物主义的精气论。他认为，精气是构成万物的最小颗粒，又是构成无限宇宙的实体，有意识的人是由精气生成的。管子认为，认识的对象存在于认识的主体之外。在认识过程中，主体要舍弃主观臆断，以外物为认识根据，要反映外物的真实情况。管子的精气论，对中国唯物主义的发展产生过深远影响，后来的唯物主义哲学家如王充、柳宗元等，都受到其影响。

韩非子是战国晚期著名的哲学家、思想家和散文家，法家思想的集大成者。针对韩国的现状，韩非提出了许多有利的建议和主张，但因为他口吃，都未被韩王采纳，于是他便发愤著《韩非子》，把自己的思想用文字表达出来。他的文章写得出色，洋洋洒洒，词锋犀利，论理透彻，气势不凡，很快便流传到其他各国。秦始皇看过《韩非子》一书后，赞叹有加，说："如果寡人能见到此书的作者，与之交流谈论，死而无憾！"为此，秦始皇发动了一场偶像之战，指名道姓将韩非子索要到了秦国。

韩非是法家学派中极有影响的人物，其法治思想为秦始皇所重用，为中国第一个统一专制的中央集权制国家的诞生提供了理论依据。韩非是中国历史上第一个提出"以法治国"的人。

韩非提出了唯物主义的自然观和无神论思想，反对迷信鬼神。在哲学上，韩非的朴素辩证法思想较为突出。他一生创作了大量脍炙人口的寓言故事，最著名的有"自相矛盾"、"守株待兔"、"讳疾忌医"、"滥竽充数"、"郑人买履"、"狗猛酒酸"、"踊贵履贱"、"老马识途"等。这些生动的寓言故事，蕴含着深隽的哲理，凭着思想性和艺术性的完美结合，给人们以智慧的启迪。

七、纵横家

战国时期，齐、楚、燕、韩、赵、魏、秦这七个诸侯强国，即战国七雄，连年征战，在政治、军事、外交等方面的斗争十分激烈。此时，各诸侯国在军事和外交上，纷纷采取了"合纵"或"连横"的策略。正是这样的时代背景给像苏秦、张仪这样的纵横家提供了施展才华的机遇和舞台。

苏秦，是战国时代最著名的说客与谋士，纵横家中合纵派的领军人物和最高首脑。苏秦初欲"连横"，劝秦惠王用远交近攻的方法逐个击破东方六国，秦不用，故东"合纵"，先后说服燕、赵、韩、魏、齐、楚六国联合起来抗秦，迫使秦国废帝退帝，苏秦成为"纵约长"，"并相六国，显赫一时"。可是由于六国内部的问题，轻而易举就被秦国击溃。后合纵盟约瓦解，苏秦去赵归燕，又因燕使齐，进行弱齐强燕的外交间谍活动，终因行迹败露，被齐国车裂而死。

苏秦擅长于战略谋划、长篇游说和辩论，他所解决的问题都是当时国际上的首要问题或者一个国家的核心问题，对具体问题和局部问题的策略，他不是太感兴趣。他游说时善于抓住要害和本质问题，单刀直入、鞭辟入里；富有逻辑性，说理清楚，极具信服力。他也是最讲究语言修辞的说客，他的辞藻华丽、排比气势如虹、比喻夸张随手拈来，各种修辞手段应有尽有，可以说他是战国时代说客、谋士中的集大成者。

在重视国家外交的基础上，苏秦运用极具辩证色彩的矛盾分析方法，深切分析了当时七国纷繁错综的外交、军事关系，进而对不同的矛盾进行加工、选择，指出各国外交的要害。苏秦肯定了统一战争的必要性，又反对争夺利益的不义之战，更清醒地意识到战争带给社会、人民的巨大灾难，提出了一系列节制战争、反对战争的观点。苏秦以论辩艺术说服各国，谋取功名，借时代之力，将个人的力量发挥到极致，照样可称作时代之骄子。

张仪，是战国时期著名的政治家、外交家和谋略家，与当时纵横家苏秦齐名，是连横派的领军人物和最高首脑。苏秦创"合纵"之法，游说六国合纵抗秦之后，张仪则施以"连横"之术，游说六国亲秦，拆散"合纵"。在当时合纵派与连横派的斗争中，最终以张仪为首的连横派的胜利而告终。

公元前329年，张仪由赵国西入秦国，凭借出众的才智，被秦惠王任为客卿。次年，出任秦国第一任相国，位居百官之首，参与军政要务及外交活动，从此开始了他的政治、外交和军事生涯，凭借三寸不烂之舌，游说于燕、韩、赵、魏、齐、楚、秦之间，巧施"连横"之术，辅助秦国统一了天下。

张仪在商鞅变法的基础上,"外连衡而斗诸侯",与秦国的耕战政策相配合,运用雄辩的口才,诡谲的谋略,纵横捭阖,游说诸侯,主要凭借外交手段,采用连横策略,"散六国之从,使之西面事秦",使秦国的国威大张,在诸侯国中产生了巨大的威慑作用,为秦国的霸业和将来的统一起了积极的作用,其智慧丰富了我国的思想文化宝库。

"问渠哪得清如许,为有源头活水来。"任何思想、理论都不是空穴来风,必然有其形成与发展的"源头活水"。先秦哲学,是中国哲学之"源头活水"。处于先秦的春秋战国,是一个大混乱、大动荡、大繁荣的时代,也是"中国思想的黄金时代"。在百花齐放、百家争鸣的时代大舞台上,先秦哲学大师们上演了一幕幕异彩纷呈的活剧,为我们留下了宝贵的精神财富。

今天,先秦哲学大师的趣事、言论及思想,虽说已是历史遥远的回音,但它们却积淀于中华传统文化的深层,是所有炎黄子孙"中华情"、"民族魂"的精神源泉。

"慎终追远,民德归厚矣。"(《论语·学而》)谨慎从事,追念前贤,我们的道德就会更加淳厚,社会就会更加和谐,生活就会更加幸福,生命就会更加富有意义。这即为作者之唯一心愿。

道法自然的老子

道可道,非常道。名可名,非常名。

——老子

老子骑牛图,张路作品,中国台北故宫博物院藏。此图不写背景,老子坐于青牛背上,手持《道德经》卷,正抬眼注视着一只飞蝠。人物用笔干枯瘦劲,粗细兼施,突出了老子清朗的道家风范。青牛以笔直接染出,略加浓墨点染勾画,神形俱备,栩栩如生。

老子①（约公元前571—前471年），姓李，名耳，字聃（dān），一说字伯阳，楚国苦县（今河南省鹿邑县）厉乡曲仁里人。古时"老"字和"李"字的读音相同，故后人称李耳为"老聃"，尊称为"老子"。老子是春秋时期的思想家、哲学家，道家学派创始人，曾任周守藏室之史（管藏书的史官），后西出函谷关，退隐著《老子》（亦称《道德经》）。《老子》五千言，博大精深，犹如长江浩海，任人取酌。

老子提出了以"道"为核心的哲学体系，认为"道"生万物，"道"是宇宙万物的本体，是产生整个物质世界的总根源。在观察自然和社会变化时，他具有朴素的辩证法思想，认为一切事物都存在于正反两方面的对立之中，它们互相依存和互相转化。在认识论上，他意识到了语言概念和感性认识在认识过程中的局限性，但排斥感性认识，他主张内心直观，不见而知，不见而明，甚至提出"绝圣弃智"，无知无欲，乃至在人生观上，表现出一定的消极态度，对外界物质生活的接触持否定态度。在政治上，他敢于抨击当时的统治者，但主张不争和安于命运，无为而治。在历史观上，他主张复古，要求回复至"小国寡民"的社会中去。

老子是当之无愧的中国哲学之父，在中国哲学史上占有重要的地位，同时，老子也是国际的。当代学术界称老子为"双父"（中国哲学之父、世界哲学之父），是有其深刻的历史渊源和史料根据的。胡适先生说："老子是中国哲学的鼻祖，是中国哲学史上第一位真正的哲学家。"鲁迅先生则说："不读《道德经》一书，不知中国文化，不知人生真谛。"黑格尔说："中国哲学中另有一个特异的宗派……是以思辨作为它的特性。这派的主要概念是'道'，这就是理性。这派哲学及与哲学密切联系的生活方式的发挥者是老子。"英国著名历史学家阿诺德·汤因比在《人类与大地母亲》一书中说："在人类生存的任何地方，道家都是最早的一种哲学。"尼采曾说："老子《道德经》像一口永不枯竭的井泉，满载宝藏，放下汲桶，唾手可得。"据联合国教科文组织统计，在世界文化名著中，译成外国文字出版发行量最大的是《圣经》，其次就是《老子》。《老子》、《周易》、《论语》是世界上影响最大的三部中国古代文化经典。

---

① 子，古代对人（老师或有道德、有学问的人）的尊称。如老聃称为"老子"、庄周称为"庄子"、孔丘称为"孔子"、孟轲称为"孟子"、荀况称为"荀子"、惠施称为"惠子"、公孙龙称为"公孙龙子"、墨翟称为"墨子"、孙武称为"孙子"、孙膑称为"孙膑子"、管仲称为"管子"、韩非称为"韩非子"。

01　敏思好学

老子自幼聪慧，敏思好学，常缠着家人要听国家兴衰、战争成败、祭祀占卜、观星测象的故事。他的母亲望子成龙，聘请了精通殷商礼乐的商容老先生来教授他。

有一天，私塾商容先生道："天地之间，人是最宝贵的；众人之中，君王是最根本的。"老子问道："天是什么东西？"先生道："天，是上而清清的东西。"老子问："清清的又是什么东西？"先生道："清清的，就是太空。"老子问："太空的上面又是什么东西？"先生道："太空之上是清清的东西。""那上面又是什么东西？""那是更为清清的东西。"老子又问："清的穷尽之处是什么东西？"先生道："先贤没有说明，古籍没有记载，愚师不敢妄言。"

> **知识链接：**
>
> 老子"道生万物"的宇宙观：由道产生混沌的一体，再由此混沌的一体而产生天和地，然后由天和地而生出阴、阳、中三气，最后由此三气化成万物。可见，"道"是宇宙生成的本原。

夜晚，老子以其疑惑问母亲，母亲不能答；问家将，家将不能言。于是他仰头观日月星辰，低头思考天上之天为何物，彻夜不能寐。

02　神为何不制止

有一天，商容先生对老子说道："天下的事，和为贵。失和则发生战争，战争则会造成相互残杀，相互残杀则会导致两败俱伤，两败俱伤则有害而无益。所以给他人以好处则有利于自己，给他人带来灾祸则也会殃及自己。"

老子问道："天下失和，是百姓的大害，君王为何不制止呢？"

先生道："平民发生争斗，是失小和，失小和则得小祸，对此君王可以制止。国家发生战争，是失大和，失大和则得大祸。造成大祸

老子像

的根本原因在于君王的过错,他如何自己制止?"

老子问:"君王不可以自己制止,神为何不制止呢?"

先生道:"先哲没有说明,古籍没有记载,愚师不敢妄言。"

夜晚,老子以其疑惑问母亲,母亲不能答;问家将,家将不能言。于是,他遍访相邑(古地名,今河南鹿邑东)有学问的人,遍读相邑的书籍,遇暑不知暑,遇寒不知寒。

03 心地善良的"书疯子"

老子曾拜离家19里地的常家坡的常枞(cōng)为师。他总是坐在前排听讲,中午吃完自己带的饭,就跑到树林里去背书,被同学们称为"书疯子"。

有一个叫杜杰的同学争强好胜,以"第一聪明学生"自诩,忌妒老子学习好,有一次向老师提出自己要与老子进行背书比赛。在老师的同意下,双方约好"三场两胜"。

第一场比赛,杜杰背了26片书简,老子背了29片书简。这时,杜杰非常紧张,在拼命准备下一场比赛时,跟同学说:"赢不了老子,我就不活了。"

第二、三场比赛,杜杰分别背了33片和45片书简,轮到老子背诵时,他分别流畅地背到32片和44片书简时就戛然而止。按事先约定,老子比赛输了,并挨了老师打手板心的处罚。后来,有同学告诉老师说:"老子是有意让的。"常枞非常后悔。

04 信言不美

老子的家乡是牡丹之乡。有一天,村里来了一个卖"牡丹根"的人,把貌似牡丹根的狗尿蒺子树根摊在红布上,用动听的言辞招揽顾客:"一朵牡丹放红光,光彩照人满院香,花朵足有盆口大,艳丽无比花中王。"老子听了他的话,便买了一株"牡丹根",回家后把它栽在院子里。不久,那根便发芽长叶,再以后成了一棵手指头粗的小树,可左等右等,就是不见它开出牡丹花。仔细一看,原来是一棵狗尿蒺子树,老子很生气。

第二年春天，村里又来了一个卖牡丹根的人。老子因为上了一回当，便冲着卖牡丹根的人说："你卖的是狗尿蒺子，还是真牡丹？"那人不说话，先瞪了老子一眼，然后漫不经心地说："就这里一堆，你想买就买，不买拉倒！"老子心想："这人说话实在，脾气耿直，不妨试试。"于是便买了一株根回家栽种。十多天后，那根长出了嫩芽，后来长得像小树一般，又过了十多天，顶尖开出了十几朵像碗口般大的牡丹花，引来左邻右舍的观赏。

老子高兴极了，逢人便说："两个卖牡丹的，一个说得天花乱坠，结果是假的，一个说得并不动听，结果是真的。真话不中听，中听的并不是真话啊！"

后来，老子在著《道德经》时，特地写道："信言不美，美言不信。"

05　以智统情

老子成年后，经商容先生举荐，去东都洛阳求学。三年之后，老子在周王朝当了一名"守藏史"。他广泛阅读各侯国典籍，通礼乐之源，明道德之旨，造诣极深，成了一个知识渊博的名人。

有一天，老子收到家中来信，信中说家母病危，于是回家探望母亲。他回到家时，母亲已经逝世。面对茫茫大地上一堆黄土，老子悲痛欲绝，寝食俱废，席地而坐，沉思冥想。忽然，他发现自己愚钝，顺理追索，恍然大悟，如释重负，愁苦消解，顿时觉得腹饥体乏，于是饱餐一顿，倒头大睡。

家将、侍女都感到很奇怪，等待老子醒来时，问他道："你母亲逝世了，为什么你大吃大睡，一点也不悲伤？"

老子答道："人生在世，有情有智。有情，故人伦和谐而相温相暖；有智，故明理通达而理事不乱。智依赖于情，又是情的主载。以情通智，则人昏庸而办事颠倒；以智统情，则人聪慧而办事合度。母亲生我，恩重如山。今天，母亲辞我而去，我之情难断，若不以智统，就会痛不欲生。我端坐而沉思，忽然智来，以智统情，故情可节制而事可调理。情得以制，事得以理，于是腹中饥而欲食，体困乏而欲睡。"

众人听后，心里都豁然旷达。

中国哲学大师的智慧

06 孔子首次问礼

鲁昭公七年（公元前535年），老子游历来到了鲁国，恰逢他在巷党（今山东境内）的一位友人逝世，人们便请精通周礼的老子来主持办理丧事，年仅17岁的孔子则被邀请协助办理丧事。

出殡那一天，送葬队伍正在行进时，突然遇到日食。老子立即让送葬的队伍停止前进，靠右站立，停止哭泣，等日食过后再走。正在前面引导灵柩的孔子很不理解，但面对精通周礼的老子，他只能按吩咐去做。

送葬归来，孔子对老子表达了自己不同的看法："出殡中途止柩（jiù，装着尸体的棺材）是不合周礼的，而且日食究竟多长时间过去并不知道，等得太久，死者会不安，因此理应继续前行。"

老子便对孔子说："诸侯朝见天子，大夫出国访问，都是日出而行，日落而息。出殡也是一样，不会在日出之前进行。只有罪犯及回家奔丧的人，才在夜晚星星出来时匆匆赶路。日食的时候，天如同夜晚，对于懂礼仪的君子来说，不应把别人刚去世的亲人置于一种不吉利的境地之中，所以理应停下来，等日食过后再行。"

07 答问丧礼

公元前526年，孔子对在朝中当官的弟子南宫敬叔说："曾任周朝守藏室史官的老子博古通今，知礼乐之源，明道德之要，可以做我的老师，我要去向他求教。你是否愿意一起去？"南宫敬叔欣然同意，随即报请鲁君准行。

南宫敬叔对鲁昭公说："请让我跟随孔子前往周都洛邑向老子请教。"鲁昭公给了他们一辆车、两匹马，还有一名童仆同行，前往周京洛邑询问周礼。

孔子一行日夜兼程，赶到周都洛邑（今洛阳）来拜访老子，并双手捧上古代高贵的馈赠礼品——大雁作为见面礼。

老子高冠长袍，手拄曲足杖，虽年事已高，仍出门远迎。随后，俩人在丧礼方面进行了交谈。

孔子问："在什么情况下，各宗庙的神主需要请出呢？"

老子回答说:"按照礼的规定,天子或诸侯去世时,由太祝把各宗庙的神主请到太祖庙里,以表示列祖为国丧而聚会。等到丧事办完后,又把各宗庙的神主请回各自的庙里。"

孔子又问:"大夫家中8～11岁的小孩夭折,可以用衣棺吗?"

老子答道:"从前,8～11岁的小孩夭折,要葬于田园,不能葬于祖坟墓地,也不能用衣棺。"

孔子又问:"战争是国家的大事。如果父母在战争期间去世,是回家服丧,还是继续参战呢?"

老子回答说:"按礼的规定,子女在为父母服丧期间是不能打仗的,一般要为父母服丧三年。"

孔子问礼老子,是中国哲学史上空前绝后的一大盛事。两位圣哲的会晤,为中国哲学史乃至世界哲学史留下了两个伟大思想碰撞的光辉。图为《孔子问礼于老子图》(汉画像砖)。

08 临别赠言

孔子从鲁至周问道于老子,逗留数日,便向老子辞行。

老子送至馆舍之外,说道:"我听说,富贵的人送人财物,仁善的人送人言辞。我不是富贵的人,借用仁善之人的名义,以言辞相赠于你:聪明深察的人之所以经常遇到厄困,几乎面临死亡,是因为他喜欢议论别人的是非;博学善辩的人之所以经常危及自身,是因为他喜欢揭发别人的恶行。做人子女的应心存父母,不能只想到自己;做臣子的应心存君王,不能只顾及自己。望你切记。"

孔子顿首道:"弟子一定谨记在心!"

09 上善若水

老子与孔子一道行至河滨,只见河水滔滔,浊浪翻滚,其势如万马奔腾,其声如虎吼雷鸣。

孔子伫立岸边，不觉感叹说："逝者如斯夫，不舍昼夜！时间就像这奔流的河水一样，不论白天黑夜不停地流逝。河水不知何处去，人生不知何处归？"

听了孔子的话，老子道："人生与天地是一体的。天地是自然之物，人生也是自然之物；人有幼、少、壮、老的变化，犹如天地有春、夏、秋、冬的交替。有什么可悲伤的呢？生于自然，死于自然，任其自然，则本性不乱；不任自然，奔忙于仁义之间，则本性羁绊。功名存于心，则焦虑之情生；利欲留于心，则烦恼之情增。"

孔子解释道："我是忧虑大道不行，仁义不施，战乱不止，国乱不治，所以才有人生短暂而不能有功于世的感叹啊！"

老子道："天地无人推动而自己运行，日月无人燃烧而自己明亮，星辰无人排列而自己有序，禽兽无人制造而自己出生，这都是自然而为，何须要人为呢？人的生死、荣辱，都有自然的道理。遵循自然的道理而行，国则自治，人则自正，何须津津于礼乐而倡仁义呢？津津于礼乐而倡仁义，则违背人的本性太远啊！犹如敲鼓寻求逃跑的人，敲得愈响，则人逃跑得愈远啊！"

稍停片刻，老子手指浩浩河水，对孔子说："你何不学水的大德呢？"

孔子说："水有何德？"

老子说："上善若水。最美好和高尚的品格，犹如水一样。水善于滋润万物而不与万物相争，水停留在众人都不喜欢的地方而洁身自好，所以最接近于'道'。最善的人，居住最善于选择的地方，心胸善于保持沉静而深不可测，待人善于真诚、友爱和无私，说话善于恪守信用，为政善于精简处理，能把国家治理好，处事能够善于发挥所长，行动善于把握时机。最善的人正因为有不争的美德，所以没有过失，也就没有任何怨尤。"

孔子闻言，恍然大悟道："先生这番话使我顿开茅塞：众人处上，水独处下；众人处易，水独处险；众人处洁，水独处秽。所以水处大家都不喜欢的地方，谁又会与它争呢？这就是'上善若水'的意思。"

老子点头说："你真是可以教育啊！你一定切记：与世无争，则天下无人能与之争，这是效法水德。江海之所以能够成为百川河流所汇往的地方，乃是由于它善于处在低下的地方，所以能够成为百川之王。故圣者随时而行，贤者应事而变，智者无为而治，达者顺天而生。"

孔子道："先生的话出自肺腑，弟子受益匪浅，一定遵奉不怠，以谢先生之恩。"说完，告别老子，与南宫敬叔上车，依依不舍地向鲁国驶去。

10　回归故里

老子在朝中任掌管图书典籍的史官，周景王死后，王朝发生了争夺王位的内讧，王子朝与敬王、悼王展开争夺战，王子朝最终战败，便席卷了朝中的图书典籍，逃亡到楚国，将图书作为见面礼献给楚王。老子因此受到牵连，被罢免了官职。

这一天，老子茫然出了都城，漫无目标而行。他要一路观赏风光，选择自己理想的隐居地。他一路走来，不是有山无水，便是有水无山，都引不起兴趣。这时，他想起了家乡春天盛开的牡丹，夏天盛开的荷花，……还是回到自己家乡的好，他拿定主意，便过了黄河，直奔故里——楚国苦县（今鹿邑县）厉乡曲仁里而去。

鹿邑县为纪念孔子问礼而建立的雕像

11　顺天道而行

40岁的孔子收集了很多书籍，想找一个合适的地方收藏陈列，供人阅读。

子路对他的先生孔子说："我听说周王室的守藏史老子现已退职归隐，老师要把书籍典册藏于周王室，不妨去与他商量商量。"

孔子赞许地说："好！"

于是，孔子带着子路等人和一些书册来到了老子的家乡。他们见到老子，说明了来意。出乎孔子的意料，老子一口就回绝了。

孔子为了说服他，便翻检众多经书反复加以解释，还没等孔子说完，老子就打断他的话说："你说得太多了，希望能够听到有关这些书的内容大要。"

孔子说："这些书的要旨就在于仁义。"

老子问孔子："请问,仁义是不是人的本性?"

孔子答："是的,君子如果不仁便没有德,不义就没有正当的生活方式。仁义实在是人的本性,否则,除了仁义还有什么可做的呢?"

老子又问孔子："再请问,什么叫作仁义?"

孔子答："心中坦诚欢乐、兼爱无私,便是仁义的本质。"

老子摇摇头,缓慢地说:"唉!你这是近似于后世浮华的言论啊!说到兼爱,那不太迂腐了吗?所谓无私,才是真正的偏私啊!天地原本就有自己的运动规律,日月原本就存在光亮,星辰原本就有各自的序列,禽兽原本就有各自的群体,树木原本就直立于地面。如果你真想使天下苍生皆有所养,何不顺天道而行呢?"

接着,老子又说："仁义,就像朝眼睛撒灰沙一样,刹时分辨不清四周的方位;又像叮人皮肤的蚊虫,整夜叫人无法入眠。仁义伤人本性,迷人心智,从这里就可以看出。如果你不希望天下人丧失纯朴的本性,就应该顺自然而动,世人自会树立德性,又何必劳心费力,像那背着大鼓去找寻迷路小孩的人一样,大呼小叫地高喊'仁义'呢?鸿鹄不是天天洗澡才洁白,乌鸦也不是天天染漆才变黑。它们黑白的本质,原本出于自然,不足以作为美丑的分别。那么,声名荣誉又怎么能增强人的本性呢?困在干泉里的鱼,彼此喘着气,吐着唾沫湿润对方以求生,这样不是太痛苦了吗?还不如逍遥于江湖,彼此不认识来得好啊!"

12　刚强与柔弱

孔子带领一班弟子到老子那里去请教。孔子见到老子,恭恭敬敬地行过礼,垂手站立一旁,老子已经很老了,正在闭目养神,大概听到响动,抬起眼皮来望了望。孔子赶快再请安说:"弟子孔丘特来候教。"

半响,老子张开嘴,用手指着自己的嘴问:"你看我的牙怎么样?"

孔子说:"全脱掉了。"

老子又指着自己的舌头说:"你看我的舌头怎么样?"

孔子说:"还好。"

老子又合上眼皮,静养去了。

孔子只好率弟子们退了出来,并吩咐学生套车回家。

弟子们很奇怪，有人问孔子道："您不是来求教的吗？怎么还没有问什么就回家呢？"

孔子说："牙齿是刚强的，却是柔弱的；舌头是柔弱的，却是刚强的。刚强的牙齿，敌不过柔弱的舌头。老子不是教给我道理了吗？"

13 "道"之境界

孔子去见老子，老子刚洗过澡，正披头散发要晾干它，只见他木然直立的神情，煞是惊人，看起来就像是一具尸体。孔子只得在外面等了一会儿，才去求见，说："是我眼睛看错了，还是事实本如此，刚才先生的形体就跟枯木一样，卓然直立像脱离了人世。"

老子说："我正在万物刚开始的境界中游荡。"

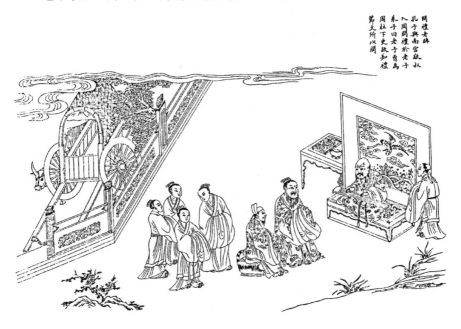

孔子问礼于老子，明朝《圣迹图》，藏于曲阜孔庙圣迹殿。

孔子问："这句话怎么理解？"

老子答："这种境界很难说得明白。不过，我还是把大概的情形告诉你吧！天地的阴阳之气，本是一动（阳）一静（阴）；静出于天，动来自地，阴阳相交，万物而生。你可以看到这种现象的关系，却看不到阴阳

两气的形体。阴消阳息、夏满冬虚、夜晦昼明、日迁月移等变化，无时不在进行，却看不到它的功能所在；生有起源，死有归宿，遗憾的是却又找不到它的端倪和穷尽。这一切的一切如果不是道在推动，那会是什么呢？"

孔子又问："请问在万物刚开始的境界中游荡是什么感觉？"

老子回答说："能够到达'道'的境界，必然是最完美、最快乐的，也唯有圣人才可以达到这种地步。"

14 大道难以言表

孔子对老子说："今天安居闲暇，我冒昧地向你请教至道。"

老子说："你先得斋戒静心，再疏通你的心灵，清扫你的精神，破除你的才智！大道，真是深奥神妙难以言表啊！不过我将为你说个大概。明亮的东西产生于昏暗，具有形体的东西产生于无形，精神产生于道，形质产生于精微之气。万物全都凭借形体而诞生，所以，具有九个孔窍的动物是胎生的，具有八个孔窍的动物是卵生的。它的来临没有踪迹，它的离去没有边界，不知从哪儿进出、在哪儿停留，通向广阔无垠的四面八方。遵循这种情况的人，四肢强健，思虑通达，耳目灵敏，运用心思不会劳顿，顺应外物不拘定规。天不从它那儿获得什么便不会高远，地不从那儿获得什么便不会广大，太阳和月亮不能从那儿获得什么便不会运行，万物不能从那儿获得什么便不会昌盛。这恐怕就是道啊！"

15 道法自然

孔子问："先生的德性已经可以配合天地，还需依赖'智言'来修养心性。古代的君子不知道修养心性的事，那他们是怎么成为君子的呢？"

老子说："你这就错了。拿水来说吧！水，相互冲击，自然成声，这是水的本质。至于人的道德，也就像水击成声一样，是来自'自然'而不是'修为'。天自然就有那么高，地自然就有那么厚，日月自然就有那么光明，难道它们又有什么'修为'吗？"

孔子回家后，把这些话告诉了颜回，然后说道："对于大道，我就像瓮中的蠓虫一般，了解得太少。要不是老子为我启蒙，到现在我还不知道天地有多大呢！"

16　道需自悟

公元前551年，吴楚之间爆发战争，吴军打到了鹿邑附近，战火骚扰着正罢官在家的老子。在弟子和家人的劝说下，老子来到沛地（今江苏沛县）避乱隐居。孔子51岁还没有得道，于是往南到沛地来见老子。

老子见孔子后，便说："听说你现在已是北方的贤人，是不是已经懂得天道？"

孔子说："还没有懂得天道。"

老子又问："你怎么去寻求天道的呢？"

孔子说："我从制度上寻求天道，已有5年，可是到现在还没有懂得天道。"

老子再问："那么，你又是如何寻求天道的呢？"

孔子答道："我从阴阳变化中寻求天道，已有12年，仍未懂得天道。"

老子说道："不错。阴阳之道目不可见、耳不可闻、言不可传，是通常的智慧所不能把握的。假使道可以进贡，臣子就没有不进贡给君主的；假使道可以奉献，子女就没有不奉献给父母的；假使道可以告诉别人，人们就没有不告诉兄弟的；假使道可以给予他人，人们就没有不给予子孙的。你努力寻求道，关键在于内心的觉悟，心中不自悟则不能保留住道。心自悟到道，还需与外界环境相印证。如果得不到印证，道就不会畅通无阻。出自内心的领悟，不为外人所领受时，圣人便不告示；由外面进入，而心中不能领受时，圣人便不存留。名器是天下共用的，不可以多取。你所宣讲的仁义，犹如先王的旅舍，只可停留一宿，若是久居其间，责难也就相继而起。

"老子天下第一"一说华夏闻名。今天，一尊"天下第一"的老子雕像矗立于老子故里——鹿邑太清宫对面的广场上。

"古代的圣人时而假借仁道而行,时而寄托义理而止,没有一定的常迹,仅求能自由自在地遨游。他们靠简陋的住所而居,赖荒芜的菜圃而活。然而,正因他逍遥自在,所以能够无为;正因为住所简陋,所以容易生活;就因菜圃荒芜,所以没有损失。只有这样,才是本真行为的表现。"

17 为政之"道"

孔子问老子:"一些研究政治之'道'的人,常常为是非、可否的观点争执不下。辩论的人说:'离坚白、别同异是很容易的事,就好像把它们悬在屋角一样,是再简单不过了。'这种人可以称作圣人吗?"

老子回答说:"这种人和掌乐舞、掌占卜的官员一样,被技能所累,不过是劳形伤身罢了。狗要不是因为会捕狸,怎会招来忧患?猴子要不是因为身手敏捷,又怎会被抓出山林?丘啊!我告诉你一些你从未听过和你无法用言语表达出来的事吧!

"世上有头有脚、有始有终、无心无耳而能自化的人很多,但却没有一个人知道有形无形能同时存在,以及动若止、死若生、穷似达的道理。

> **知识链接:**
> "离坚白,别同异",是战国末期哲学家公孙龙子提出的哲学命题,认为"坚"是性,"白"是色,二者是分离的,不可同时被感知,见"白"就没有"坚",摸到"坚"就没有"白"。"白石"和"坚石"即使是同一对象的反映,其内涵也是有差别的。从实质上看,这种观点就是孤立地强调事物的差异性,从而否认事物的有机联系。

"治事在于顺应各人的本性,一任自然的发展。如果能忘掉周围的事物,忘掉自然,甚至忘掉自己,那么就可以和自然融合了。"

18 先王的真迹

有一天,孔子向老子诉苦说:"我一生精研先王之道,研究《诗》、《书》、《礼》、《乐》、《易》、《春秋》,自以为已经把先王的治世之道弄得很清楚了,便去求见72位国君,和他们讨论先王之道,阐明周公、召公的政绩，却没有一个国君信任我，真是悲哀啊！"

老子说："你幸好没有遇到一位真要治世的国君，否则，你连现在的成就也没有，还会挨板子。你所说的'六经'，是先王陈腐的遗迹，并不是先王的真迹！所谓'迹'，只是鞋印，而不是他们的鞋子，有什么意义呢！"

接着，老子说："你所研究的学问，都是已经去世很久的人所言，但是对这些很久以前的人说的话，要活学活用，不可拘泥执着。时运到了，君子应乘时而起；时运未到，任凭你本领再大，且千方百计，仍然不为世人所用。我听说，真正的富商大户，表面上反而绝不张扬财富；有大德之人，表面上反而大智若愚。所以，你应该少一些骄狂之气，去除渴望建功立业的多欲之心，更要少一些试图改造这个世界的幻想。所有这一切功名利禄之念，都是对身心无益的。我所能告诉你的，就是这些道理了。"

孔子三月闭门不出，再次见到老子说："我终于得道了。乌鸦喜鹊在巢里交尾孵化，鱼儿借助水里的泡沫生育，蜜蜂自化而生，哥哥在弟弟出生后就常常啼哭。很长时间了，我没能跟万物的自然变化相识为友，不能跟自然的变化相识为友，又怎么能教化他人！"

老子听后，说："好。孔丘得道了！"

19　犹如见龙

孔子拜见老子后回到客栈，一直在琢磨老子所说的天道，但总是恍恍惚惚。整整三天，他一言不发。众弟子问道："先生拜访老子，见到老子了吗？"

孔子道："见到了！"

弟子问："老子是什么样的人？"

孔子道："鸟，我知道它能飞上天空；鱼，我知道它能游于深水；兽，我知道它能在旷野奔跑。在天空中飞的鸟，可以用箭去射；在深水里游的鱼，可以用钩去钓；在旷野里跑的兽，可以用网去捕捉。至于龙，我不知它是不是腾云驾雾而上九天。今天，我见到的老子，犹如一条龙吧！他学识渊博而莫测，志趣高邈而难知，如蛇一样随时屈伸，如龙一样应时变化。老子，真是我的老师啊！"

苏州玄妙观有一座老子像碑。据传，此画像出自唐代"画圣"吴道子的手笔，画像上方的文字为唐玄宗所题御赞，由唐代著名书法家颜真卿手书。碑上的文字为："爰有上德，生而长年。白发垂相，紫气浮天。含光默默，永劫绵绵。东训尼父，西化金仙。百王取则，累圣攸传。万教之主，先天地焉。函谷关右，传经五千。道非常道，玄之又玄。"

20 论三皇五帝

子贡听老师将老子比喻为"龙"后，心向往之，在征得孔子的同意后，便来拜见老子。老子盘坐堂上，细声问："我年纪已经老迈，你有什么要规劝我的？"

子贡说："三皇五帝治理天下的方法虽然不同，而人们对他们的爱戴之心却是一样的，为什么唯有先生认为他们不是圣人呢？"

老子说："年轻人，你走上前来告诉我，他们治理天下的方法有何不同？"

子贡回答说："尧让位给舜，舜让位给禹，禹因治水而得天下，汤因吊民伐罪而以武力得天下；文王顺从纣王，不肯叛逆；武王却背叛纣王，不肯顺从。这就是他们不同的地方。"

老子说："年轻人，你再走上前来，我告诉你，三皇五帝是如何治理天下的。黄帝治理天下，使民心淳朴一致，即使双亲去世不哭泣，别人也不会指责；尧治理天下，民心相亲相爱，有的人为亲近亲人而减少

老子石刻像

知识链接：

三皇五帝，是中国在夏朝以前出现在传说中的"帝王"。三皇五帝有不同说法，大部分的意见是伏羲氏、神农氏、轩辕氏称为"三皇"，少昊、颛顼、帝喾、尧帝（唐尧）、舜帝（虞舜）称为"五帝"。这些说法起源于春秋战国。

礼节，人们也不会非难。舜治天下，民心相互竞争，孕妇本来14个月生孩子，结果10个月就生孩子；小孩本来要2岁才说话，结果5个月便说起话来，没一点大，便知人与人的区别，于是开始出现早夭的情形。禹治理天下，民心变化多端，有心机的人以杀伐为顺天应人，自认为诛杀盗贼不算是杀人，于是群党自立，儒墨大兴，开始时还算合理，现在竟成了漫天瞎谈的乌合之众。

"三皇五帝治理的天下，名义上说是治理，实际上却是祸乱的根源。他们蒙蔽了日月的光芒，溶化了山川的灵气，扰乱了四时的运行，其智慧比蝎子的尾巴、罕见的野兽还要惨毒。他们安定不了人们的本性，却自以为是圣人，未免太可耻了！"

子贡听了，十分惊恐，脸色大变，坐立不安。

21　保全本性

南荣趎（chú，灌县人，春秋末期贤士）带着粮食，走了七天七夜，到达老子的住所。

老子问他："你是从楚国来的吗？"

南荣趎回答说："是的。"

老子又问："你怎么和这么多人一起来？"

南荣趎吃惊地回过头看了看，非常纳闷，因为根本没有任何人在自己身后。

老子笑了笑说："你不知道我所说的意思吗？"

南荣趎想了想，明白老子是不见形而直见自己心神之病，于是羞愧地低下头，并说："唉！我不知道应该怎样来回答您的问题，而且也忘记了自己这次来要问什么。"

老子怀疑地问："这话是什么意思呢？"

南荣趎回答道："有件事使我烦恼。如果我不求知，人家说我愚蠢；我得到了知识，反而使自己伤脑筋。如果我不学仁，会害人；行了仁，又担心违背大道。如果我不行义，会伤人；行了义，又忧愁自己会违背本性。我怎么做才

中国邮政发行的《古代思想家——老子》邮票。

能避免这些困扰呢?"

老子说:"自打你一进来,我就从你的表情神态上看出了你的苦恼,现在听你这么一说,又得到了进一步的证实。你那惊恐不定、六神无主的样子,既像失去双亲的孤儿,又像拿着小竹竿去探测大海的人。唉!你已经失去自我,你的思想处于迷惘之中。虽然你想恢复自己的本性,但是又不知道从何做起。真是可怜啊!"

22 养生之道

有一天,南荣趎对老子说:"邻里的人生了病,周围的乡邻询问他,生病的人能够说明自己的病情,而能够把自己的病情说清楚的人,那就算不上是生了重病。像我这样的听闻大道,好比服用药物反而加重病情,因而我只希望能听到养生之道。"

老子说:"养生之道,能够使身形与精神统一和谐吗?能够不失却真性吗?能够不求助于卜筮而知道吉凶吗?能够满足于自己的本分吗?能够对消逝了的东西不作追求吗?能够舍弃仿效他人的心思而寻求自身的完善吗?能够无拘无束、自由自在吗?能够心神宁寂无所执着吗?能够像初生的婴儿那样纯真、质朴吗?婴儿整天啼哭而咽喉却不会嘶哑,这是因为声音和谐自然达到了顶点;婴儿整天握着小手而不松开,这是因为听任小手自然地握着乃是婴儿的天性与常态;婴儿整天瞪着小眼睛一点也不眨眼,这是因为内心世界不会滞留于外界事物。行走起来不知道去哪里,平日居处不知道做什么,接触外物随顺应合,如同随波逐流、听其自然。这就是养生之道。"

23 修身之道

有一天,有一位名叫士成绮的人前来拜访老子,来到老子家一看,却很失望,说:"听说先生是一个圣人,我便不辞路途遥远而来,一心希望能见到你。我走了几千里路,脚掌上结了厚厚的老茧也不敢停下来休息。如今我观察先生,竟不像是一个圣人。老鼠洞边有许多剩余的食物,看轻并随意抛弃这些物品是不仁;面前生熟的饮食享用不尽,而聚敛的财物没有限度。"老子好像没有听见似的漠然不应。

第二天，士成绮再次见老子，说："昨天我的话刺伤了先生，今天我的心有点开窍，若有所悟。这是什么原因呢？"

老子说："巧智神圣的人，我自以为早已脱离了这种人的行列。过去你叫我牛，我就是牛；叫我马，我就是马。假如我存在那样的外形，人们给我相应的名称却不愿接受，将会再次受到祸殃。我顺应外物总是自然而然，我并不是因为要顺应而有所顺应。"

士成绮听了内心十分不安，像雁一样侧身而行而不敢正视自己羞愧的身影，竟没有脱鞋就进入室内，问："修身之道是怎样的呢？"

老子说："你容貌伟岸，目光突视，头额矜傲，口齿伶俐，身形巍峨，好像一匹烈马被拴住而不得不停止活动一样。你的行为暂时有所限制，一旦行动就像箭发弩机，你明察而又精审，自持智巧而外露骄恣之态，凡此种种都不能看作是人的真实本性。边远闭塞的地方有这样的人，他的名字就叫作'窃贼'。"

24　绝圣弃智

崔瞿（qú，《庄子》中虚拟的人名）问老子说："如果天下不必治理，如何使人心向善呢？"

老子回答说："小心，不要伤害到人的本心就可以了。人心是很容易动摇的，不得志则居下，得志就在上位。上下不已，得不到丝毫的安适。温和时，柔弱的心可以制服刚强；顺心时，人心热如焦火；失志时，人心寒如冰雪。心情的变化快速无比，一眨眼的工夫，就可以越过四海。平稳的时候，像是寂静的深渊；心念突起，则像悬于天上一样。有如脱缰的野马无法控制的，恐怕就是人心了。……当今之世，遭受杀害的人尸体一个压着一个，戴着脚镣手铐而坐大牢的人一个挨着一个，受到刑具伤害的人更是举目皆然，而儒家和墨家竟然在枷锁和羁绊中挥手舞臂地奋力争辩。唉，真是太过分了！他们不知心愧、不识羞耻竟然达到这等地步！……所以说，'断绝圣人，抛弃智慧，天下就会得到治理而太平无事'。"

25　天下都一样

柏矩就学于老子,说:"请求老师同意我到天下去游历。"

福建泉州清源山的老子石雕像(宋代),是我国目前现存体量最大、年代最久的老子石雕像,堪称"老子天下第一"倒是名副其实。

老子说:"算了,天下都像这里一样。"

柏矩再次请求,老子说:"你打算先去哪里?"

柏矩说:"先从齐国开始。"

柏矩到了齐国,见到一个被处以死刑而抛尸示众的人,推推尸体把他摆正,再解下朝服覆盖在尸体上,仰天号啕大哭地诉说:"你呀,你呀!天下出现如此大的灾祸,偏偏你先碰上了。人们常说不要做强盗,不要杀人!世间一旦有了荣辱的区别,然后各种弊端就显示出来;财货日渐聚积,然后各种争斗也就表露出来。如今树立人们所厌恶的弊端,聚积人们所争夺的财物,贫穷困厄的人疲于奔命便没有休止之时,想要不出现这样的遭遇,怎么可能呢?

"古代的统治者,把社会清平归于百姓,把管理不善归于自己;把正确的做法归于百姓,把各种过错归于自己。所以只要有一个人死了,总是责备自己。现在的情况却是:掩盖事物的真相而指责愚民无知,制造困难而归罪人民不敢做,加重任务而处罚那些力不胜任的人,延长路程而谴责那些走不到的人。百姓耗尽了智慧和力量,就只好弄虚作假。天天生活在虚假里,百姓怎么不会作伪?力量不够就会作伪,智慧不足就会欺诈,财物不济就会偷盗。盗窃成风,该责备谁好呢?"

26　精神病

秦国的逢氏有一个儿子,小的时候特别聪明,可长大后渐渐与人不同:人看是白的,他看是黑的;人闻是香的,他闻是臭的;人吃是苦的,他吃是甜的。对待任何事情,他都与常人持完全相反的看法。

大家都说这孩子患了精神病,逢氏更是为这病儿着急。听说鲁国是仁义之地,那里的君子多,孔子就生活在那儿,逢氏心想或许鲁国有人能治好孩子的病,于是便带着病儿前往鲁国。

逢氏父子走到相邑(古地名)这个地方,遇见了一个仙风道骨模样的老者,也就是老子。逢氏把病儿的情况告诉了老子,并说要去鲁国求医。

老子听后,哈哈笑了起来。老子说:"你怎么知道你的儿子是精神病呢?现在,天下的人因利害得失而是非不分,黑白颠倒。这才是真正的精神病!但是,大家都患有这种病,便没人感觉到这是病。假使当初天下人的说法都跟你儿子一样,那你不就被当作精神病了吗?何况鲁国所谓的君子是最迷乱人的,什么仁义治世之说,全是蛊惑人心的!你儿子明明是清醒的,你却要带他去那个地方叫病人来治,怎不叫人好笑!你还是带上你儿子,赶快回秦国去吧!"

27 楚弓楚得

楚国的国君楚共王有一把非常好看的弓,爱不释手,十分珍惜,常常拂拭,拿出来给人看。有一次,他在云梦泽打猎,不小心将这把弓丢了,左右的侍从要去寻找。楚共王说:"算了!楚国人丢了弓,拾到的还是楚国人,何必去寻找呢!"

孔子听说这件事后,说:"何必要局限在一个'楚'字上呢?天下人丢失弓,天下人得到它,不还是一样吗?"

老子听说后,则说:"何必要局限在一个'人'字上呢?人是天地一物,来自天地,又回归天地,由此推论,无所谓'失',也就无所谓'得'。"

28 民不畏死

有一次,老子和乡里的老朋友在一起讨论"什么是理想的社会"这个问题。

"老子呀,你给我们说说看,我们的生活为什么总是这么苦呀?"一位老者问老子。

"依我看,老百姓之所以吃不饱,穿不暖,都是因为官府向老百姓收税收得太重。"老子说。

"国君总是说老百姓不听话,民'难治'。这又说明了什么呢?"另一位老者问老子。

"依我看,老百姓之所以'难治',就是因为国君和朝廷总是要老百姓做这做那,使得民不聊生。在这种情况下,老百姓又怎么愿意去做这做那呢?如果君王不能使老百姓安居乐业,那么老百姓必然处于水深火热之中。老百姓既然经常受到死亡的威胁,那么死对于老百姓来说,就是再平常不过的事情。在这种情况下,如果国君和朝廷再以死来威胁老百姓,那又能起什么作用呢?这正是:'老百姓连死都不怕,用死相威胁有何作用呢!'"

"好!'老百姓连死都不怕,用死相威胁有何作用呢!'这话说得太好了!"在场的老者都拍手称快。

29　君子德如玉

有一天,村里的一个财主对老子说:"老夫子,有人说我为富不仁,说你有知识,是社稷之宝。可是你有玉吗?你说君子德如玉,你看,我有一块美玉,而你没有。你说,咱俩谁是君子呢?"

老子鄙夷地说:"玉是宝,但执有玉的人却不一定有德,不一定是君子。没有玉的人,只要胸中有着美玉一样珍贵的品德,按照大道行事,就可以褐怀玉。我虽然不敢自诩为这样的人,但我的一言一行是按照道的法则去做的。你炫耀自己有一宝,我却有三宝:一是慈,不欺人;二是俭,不奢华;三是不争,不敢为天下先,不让个人享受高于天下众生。你说咱俩谁是君子呢?"

财主听了,羞愧难当,当即双手捧玉,对老子说:"老夫子,你真是有学问和道德的高人。这块玉,只有你才配有。"

老子摇摇手说:"人是不是君子,不在于有没有玉,在于他的言行是否符合大道。君子不掠人之美,你还是留着自己的美玉吧!"

30　西去觅真空

老子回归故里隐居后,不时有人来打破其宁静的生活。求教的、咨询的、请他出山的，无所不有，占用了老子的许多宝贵时间。

老子心想，我是为躲避纷乱的时局才隐居于此，不料还是被人发现了踪迹。看来，这里不是我的久留之地。想来想去，他决定直奔正西，去寻觅一个更僻静的地方，继续他的悟道生活。

公元前516年，在一个静静悄悄的黎明，老子骑上青牛，神不知鬼不觉地离开了故乡。

明朝诗人张姜谷的《青牛吼谷》就描写了这个故事："大道归何处？白头一老翁。名逃柱下史，丹炼翠云宫。紫气冲关外，青牛吼谷中。流沙越万里，西去觅真空。"

> **知识链接：**
>
> 在周王朝，天子处至尊之位，在上朝时，群臣百官必须在两厢恭敬站立。而老子身为守藏室之史，需要写言记事，于是周天子特意恩准老子倚在大殿的柱子上书写，以表示对老子的尊重。所以后人尊称老子为"柱下史"。

31　紫气青牛

函谷关北靠黄河，南接秦岭，西边是一道高原，十多里道路全在山谷之中，深险莫测。尹喜是函谷关守关的负责人，善观天象。

有一天，尹喜见东边天空一团紫色云气逐渐向函谷关方向飘来，便跟守关的小吏说："这两天将有圣人从东边过来，你们要拦住他，不要让他过关。"

这一天，一团紫色的云气飘浮到函谷关上空，一位老翁骑着青牛来到函谷关前，跟守关的小吏说要出关。这老翁就是老子。

老子很有学问，大约在他70多岁的时候，见周王朝日渐衰落，诸侯纷争，社会矛盾突出，感到非常厌倦，于是骑着一头青牛，向西走去，准备平平安安地度过晚年。

如今，进入函谷关风景点，老子骑着青牛飘然而至的石头塑像跃然眼前。

守关的小吏马上向尹喜禀报。尹喜见了老子,长拜说:"先生驾临,函谷关蓬荜增辉,晚辈三生有幸啊!先生将隐而不归,您平生修习的道德一定要著成文字,留给后人。虽然您不愿意,但勉为其难,请您写一本书吧!"

于是老子暂时留了下来。

32 砖头与石头

老子骑青牛过函谷关时,一位年逾百岁、鹤发童颜的老翁到函谷府衙找他。老子在府衙前遇见了老翁。

老子出关时的"紫气东来",成了中国文化的一个基因。颐和园的南侧城额"紫气东来"即取自老子出关的典故。看来乾隆皇帝对老子也是顶礼膜拜,也期盼祥瑞降临。

老翁对老子施礼后,说:"听说先生博学多才,老朽愿向您讨教一个问题。我今年已经106岁了。说实在话,我从小到老,一直游手好闲地度日。与我同龄的人都先后纷纷作古,他们开垦百亩沃田却没有一席之地,建了四舍楼宇却落身于荒野郊外的孤坟。而我虽一生不稼不穑,却还吃着五谷;虽没置过片砖只瓦,却仍然居住在避风挡雨的房舍中。先生,我是不是可以嘲笑他们忙忙碌碌的一生,只是给自己换来一个早逝呢?"

老子听了,微微一笑,吩咐身旁的人找来了一块砖头和一块石头,然后将砖头和石头放在老翁面前,说:"如果二者只能择其一,仙翁是取砖头还是取石头?"

老翁毫不犹豫地拿起砖头,说:"我当然取砖头。"

老子抚须笑着问老翁:"为什么呢?"

老翁指着石头说:"这石头没棱没角,取它何用?而砖头却用得着呢!"

老子又问围观的众人:"大家是取石头还是取砖头?"众人都纷纷说取砖头而不取石头。

老子回过头来,问老翁:"石头与砖头谁的寿命长?"

老翁说:"当然是石头。"

老子释然而笑,说:"砖头寿命短人们却取它,石头寿命长人们却不取它,不过是有用和没用罢了。天地万物莫不如此。寿虽短,于人于天有益,天和人都选择他,都思念他,短亦不短;寿虽长,于人于天无用,天和人都摒弃他,都忘记他,长亦是短啊!"

老翁顿时感到非常惭愧。

33 触景生情

传说,老子被函谷关总兵尹喜留下后,琢磨着如何著书立说。有一天,老子来到将军山下,只见此处祥云缭绕,四季如春,溪流纵横,鱼翔浅底,百鸟争鸣,龙飞凤舞,牡丹竞放,泉水叮咚,真乃世外桃源,老子抬头望时,只见一巨石十分奇异,如有人形,豹头环眼,铁面虬髯,一手执剑,一手执扇,五蝠飞舞,正气浩然。老子不禁叹道:"道可道,非常道;名可名,非常名。……"

随后,老子以王朝兴衰成败、百姓安危祸福为鉴,溯其源,著上、下两篇,共五千言。上篇起首为"道可道,非常道;名可名,非常名",故人称《道经》;下篇起首为"上德不德,是以有德;下德不失德,是以无德",故人称为《德经》;上下两篇合称《道德经》,亦称《老子》或《老子道德经》。

> **知识链接:**
>
> "道可道,非常道。名可名,非常名。"这句话的意思为:"道"如果可以用言语来表述,那它并非一般的"道";"名"如果可以用文辞去命名,那它并非普通的"名"。
>
> 老子第一次提出了"道"这个概念,并作为自己哲学体系的核心。他认为,"道"是天地万物的本原,微妙玄虚,不具有任何质的规定性,不能用文字或语言来表达,是一种神秘的精神实体。

34 预言

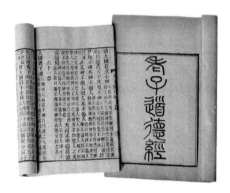

老子是中国第一个真正的哲学家，《老子》堪称中国第一部不朽的哲学全书。《老子》不老。老子哲学虽在时间上距当下最远，但在精神上离当下最近。图为《老子》书影。

有一天，关令尹喜把老子请到自己家里做客。尹喜有两个不到三岁的孩子。一个叫老大，一脸老实相；一个叫老二，长得聪明伶俐。

尹喜手里拿着一个元宝，一边摆弄，一边问老子："先生，您看，这两个孩子，我以后会享到哪一个孩子的福？"

老子没有马上回答，只是从尹喜手里拿过元宝，向老大说："好孩子，来，你打你爹一巴掌，我把元宝给你。打！你打，我就给；你不打，我就不给。"说着，将元宝递到了他面前。

不管老子咋说，老大总是睁着两只大眼，不打也不接元宝。

老子又把元宝递向老二，说："好孩子，来，你打你爹一巴掌，我把元宝给你。打！你打，我就给；你不打，我就不给。"

老二高兴地瞪着小眼，伸出小手，照他爹嘴上打了一巴掌，老子把元宝递给了老二。

尹喜高兴地说："还是这孩子有办法，以后我只能享他的福了。"

老子说："喜弟，依我说，以后能让你享福的是老大，不是老二。"

尹喜笑了："先生，为什么啊？"

老子说："人应见素抱朴，少私寡欲。老大重义不重利，有真情；老二见利忘义，没有真情。"

此事过后，尹喜并没有在意。几十年后，他年老体衰，卧病在床。这时，他的大儿子成了一个穷人，老二在外经商，倒是赚了大钱。老大整天守在他爹的床头，照料他老人家。为了给他爹治病，老大将家里值钱的东西都卖光了。老二听说爹爹病了，连理也不理。老大给弟弟捎信，说爹爹快要死了，要他回来让爹看上一眼，他说："我生意忙着呢！"

这时,尹喜才想起几十年前老子先生说过的话,不由长叹一声,闭上了双眼。

35 隐居

老子在函谷关令尹喜家写完《道德经》,心里暗想:"'功成、名遂、身退'这句话我已写到书里,眼下该按照这句话去做了。"于是就向尹喜告别,要继续西行。

尹喜挽留不住,只好让他走。为了照顾老子,临行前,尹喜问老子打算走哪条路,最后在哪儿落脚。老子笑而不答。

尹喜再三追问,老子只说了两个字:"隐居"。其后,老子杳无踪影,世人不知其所终。

36 赶山鞭

太清宫中的"赶山鞭"

传说老子修道成仙后,念念不忘故乡,曾在故乡赶山入海。

远古时期,老子的家乡有一座遮天蔽日的大山,百姓称为"隐阳山"。因为隐阳山的存在,老百姓生活很不方便,缺少耕地不说,山上的豺狼虎豹还经常下山祸害百姓,老百姓吃尽了苦头。因此,这里也叫"苦县"。

为了救百姓于苦难,老子骑上青牛,再次来到故乡,在山上采来五色石,支起八卦炉,烧炼矿石七天七夜成了铁,又将铁烧炼七七四十九天,炼出了一根闪闪发光的铁鞭。

这一天,老子坐在老君台上,运足神力,挥起神鞭,第一鞭把隐阳山山头打到了东北方,落地后就成了东岳泰山;第二鞭把山的中间部分打到了河南的中部,成了平顶山;最后一鞭打出去,山的底部被打到了河南的

西部，耸立成了中岳嵩山。由于打最后一鞭时用力过猛，铁鞭从中震断，上半截飞到了太清宫，下半截被老子随手插在了老君台上，所以在太清宫（老子出生地）和明道宫（老子讲学处），各有一根碗口粗的铁柱深埋在地下，露在地面上的那一部分，有三尺多长。老百姓叫它"赶山鞭"，专家学者则称呼它为"柱下史之柱"。

37　秦失吊丧

老子死了，他的朋友秦失去吊丧，大哭几声便离开了。

老子的弟子问道："你不是我们老师的朋友吗？"

秦失说："是的。"

弟子们又问："像你这样吊唁朋友，行吗？"

秦失说："行。我原来认为你们跟随老师多年，都是超脱物外的人，现在看来并不是这样的。我刚才进入灵堂吊唁，有老年人在哭，像做父母的哭自己的孩子；有年轻人在哭，像做孩子的哭自己的父母。他们之所以会聚在这里，一定有人本不想说什么却情不自禁地诉说了什么，本不想哭泣却情不自禁地痛哭起来。这样喜生恶死是违反常理、背弃真情的，他们都忘掉了人是秉承于自然、受命于天的道理，古人把这种做法叫作'背离自然的过失'。偶然来到人世，你们的老师应时而生；偶然离开人世，你们的老师顺依而死。安于天理和常分，顺从自然和变化，哀伤和欢乐便不能进入心怀，古人把这种做法叫作'自然的解脱'，好像解除倒悬之苦似的。"

> **知识链接：**
> 　　老子究天人之际，察万物之情，通古今之变，应人生之事，证大道之真。老子所提出的"道"，囊括了天之道——宇宙自然之道和人之道——养生之道、真人之道、圣人之道和玄妙之道，可入世，可出世，可超世，而将玄之又玄、深不可测的大道，以明白晓畅的诗文，予以科学的总结，体现了中华民族高度的理性思维。
> 　　让我们明了老子之"道"，走好自己的人生之道！

贵己重生的杨子

古之人损一毫利天下，不与也；悉天下奉一身，不取也。人人不损一毫，人人不利天下：天下治矣。

——《列子·杨朱》

骷髅幻戏图，（宋）李嵩绘，故宫博物院藏。此图左边画一大骷髅，头戴幞头，身着彩衣，手提另一小骷髅做游戏。旁有一妇人，袒胸露乳，喂哺幼儿。对面一小儿，手足着地，仰首伸臂。小儿后另一妇人作伸手阻拦状。墩子、货郎担、小竹相衬。图中用笔坚韧扎实，衣纹细劲流利，器物、肌肉、骨骼刻画匠心独具，设色精致古雅。有学者认为，此画的核心主题当为生死转化及其因果轮回。

杨子，即杨朱，战国时期魏国（今河南开封市）人。生卒年代不详，大约生活在墨子与孟子之间。

老子之后，道家思想大致沿着两个方向展开：稷下学派的一批人物以社会政治为中心，欲将老子的思想与管子的思想予以贯通，从而使道家由形上追求转至形下操作，形成一套治国之道；而以庄子、杨子为代表的道家，关切的是自我、自由与本真，属于内在精神生命追求。杨子学派，按其学说宗旨属于道家，但又与老庄有别。杨子曾师从老子，处于老子与庄子之间，成为道家承上启下的人物。

孔子之后，"杨朱、墨翟之言盈天下，天下之言不归杨，则归墨"（《孟子·滕文公下》）。也就是说，天下学问，不学墨翟之说的，必去学杨朱之说，不相信杨朱理论的，必去学墨子理论，除此之外，别无选择。可见杨朱之学成为红极一时的"显学"。

杨子和墨子的思想极为对立，杨子反对墨子的"兼爱"，主张"贵己"、"重生"，重视个人生命的保存，反对他人对自己的侵夺，也反对自己对他人的侵夺。杨子的见解散见于《庄子》、《孟子》、《韩非子》、《吕氏春秋》等书。

在中国哲学史上，杨子第一个说出了"我"——人的自我，人的个人利益。他认为，对于个人来说，利益是多方面的，而其中最大和最可宝贵的是生命，别的利益只能服务于而不应有损于"生"。也就是说，保全"我"的生命是个人利益中之最大者。为了实现"贵己"、"重生"的人生理想，他又提出了"全生之道"，认为人天生具有贪欲，为欲望之求，必须以"重生"为根据和目的，人要求及早地克制欲望，爱惜自己的生命，使"精不尽"，从而使"生以寿长"。诚然，杨子的"贵己"、"重生"的思想，不是享乐主义和纵欲主义，而且，在"轻物重生"的范围内，由于他们轻视富贵利禄，在当时也不乏赞誉之辞。但是，其实质不能不说是一种独特的"自我主义"的人生哲学。孟子曾破口大骂："杨朱为我，是无君也。墨翟兼爱，是无父也。无君无父，是禽兽也！"韩非子说："杨朱墨翟，天下之所察也。干世乱而卒不快，虽察而不可以为官职之命。"也就是说，杨子和墨子都是天下聪明的人，但解决不了现实问题，不能给他们当官。

对待杨子的哲学，我们不能像倒小孩的洗澡水一样，将小孩也一并倒掉，理应"取其精华，去其糟粕"。

贵己重生的杨子

01　杨布打狗

杨子的弟弟叫杨布。有一天,他弟弟穿着白色的衣服出门。恰好遇上天下雨,他就把白色衣服脱下,穿上黑衣服返回家来。他家的狗不知道是他换了衣服,迎上去汪汪地对着他大叫。杨布非常恼火,拿了根棍子就要去打狗。

杨子看见了,对他说:"你别打它啦,你也可能与它一样犯同样的错误。如果你的狗出去时是白色,回来时却变成了黑色,你会不觉得奇怪吗?"

02　歧路忘羊

有一天,杨子邻居家的一只羊跑了。邻人立刻召集亲戚朋友去寻找,还请杨朱的仆人也去寻找。

杨子不以为然地说:"嘻!跑丢一只羊,何必要这么多人去寻找呢?"

邻人解释说:"您不知道,山野岔路太多了!"

等他们回来以后,杨子问:"羊找到了吗?"

邻人说:"跑丢了。"

杨子又问:"这么多人去找,怎么还找不到呢?"

邻人答道:"岔路之中又有岔路,我站在岔路口,不知道应该选择哪一条路去找,所以只好返回来了。"

杨子听了这话,忽然神情郁闷,一整天不言不笑。门人奇怪,问道:"羊是不值钱的牲畜,何况又不是您所有,您为何闷闷不乐呢?"

杨岐山位于江西省萍乡市上栗县境内,古称翁陵山、漉山。相传哲学家杨子到此,因山大路杂,面临歧途,迷失方向,凄怆泪下,"杨岐山"由此得名。

中国哲学大师的智慧

杨子不答,大家都弄不清杨子到底是什么意思。孟孙阳把事情告诉了心都子,心都子遂来问杨子:"从前,有兄弟三人在齐鲁向同一位老师求学,学习仁义道理后返回家。他们的父亲问:'仁义之道如何?'老大说:'仁义之道使我爱惜生命,而把名声放在后面。'老二说:'仁义之道使我为了名声而不惜生命。'老三说:'仁义之道使我身名两全。'三兄弟所学出自一家,领会却各不相同。您认为他们到底谁对谁错呢?"

杨子反问道:"有一个人住在河边,熟知水性,以摆渡为生。自带粮食向他学泅渡的人成群结队,学习过程中溺水而死的几乎达到半数。他们本来是学泅水的,不是学溺死的,而利害遭遇却截然相反,你以为孰是孰非呢?"

心都子听了杨子的话,默默地走了出来。

孟孙阳越发糊涂地说:"您与老师谈的是什么意思呀!我越听越糊涂了。"

心都子说:"大道因为岔路太多而丢羊,求学者因为方法太多而丧命。你长期在师门学习,却不懂得老师话的寓意,真是可悲啊!"

03　哭歧路

有一次,杨子外出,遇上一条岔路,一时不能决定走哪条路,竟站在路口哭了起来。

有人问:"你为何在此哭泣啊?"

杨子不无感叹地说:"这道路纵横交错,使行者无从选择,因为选择不当,哪怕跨出半步,便会差之毫厘,谬以千里。人生的道路不也是如此吗?"

04　一毛不拔

有一次,墨子的学生禽滑厘问杨子:"如果拔你身上一根汗毛,能使天下人得到好处,你干不干?"

"天下人的问题,绝不是拔一根汗毛所能解决得了的!"杨子回答道。

禽滑厘又问,说:"假使能的话,你愿意吗?"

杨子默不作答。

禽滑厘出来后告诉了杨子的弟子孟孙阳。孟孙阳说："你不明白先生的心，请让我来说说吧。有人侵犯你的肌肉皮肤便可得到一万金，你干吗？"

禽滑厘说："干。"

孟孙阳说："有人砍断你的一节身体便可得到一个国家，你干吗？"

禽滑厘沉默了。

孟孙阳说："一根汗毛比肌肉皮肤小得多，肌肉皮肤比一节身体小得多，这十分明白。然而把一根根汗毛积累起来便成为肌肉皮肤，把一块块肌肉皮肤积累起来便成为一节身体。一根汗毛本是整个身体中的万分之一部分，为什么要轻视它呢？"

禽滑厘说："我不能用更多的道理来说服你。但是用你的话去问老子、关尹，那你的话就是对的；用我的话去问大禹、墨翟，那我的话就是对的。"

于是，杨子感叹道："古人损一毫利天下，是不可取的；天下人都供奉帝王一人，也是不可取的。如果人人不损一毫，不利帝王的天下，都能为自己的利益奋争，就能限制帝王的欲望，达到天下大治。"

05　美者自美

有一次，杨子与弟子们路过宋国，住在都城靠东边的一家旅店里。

这旅店的主人有两个老婆。她们一个很漂亮，一个很丑陋，可是那长得丑陋的受到宠爱，而那长得漂亮的却受到冷淡。杨子不明白，问其中的缘故。

旅店主人说："您看那个漂亮的，自认为自己漂亮而举止傲慢，但我不知道美在哪里；那个丑陋的，自认为自己丑陋而谦虚谨慎，我不知道丑在哪里。"

杨子闻言大惊，转身对弟子说："弟子们记住！品行贤良但却不自以为具有贤良的品行，到哪里都会受到敬重和爱戴啊！"

06　使尧舜牧羊

有一次，战国初期的哲学家杨子去拜见魏王，自称治理国家可以像

运转手掌上的东西一样自如。魏王哼着鼻子说:"你自己家里的妻妾都管不好,种的三亩菜地也锄不过来,有何妙策能治理好国家呢?"

杨子不慌不忙地答道:"我当然有办法。大王见过放羊吗?几百头羊一群,叫一个牧童拿着鞭子去放牧,要东就东,要西就西,因为他会牧羊;相反,如果叫尧牵一头羊在前面走,又让舜挥着鞭子在后面赶,他俩再贤明,连一头羊也未必管得好。"

07 师从老子

有一天,老子骑牛行至魏国的梁都(今河南开封)的郊外,正闭目养神,忽闻有人大呼"先生"。老子闻声,睁开双目,发现是弟子杨子。

杨子没想到在此与老子相遇,连忙跪拜于老子所乘青牛前。老子下来,扶起杨子,与他一同前行。

老子问道:"弟子近来忙于什么?"

杨子施礼道:"我来到先祖居住的地方,购置房产,修饰梁栋,招聘仆役,整治家规。"

老子道:"有睡觉、吃饭的地方已经足够了,何必如此张扬?"

杨子道:"先生修身,坐需寂静,行需松弛,饮需素清,卧需安宁,没有深宅独户,怎么能达到这种境界呢?购买深宅独户,不招用仆役,不置办用具,用什么来支撑这个家呢?招聘仆役,置办用具,不订立家规,怎么管理好这个家呢?"

老子笑道:"大道自然,何必需要强迫自静?行走没有过多需求,自然轻松;饮食没有过多奢望,自然清爽;睡觉没有其他欲望,自然安宁。修身何必需要深宅?肚子饥饿就进食,身体困乏就休息;早晨太阳出来时开始工作,晚上太阳落下时准备就寝。居家何必需要众多奴仆?顺应自然而无为,则神安体健;违背自然而营营,则神乱而体损。"

杨子知道自己浅陋,惭愧地说:"弟子鄙俗,多谢先生指教!"

08 明王的境界

有一天,杨子问老子:"如果一个人做事敏捷,勇于决断,通达事理,勤于学道,那么他可以和明王相比吗?"

老子说:"怎么能和明王比呢!这个人和会技艺的人被技能所累一样,只是苦了自己的形体,乱了自己的心神。俗语说,虎豹因为身上有纹彩,以致引人来打猎;猴子因为身体活泼,狗因为会捕狐狸,所以被人拴起来以供玩赏使役。像这样的人怎么能和明王相比呢!"

杨子皱了皱眉说:"那么,请问明王是怎样治天下的呢?"

老子答道:"明王治理天下,功业普及,不以为是自己的功劳;教化施及万物,而使百姓不曾有依靠他的感觉。虽然人们无法说出他的影响,但是每个人都喜欢和他在一起,万物都各得其所,而他却处于神妙不可测的地位,游于虚无的境界之中。"

09　都不知道

杨子的一个朋友叫季梁。季梁生病,至第七日已病危。他的儿子们围绕着他哭泣,请医生医治。

季梁对杨子说:"我儿子不懂事到了这样厉害的程度,你为什么不替我唱个歌使他们明白过来呢?"

杨子唱道:"天尚且不认识,人又怎么能明白?并不是由于天的保佑,也不是由于人的罪孽。我呀你呀,都不知道啊!医呀巫呀,难道知道吗?"

季梁的儿子还是不明白,最后请来了三位医生,但不久季梁的病自己好了。

10　这是命运

杨布对杨子说:"这里有些人,年龄差不多,资历差不多,才能差不多,相貌差不多,而长寿与早夭大不相同,尊贵与低贱大不相同,名分与荣誉大不相同,喜爱与憎恶大不相同。我很不理解。"

杨子说:"古时候的人有句话,我曾把它记了下来,现在告诉你:不知道为什么这样而这样的,这是命运。现有的一切都糊里糊涂,纷杂混乱,有的去做了,有的没有去做,一天天过去,一天天到来,谁能知道其中的缘故?都是命运啊!相信命运的,无所谓长寿与夭亡;相信自然之理的,无所谓是与非;相信心灵的,无所谓困难与顺利;相信自然本

性的，无所谓安全与危险。这就叫作都没有什么可相信的，都没有什么可不相信的。"

11　名声的真实与虚假

杨子到鲁国游览，住在孟氏家中。孟氏问他："做人就是了，为什么要名声呢？"

杨子回答说："要以名声去发财。"

孟氏又问："已经富了，为什么还不停止呢？"

杨子说："为做官。"

孟氏又问："已经做官了，为什么还不停止呢？"

杨子说："为了死后丧事的荣耀。"

孟氏又问："已经死了，还为什么呢？"

杨子说："为子孙。"

孟氏又问："名声对子孙有什么好处？"

杨子说："名声是身体辛苦、心念焦虑才能得到的。伴随着名声而来的，好处可以及于宗族，利益可以遍施乡里，又何况子孙呢？"

孟氏说："凡是追求名声的人必须廉洁，廉洁就会贫穷；凡是追求名声的人必须谦让，谦让就会低贱。"

杨子说："管仲当齐国宰相的时候，国君淫乱，他也淫乱；国君奢侈，他也奢侈。意志与国君相合，言论被国君听从，治国之道顺利实行，齐国在诸侯中成为霸主。死了以后，管仲还是管仲。田氏当齐国宰相的时候，国君富有，他便贫苦；国君搜括，他便施舍。老百姓都归向于他，他因而占有了齐国，子子孙孙享受，至今没有断绝。像这样，真实的名声会贫穷，虚假的名声会富贵。"

逍遥自在的庄子

天下有道,圣人成焉;天下无道,圣人生也。

——庄子

人生如梦,短暂飘忽,唯有把握现在。人生如蝶,花丛起舞,理应享受快乐。图为《梦蝶图》(局部),元代刘贯道绘,(美)私人收藏。此图取材于"庄周梦蝶"的典故,在炎夏树荫下,童子抵树根而眠,庄周袒胸仰卧石榻,鼾声醉人,其上一对蝴蝶翩然而乐,点明画题。

庄子（约公元前369—前286年），名周，宋国蒙（今河南商丘东北）人。战国时期著名哲学家，道家学派第二代宗师。他继承和发展了老子"道法自然"的观点，后世将其与老子并称为"老庄"，他们的哲学思想体系被尊称为"老庄哲学"。庄子一生过着贫穷的生活，做过蒙地方的漆园吏（掌管漆园），曾拒绝楚威王礼聘为宰相，后"终身不仕"。其代表作为《庄子》，被唐明皇封为《南华经》，庄子也被封为"南华真人"。

庄子主张"天道无为"，认为"道"是宇宙万物的本源，"道"是"先天生地"的，是无所不在的，是不以别的事物存在为条件的。"道"是世界最高本体，世界统一于"道"。庄子的思想包含着朴素辩证法的因素，认为一切事物都在变化发展之中，一切事物都是相对的和可以转化的，但他否认事物质的差别，否认判断是非的客观标准，最终倒向了相对主义和不可知论。在政治上，他主张"无为而治"，反对一切社会制度，摒弃一切文化知识。在人生观上，他认为，仁义、是非、贵贱、利害、生死都是人生之累，人生应当崇尚自然，放弃一切妄为，运用"心斋"、"坐忘"、"丧我"、"无己"等修养方法，从而进入"万物一体"、"道通为一"的逍遥自在的绝对自由境界。

庄子的哲学思想达到了很高的思维水平，在中国哲学史上占有重要地位。《庄子》在哲学、文学上都有较高研究价值。研究中国哲学，不能不读《庄子》；研究中国文学，也不能不读《庄子》。鲁迅先生曾说：庄子的"文风汪洋恣肆，仪态万方，先秦诸子莫能先也"。当代哲人金岳霖则写道："也许应该把庄子看成大诗人甚于大哲学家。他的哲学用诗意盎然的散文写出，充满赏心悦目的寓言，颂扬一种崇高的人生理想，与任何西方哲学不相上下。其异想天开烘托出豪放，一语道破却不是武断，生机勃勃而又顺理成章，使人读起来既要用感情，又要用理智。"

中国哲学史上永远保留着庄子逍遥自在的足迹，回响着庄子"天道无为"的天籁之音。

01　涸辙之鱼

庄子因为家里贫穷，无米下锅，便前去向监河侯借粟米。

监河侯说："好的，等我收了老百姓的租税，就借给你三百两银子。行吗？"

庄子听了很气愤，便说："我昨天到这儿来，在路上听到叫喊声，四处张望，发现在干涸的车辙里躺着一条鲫鱼。我就问它：'鲫鱼，你为什么到这儿来？'鲫鱼答道：'我从东海来，快干死了，请你给我一升或一斗的水救救命吧！'我说：'好的，我这就去游说吴、越两国的国王，引西江的水来迎接你。行吗？'鲫鱼气愤地说：'我因为离开了水，孤零零地躺在这里，只要你给我一升半斗的水也就活命了。你说引西江的水来迎接我，还不如早点到卖干鱼的摊子上去找我吧！'"

中国人民银行发行的《庄子》纪念币

02　是贫穷，不是潦倒

有一次，庄子穿着一身补丁的粗布衣裳，一双用麻绳拴在脚上的破草鞋，前来拜访魏王。

魏王很奇怪地问："先生，您怎么这样潦倒啊？"

庄子说："我只是贫穷，并不是潦倒。一个人有道德而不能体现，才是潦倒；衣破鞋烂，是贫穷而不是潦倒。我是生不逢时啊！大王，您难道没见过那腾跃的猿猴吗？如果是在高大的楠木、樟树上，它们攀缘其枝而往来其上，逍遥自在，即使善射的后羿、蓬蒙再世，也拿它们没有办法。如果是在荆棘丛中，它们则只能危行侧视，怵（chù）惧而过。这并不是它们的筋骨变得僵硬、不灵活了，而是处势不便，没有施展才能的地方啊！"

03　舐舔痔疮

宋国有一个叫曹商的官员，特别善于溜须拍马。

中国哲学大师的智慧

有一年,宋王派他出使秦国,奖给了他几乘车辆。到了秦国,秦王也很喜欢他,赏给他百乘车辆。

回到宋国后,曹商见到庄子,便炫耀说:"住在破巷子里,穿着破草鞋,饿得颈子枯槁、面黄肌瘦,在这方面,我不如你。可是,一旦见到大国的国君,就得到上百乘车辆,这是我的长处。"

庄子回答说:"我听说秦王得了痔疮,到处召请医生。谁能把痔疮弄破,就可得到一乘车辆;谁能舐他的痔疮,就可得到五乘车辆。治病治得越下流,获赐的车辆就越多。你是不是舐舔了秦王的痔疮,不然你怎么会得到这么多车辆呢?你给我滚吧!"

04　黑龙下巴上的宝珠

宋国的国君十分残暴,经常滥杀无辜,可有一个人谒见宋国国君,却被赏赐十乘车马。这人可高兴了,乘坐这十乘车马,来到庄子面前炫耀。

庄子说:"黄河边有一户人家,靠编织芦苇产品糊口,家境十分贫寒,经常吃了上顿没下顿。有一次,他家的一个孩子去游泳,潜入到深水中,得到了一颗价值千金的宝珠。他父亲对他说:'快拿石头来把它砸烂!这种价值千金的宝珠,一定是在很深很深的深水中,在一种非常凶猛的黑龙的下巴上。你能得到它,一定是赶上黑龙在睡觉。如果黑龙醒来,你就会被黑龙吃掉,恐怕连一点点肉都不会剩下来。'宋国国君的残暴,比起黑龙还要超过千万倍,你能得到车马,也一定正碰上国君迷糊。如果他清醒过来,你就会粉身碎骨!"

05　宁做自由之龟

楚威王想把国家大事交给庄子,请他当宰相,因为不知庄子的意思,便派遣两个大臣去寻找他。

庄子在濮(pú)水之畔钓鱼,两位大臣找到了他,并对他说:"我们大王仰慕先生,特请先生去楚国协助政事。"

庄子手里拿着钓竿一动不动,闷了半晌,才淡然说道:"我听说楚国有一只神龟,占卜凶吉,没有不灵验的。这个神龟已死去三千年,人们把它的龟板挂在大庙之上,天天供奉着。是吗?"

两位大臣忙点头说:"是的,是的。"

"那么,我想请问,"庄子抬起头来,"这只神龟是宁愿死后留几块空壳受人尊重,还是乐意活着拖着尾巴在烂泥里爬呢?"

两位大臣面面相觑,然后异口同声地答道:"当然宁愿活着在烂泥里爬。"

庄子笑着说:"请便吧!我也愿意拖着尾巴在烂泥里爬。"

06 鹏程万里

庄子在北海边上看见一条小鲲鱼。鲲鱼夸口说自己善于变化,法力无边。于是鲲变得很大很大,几千里的海面上,见头不见尾,乘着海流,很快就游到了南海。

庄子说:"只能远游,不能高举,不算好本事。"

于是鲲摇身一变,变为一只大鹏鸟,双翼一展,遮天盖地,激起三千里的波涛,乘着六月上升的气流,飞上九万里的高空。

武汉磨山公园"南国哲思园"的"庄子与鲲鹏球"雕塑

鹏说:"世间还有比我更逍遥自在的吗?"

庄子笑着摇摇头:"你渡海靠的是水流,升天靠的是气流。你徒具庞大身躯,反不如我。我凭借着双腿,想到哪里就到哪里,要行就行,要息就息,比你更逍遥自在。"

07 比南面王还快乐

有一次,庄子夜行去楚国,走到荒郊野外,一个骷髅向他扑来,虽然肌肤不存,空架子却仍可看出人形。

庄子挥动马鞭把他击倒,说:"可怜的先生,你是因为做出伤天害理的事而死，还是因为战争被砍杀而死？你是因为丢脸现丑而自杀，还是寿终正寝？"说完，庄子就把骷髅头当枕头，在野地里睡下了。

知识链接：

《庄子》语言之丰富生动，在先秦诸子著作中是无与伦比的，他第一次提出了寓言、小说的概念，创造了近200个寓言故事，开创了以虚构的手法反映现实和表现理想的先河，被称为"诙谐小说之祖"。

半夜里，庄子梦见骷髅向自己走来，对他说："你说的话令我很感动，特来告诉你死的乐趣。死人，上无君王，下无臣民，无事务缠身，只是从从容容地与天共长，与地共久。即使是南面称王的国君也尝不到这番乐趣。"

庄子不相信，说："我可以请阎王爷让你复生，好使你与妻儿、朋友团聚。你愿意吗？"

骷髅皱着眉头说："别，千万别这样！我怎么能放弃比国君还多的乐趣，再去承担人间的劳苦呢！"

08 无为方可保命

有一天，庄子率领弟子穿行在崇山峻岭之中。庄子破帽遮头，旧衣裹身，脚穿烂麻草鞋，踩着崎岖的山路，迎着萧瑟的秋风，望着惨淡的夕阳，不禁仰天长啸、放声高歌。

弟子不解，问道："先生一向乐观大度，今天为什么悲歌哀叹？"

庄子道："天下有至乐的国土吗？有可以养生的诀窍吗？身处当今乱世，干什么正当，不干什么无凶？住在哪儿为安，逃向哪儿无险？依就什么可靠，舍弃什么无忧？喜欢什么合理，厌恶什么无祸？"

弟子道："天下人所尊崇的是富贵、长寿、美丽，所喜好的是身安、厚味、美色、美服、音乐，所鄙弃的是贫贱、病夭、丑陋，所苦恼的是身不得安逸、口不得厚味、身不得美服、眼不得好色、耳不得好乐。以上不就是常人的好恶、养生之道吗？先生有何高见？"

庄子道："倘若不能如愿，则大忧而惧，其对待生命的态度，岂不是很愚蠢？想那贪富者，辛苦劳作，积财很多而不能用尽，其养身之法是知外而不知内；想那求贵者，夜以继日，思虑好坏，其养身之法是知疏而不知密。人的一生，与忧俱生，寿者昏昏，久忧不死，何苦呢？其养生之法是知远而不知近。"

弟子道："先生是说富贵、长寿等都是外在的东西，都不足以真正地养生。对吗？"

庄子点点头，又道："烈士是为天下所称赞的人，未足以保全己身。你说烈士是该称善还是不该称善？若以为善，不能保全自己；若不以为善，却能保全他人。古人道：忠谏不听，则闭口莫争。伍子胥忠谏强争，结果被吴王害了性命；如不争，伍子胥又难成忠臣之名。你说怎样做才算善行？"

弟子似有所悟："先生是说'名可害生'，追求美名并非养生之道。"

庄子未置可否，继续说："今天，世界上所作与所乐的人，我也不知他是不是真的快乐。我看世俗之所乐，不过是举世群起追赶时髦，奋勇向前如被鞭之羊，洋洋自得而不知何求，都自以为乐。不过，我视无为恬淡方是真乐，而世俗却不以为然，以为是大苦。"

弟子道："我明白了。先生认为，至乐无乐，至誉无誉。"

庄子道："对！对！无乐方为至乐，无为方可保命。天下是非是不确定的，不过，无可以定是非。至乐活身，唯有无为方可保命。天无为而自清，地无为而自运。此两无为相结合，演化出万物。天地间的万事万物，纷纭繁杂，都是从无为而产生的。因此，天地无为而无不为，谁人能体会到无为的益处呢？"

中国邮政发行的《古代思想家——庄子》邮票

09 儒士儒服

有一次，主张道学的庄子去谒（yè）见鲁哀公（春秋时期鲁国第26任君主，鲁定公之子）。鲁哀公嘲讽地说："鲁国多的是儒士，很难找到先生的门徒。"

"不对！"庄子说，"鲁国的儒士很少。"

鲁哀公哈哈笑着说："你没看见鲁国上下都是穿儒服的吗，怎么说少

儒士呢？"

"我听说，"庄子回答，"儒士带环冠，就知天时；穿句屦（jù，句屦：古代的一种鞋），就知地形；衣带上挂个玉块，就善于机断。"

"是啊！是啊！"鲁哀公连连点头。

"可是，"庄子接着说，"君子明白这些道理，并不就一定要穿这样的衣服；反过来，穿这种衣服的人，未必就懂得这些道理。"

鲁哀公不以为然地直摇头。

庄子说："大王不相信？那就请您通令全国：不懂天时、地形和机断而穿儒服的人，一律处以死刑。您再看看有几个人还穿戴儒服。"

于是鲁哀公便下了这样一个通令。人们一传十，十传百，五天之后，全国不见一个穿儒服的人。

10 巧论三剑

战国时代，赵国的赵文王（战国时期赵国君主，名赵何，赵武灵王次子）特别喜欢剑术。于是，民间尚剑之风大盛，侠客蜂起，游手好闲之徒日众，耕田之人日益减少，田园荒芜，国力渐衰，其他诸侯国意欲乘机攻打赵国。

太子赵悝为此忧虑不已，派使者带上千金去请庄子前来劝说大王，救民于水火。

三天后，庄子来见太子，太子便带他去见赵文王。文王长剑出鞘，白刃相待。庄子气宇轩昂，神色萧然，入殿门不趋，见大王不拜。

大王道："太子介绍你来，你将以什么教给寡人？"

庄子道："臣闻大王好剑，所以特以剑术拜见大王。"

大王说："您的剑术有何特长？"

庄子说："臣之利剑锋利无比，臣之剑技天下无双，十步杀一人，千里不留行。"

文王听了，大为欣赏，赞道："天下无敌啊！"于是，双方约定择日比剑。

七天之后，赵文王为比剑选择了六位高手，让他们持剑恭候于殿下，请庄子前来一决雌雄。

庄子欣然前来。赵文王问庄子："不知先生要持什么样的剑？长短如何？"

庄子答："臣持什么剑都可以。不过臣有三剑，专为大王准备。请允许我先言后试。"

大王点头，道："我愿意听一听究竟是什么样的三剑。"

庄子道："这三剑分别是天子剑、诸侯剑、庶人剑。"

大王好奇地问："天子剑是什么样子？"

庄子道："天子剑，用燕豀、石城为锋，齐国、泰山为刃，晋卫两国为脊，周宋两国为首，韩魏两国为把，包以四夷，裹以四时，绕以渤海，带以恒山，用五行制衡，用刑德论断，阴阳开合，春夏养持，秋冬运作。此剑直之无前，举之无上，按之无下，挥之无旁，上决浮云，下绝地维。此剑一出，匡正诸侯，威震四海，德服天下。这就是所谓的天子剑。"

文王听后，茫然若失，又问："诸侯剑是什么样子？"

庄子道："诸侯剑，以智勇之士为锋，以清廉之士为刃，以贤良之士为脊，以忠圣之士为首，以豪杰之士为把。此剑直之亦不见前，举之亦不见上，按之亦不见下，挥之亦不见旁。上效法圆天，以顺三光；下效法方地，以顺四时；中和民意，以安四乡。此剑一用，如雷霆之震动，四海之内，无不宾服而听从君命。这就是所谓的诸侯剑。"

文王听了，频频点头，接着问："庶人剑又是什么样子？"

庄子道："庶人剑，蓬头突鬓垂冠，浓眉长须者所持。他们衣服前长后短，双目怒光闪闪，出语粗俗不堪，相击于大王之前，上斩脖颈，下刺肝肺。这种庶人比剑，和斗鸡没有什么区别，一旦不慎，命丧黄泉，于国事无补。今大王坐天子之位，却好庶人之剑，我真为大王深感遗憾！"

赵文王听了，马上起身迎庄子上殿，并命厨师设宴款待庄子。

此后，赵文王三月未出宫门，自此戒绝好剑之痛，一心治理国家。那些剑士感觉再无出头之日，个个心怀忧惧，不久都纷纷逃散或自杀了。

11　辩无胜

有一次，一个弟子问："辩论是否可以确定是非？"

庄子答道："假使我和你辩论，你胜了我，我没有胜你，你果然对吗？我果然错吗？我胜了你，你没有胜我，我果然对吗？你果然错吗？

是我们两人有一人对一人错，还是我们两人都对或者都错呢？我和你都不知道。凡人都有偏见，我们请谁来评判是非？假使请意见和你相同的人来评判，他已经和你相同了，怎么能够评判呢？假使请意见和你我都不同的人来评判，他已经跟你和我相异了，怎么能够评判呢？假使请意见和你我相同的人评判，他已经跟你和我相同了，怎么能评判呢？那么我与你及其他的人都不能确定谁是谁非，又能靠谁来判定呢？"

12　找错了人

肩吾（传说中的神仙）对庄子说："楚国的狂人陆通（字接舆，春秋时期楚国隐士）说话大而无当，太不近人情了。"

庄子问道："陆通说了什么？"

肩吾说："他说姑射山上住着一个仙人，长得冰清玉洁，不吃五谷，只餐风饮露，驾着飞龙，乘着风云，遨游四海。这还不算什么，他还说这仙人只要凝神不动，天下五谷就一定丰登。"

庄子说："楚狂人说的是至理名言，告诉你顺应自然的大道理。只是他找错了人，你听不懂他的话。"

13　山外有山

有一次，弟子问："人与天地相比，谁大谁小，谁贵谁贱？"

庄子道："人成形于天地，受气于阴阳，立于天地之间，犹如小石小木之在大山一般，实在太渺小了，又凭什么自尊自大？计四海之位于天地之间，不似蚁穴之在大漠中吗？计中国之在海里，不似小米粒之在大仓库中吗？天地万物无数，人不过是其中之一；人与万物相比，不似毫毛之在马体上吗？"

弟子似有所悟，道："先生的意思是'山外有山，天外有天'吧？"

庄子说："有这方面的意思。"

14　梦蝶

有一天，庄子躺在花园的大树下不知不觉睡着了。他做了一个梦，梦见自己变成了一只五彩缤纷的大蝴蝶。蝴蝶在馥郁芬芳的花丛间翩翩起舞，多快活啊！

忽然，一阵凉风吹来，庄子醒了，迷迷糊糊地看看四周，又摸摸自己的脑勺，自言自语地说："啊呀，这是怎么搞的？是庄子做梦变成了蝴蝶，还是蝴蝶做梦变成了庄子？真奇怪，庄子与蝴蝶总应该有所区别吧？"

15　螳螂捕蝉

庄子到雕陵的栗园边散步。走近篱笆，忽然看见一只怪异的黄雀从南方飞来，翅膀有七尺宽，眼睛直径有一寸长，碰着庄子的额角飞过去，停在栗树林中。

庄子说："这是什么鸟呀！"于是提起衣裳，快步走进园子，拿着弹弓弹丸，窥伺它的动静。

这时，只见栗树上一只蝉儿，高高地伏在一片树荫里悲鸣、饮露。一只螳螂借着树叶的掩蔽，悄悄爬近蝉儿，意欲捕蝉，他根本没有想到头上有一只黄雀正注视着它。乘螳螂欲捕蝉时，黄雀扑下来，伸长脖子，欲啄螳螂。当然，黄雀也不觉庄子拿着弹弓在树下窥伺它。

庄子见了这一幕，不觉心惊，警惕着说："唉！事物相互累害，都是因为贪图眼前的利益，而没有看到后面的隐患。"

庄子想到这里，赶紧收起弹弓，回头就跑。恰在此时，看守果园的人以为他偷栗子，便追着痛骂他。

庄子回家后，整整三天闷闷不乐。一个弟子问他是怎么回事，庄子说："我为了一只黄雀，忘记了那是人家的栗树园，遭到责骂和羞辱。我与蝉、螳螂、黄雀都是一样啊！"

16　材与不材

庄子行经一座深山，看见路旁有一棵枝繁叶茂的大树，树下站着一群伐木的人，却不动手砍树。

庄子奇怪地问一位伐木人："为何不砍这棵大树？"

伐木人回答说："这棵树木质不好，不能用。"

《庄子》为中国哲学和文学典籍中的瑰宝。研究中国哲学,不能不读《庄子》;研究中国文学,也不能不读《庄子》。图为清光绪刊本《庄子》书影。

"呵!"庄子恍然大悟,回头对弟子们说,"怪不得它长得这么粗壮,年岁这样老,原来是它不材啊!"

走出深山,庄子便去一个朋友家过夜。朋友看见庄子远道而来,连忙吩咐儿子杀鹅备酒。

儿子问道:"爸爸,是杀那只会叫的鹅,还是杀那只不会叫的鹅?"

主人回答:"不会叫的鹅有什么用?当然是杀不会叫的鹅。"

庄子的学生悄悄问庄子:"先前,山里的大树因为不材而活得那样长久;现在,主人的白鹅却因为不材而先要被宰掉。这应该如何解释呢?"

庄子笑着说:"处世要在材与不材之间。材与不材之间,即似是而非,谁也抓不住把柄。"

17　丧失自我

有一天,庄子靠椅而坐,仰天而叹,沮丧得如失魂落魄一样。弟子侍立在旁,说:"先生为何嘘叹?人之形体真可以使如槁木,而心可使如死灰吗?今之靠椅而坐者,不是昔之靠椅而坐者吗?"

庄子道:"问得好!今天我丧失了自我,你可明白吗?"

弟子道:"自我是什么?弟子愚钝,实不明白。"

庄子道:"天下万物,都是彼此相对,故没有彼就没有此,没有你就没有我,这就是相反相成。可不知这是谁造成的?是冥冥之中的道吗?道又是什么样子?……唉,人生一旦接受精气,成就形体,不知不觉中精力就会耗尽。天天与外物争斗摩擦,精神耗尽像马飞奔一样,而自己却不能制止,不是太可悲了吗?终身忙碌而不见成功,颓然疲役而不知归宿,可不是悲哀?!虽说身体不死,有何益处?心神随身体消亡,可不是大悲哀?!人一出生时,本来就这样茫然吗?抑或只我独觉迷茫,而别人都不迷茫吧!"

18　每况愈下

东郭子问庄子:"你经常说的'道',究竟在哪里呢?"

庄子回答说:"'道'是无所不在的。"

"到底在什么地方呢?请你明白告诉我。"

"在蝼蛄和蚂蚁的身上。"

"怎么这样低下呢!"

"在小米和稗子里面。"

"怎么更加低下了呢!"

"在瓦甓里面。"

"岂不越来越低下了吗?"

"在大小便里面。"

东郭子一听,觉得庄子越答越不对头,便不再问下去了。

庄子对东郭子说:"你要我明白告诉你'道'在什么地方,我只有把它说得低下些,才能显出'道'的无所不在。你为什么不高兴呢?"

过了一会儿,庄子又向东郭子解释说:"你这个人啊,问了这么多,没有一句话是有意义的,都不得要领。你听说过杀猪人怎样鉴别猪的肥瘦吗?踩着猪腿,顺着腿向下摸,就大概能知道猪的肥瘦。你现在想了解的'道'也是一样,愈问得卑下,愈是用世俗普通的具体之物来言'道',就愈能明白'道'的意蕴,这就是'每况愈下'的道理啊!"

> **知识链接:**
>
> 庄子认为,"道"是生养天地万物的根源,且无处不在。人与天地万物同根同源且地位平等,因此,"天地与我并生,而万物与我为一"(《齐物论》)。天地万物与人是一个统一体,密不可分。这种"天人合一"的思想成了中国古代哲学的基本精神。

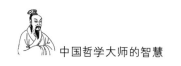

19　盗亦有道

有人问盗跖（zhí）："强盗这一行也有'道'吗？"

盗跖说："怎么没有？拿得准屋里有财宝，是圣；敢于率先进去，是勇；出来时走在最后，是义；知道可行不可行，是智；盗得财物后平均分配，是仁。"

庄子说："不学习圣人的教导，不能成为大盗。"

20　虎狼亦有道

宋国的太宰（古时官名）荡（人名）向庄子问仁的道理。

庄子说："虎狼也有仁道。"

"这话怎么说？"太宰荡不解。

庄子答道："虎狼父子相亲，不就是仁吗？"

太宰荡说："虎狼相亲的仁太浅显了，请问至仁是怎样的呢？"

庄子说："至仁没有'亲'的关系。"

太宰荡又问："我曾经听说，不亲就是子不爱父，子不爱父便是不孝。至仁会是不孝吗？"

庄子答道："不是的。你所说的孝不足以说明它的含义。事实上，这并不是孝不孝的问题，而是比孝还要高的境界。"

21　至德之人

弟子问："怎样才算了解大道的人呢？"

庄子道："了解道的人一定通达于理，通达于理的人一定明白权变，明白权变的人才不会因外物而损害自己。有至德的人，入火不觉热，沉水不能溺，寒暑不能害，禽兽不能伤。这是因为他能明察安危，安于祸福，谨于去就，故没有什么东西能损害他。"

弟子问："世上真有至德之人吗？"

庄子说："孔子即是。"

弟子问："何以见得？"

庄子道:"孔子周游列国,推行仁道,虽到处碰壁,仍坚持不懈,其忧国忧民之心,可敬可佩,可歌可泣!"

22 鼓盆而歌

庄子的妻子死了,惠子赶来吊唁。

惠子走进灵堂,只见庄子一屁股坐在地上,一边敲打瓦盆,一边唱歌:"生死本有命,气形变化中。天地如巨室,歌哭作大通。"

"哎,庄兄,"惠子开口道,"你妻子与你夫妻一场,生儿育女,现在她死了,你不哭也就算了,还敲盆唱歌。太过分了吧!"

"你说错了。孩子她妈刚死,你们都悲伤,我会不悲伤吗?"庄子的语调有点凄然,"但我很快就想通了。生从死来,混沌太初,无中生有,先变而有气,气再变而有形,形复变而有生命。现在人死了,又从生变回去,回老家了。这种生来死去,不正如春夏秋冬四季变化一样自然吗?现在,我妻子不过是安息于天地之间,我要是在旁边号啕大哭,那不是太不通达生命的规律,不明晰人生的事理吗?所以,我才不哭啊!"

说完,庄子遂不搭理惠子,神情专注地继续敲他的盆,唱他的歌。

哲学是研究死亡的学说。只有将生死视为一种自然现象,才能旷达洒脱,从而达到"天地与我并生,万物与我为一"的人生最高境界。图为庄子鼓盆而歌。

23 帝之悬解

老子死了,他的朋友秦失前去吊唁,痛哭三声就出来了。有人责备秦失不顾朋友之义。

庄子说:"秦失行的正是朋友之道。生时是朋友,死后便成了一具无知无识的躯壳;生时顺天而生,死时顺天而逝,没有什么值得悲痛的。古时候把死称作'帝之悬解',意思是:人生在世,是上天把你捆吊在那儿;死了,是上天给你的解脱。人的生死是由自然所决定的,所以,那些哀痛无度的人才是不顺天意,违背人的真情。"

24　太偏心

庄子快要死的时候,弟子们商量着要厚葬他。

庄子连忙摆摆手说:"我宁可用天地做棺椁,用日月做双璧,用星辰做珠玑玉器,再以万物做殉葬品。这样,我的葬礼还不够大吗?还有什么比这个更好呢?"

弟子们忙说:"老师啊!那样乌鸦、老鹰会啄食您的遗体啊!"

庄子微微一笑,说:"把我扔在野地里怕被乌鸦、老鹰吃掉,那把我埋在地下不是为蚂蚁准备点心吗?你们真是太偏心了!"

庄子业已化蝶去,此地空余庄子井。庄子故居遗址——河南省商丘市民权县顺和乡青莲寺村。今天留有一条"庄子胡同"、一口"庄子井"、一块"庄子故居遗址"石碑,说是遗址,俨然废墟一处。不过,这倒与庄子生前的高风亮节相辉映。

清静无为的列子

智之所贵,存我为贵;力之所贱,侵物为贱。然身非我有也,既生,不得不全之。

——列子

《列子》记载了"伯牙绝弦"的故事,歌颂了人间真挚的友情,给人以众多的教益和启示:伯牙善鼓琴,钟子期善听。伯牙鼓琴,志在高山,钟子期曰:"善哉!峨峨兮若泰山!"志在流水,钟子期曰:"善哉!洋洋兮若江河!"伯牙所念,钟子期必得之。

《听琴图》,(明)张路绘,(德)柏林东亚美术馆藏。画中题材为"俞伯牙为钟子期弹琴"的故事,表现文人的雅逸生活。画中二人,一人弹琴,一人听琴,弹奏者专心致志的神态和欣赏者妙不可言的表情,颇为生动。

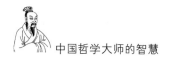

列子(公元前450—前375年),名寇,又名御寇,郑国圃田人(今河南省郑州市),春秋末期思想家、哲学家和文学家,是老子和庄子之外的又一位道家学派的著名代表人物,唐玄宗于天宝年间诏封其为"冲虚真人"。

早年长期隐居修道,后游学齐卫,与伯昏瞀(mào)人师从壶丘子,后来又师从老商氏和支伯高子,得到道法真传,修道九年,传能御风而行。

列子的哲学思想源于黄帝、老子,主张清静无为,主要代表作为《列子》,又名《冲虚经》。《列子》是道家的重要典籍,是我国古代思想文化史上的一部智慧之书,它能开启人们心智,给人以智慧,给人以启示。《列子》是列子、列子弟子、列子后学著作的汇编。全书八篇、一百四十章,由哲理散文、寓言故事、神话故事、历史故事组成,基本上以寓言形式来表达精微的哲理,篇篇闪烁着智慧的光芒,完全可以与古希腊的《伊索寓言》相媲美。

列子的学说主要是养生术,因而他不大关心政治,认为政治事务与政治斗争以及一切改造社会和改造自然的努力都有碍于养生。在这方面,他与老子"无为而无不为"的权术有明显区别,而比较接近于庄子,其消极因素是十分明显的。但他与秦汉的神仙家又有所不同,认为人不能长生不死,有生必有死,该生就让它生,该死就让它死,才是正确的态度。

01 人穷志不穷

列子家中贫穷，常常吃不饱肚子，以致面黄肌瘦。有人对郑国的上卿子阳说："列御寇，是一位有道的人，居住在你治理的国家却是如此贫穷，你恐怕不喜欢贤达的士人吧？"子阳立即派官吏送给列子米粟。列子见到派来的使者，再三辞谢，不肯接受子阳的赐予。

位于郑州列子故里的列子祠

官吏走后，列子进入内室，其妻埋怨他，并拍着胸脯伤心地说："我听说作为有道之人的妻子儿女，都能快乐地生活，可如今我们是饿得面黄肌瘦。郑相瞧得起你，方才会把食物赠送给你，可是你却拒不接受，这岂不是命里注定要忍饥挨饿！"

列子笑说："郑相并不是亲自了解了我。他今天听了别人的话送我米，明天他也会听了别人的话来杀我。这就是我不愿接受他赠予的原因。"

一年后郑国发生变乱，子阳被杀，其众多党羽被株连致死，列子得以安然无恙。

02　拒绝诱惑

列子应邀到齐国去做官,走到半路又折了回来。在路上,他遇见了伯昏瞀(mào)人。

御风而行的列子画像

伯昏瞀人问道:"你为什么折了回来?"

列子说:"我感到惊惶不安。"

伯昏瞀人又问:"你为什么惊惶不安?"

列子说:"我曾在十家卖饮料的店里饮用,却有五家事先就给我送来。"

伯昏瞀人说:"像这样的事,你怎么会惊惶不安呢?"

列子说:"内心至诚却又未能从流俗中解脱出来,外部身形就会有所宣泄而呈现出神采;用外在的东西征服人心,对自己的尊重胜过尊重年老的人,必然会招致祸患。开店的赚点蝇头小利,之所以不收我的钱,不是敬服我的品德,而是敬畏我的地位,希望今后能得好处。联想到齐王召我去,不也是有这样的想法吗?国君一定会把重任托付给我,并检验我的功绩。我竭力尽智也未必能满足国君对我的期望,因此我惶恐不安,我不去了。"

伯昏瞀人说:"你的观察与分析实在是好啊!你安处自身吧,人们一定会归附于你。"

03　自由遨游的人

有一天,伯昏瞀人前来看望列子,看见门外摆满了鞋子。伯昏瞀人面朝北方站着,竖着拐杖撑住下巴。站了一会儿,一句话也没说就走了。

接待宾客的人员告诉了列子,于是列子提着鞋子,光着脚就跑了出来,赶上伯昏瞀人,说:"先生已经来了,竟不说一句指教的话吗?"

伯昏瞀人说:"算了,算了,我本来就告诉你说人们将会归附于你,果真都归附于你了。当初我责备过你让人们归附于你,而你却始终不能做到让人们不归附于你。你何必用显迹于外的做法让人感动而预先就表现得与众不同呢！一定是内心有所感动方才会动摇你的本性，而你又无可奈何。跟你交游的人又没有谁能提醒告诫你，他们细巧迷惑的言辞，全是毒害人的；没有谁觉醒，没有谁省悟，怎能彼此相互审视详察。灵巧的人多劳累，聪慧的人多忧患，没有能耐的人也就没有什么追求，填饱肚子就自由自在地遨游，像没有缆索飘浮在水中的船只一样，这才是心境虚无而自由遨游的人。"

04　御风而行

列子曾向关尹子问道，拜壶丘子为师，后来又师从老商氏和支伯高子，得到他们的真传。他认为，人应摆脱贵贱、名利的羁绊，顺应大道，淡泊名利，清静修道。

列子修道九年之后，能御风而行，常在立春之日乘风而游八荒，立秋之日就反归"风穴"。他驾风行到哪里，哪里就枯木逢春，重现生机，风过后则草木皆落。他飘然飞行，逍遥自在，其轻松自得，令人羡慕。

05　自然的真性

列子问关尹子："道德修养臻于完善的至人潜行水中却不会感到阻塞，跳入火中却不会感到灼热，行走于万物之上也不会感到恐惧。为什么他会达到这样的境界呢？"

关尹子回答说："这是因为持守纯和之气，并不是智巧、果敢所能做到的。坐下，我来告诉你。大凡具有面貌、形象、声音、颜色的东西，都是物体，那么物与物之间为什么差异很大、区别甚多呢？什么东西最有能耐足以居于他物之先？这都只不过是有形状和颜色罢了。大凡一个有形之物却不显露形色而留足于无所变化之中，懂得这个道理而且深明内中的奥秘，他物又怎么能控制或阻遏住他呢！那样的人处在本能所为的限度内，藏身于无端无绪的混沌中，游乐于万物或灭或生的变化环境里，本性专一不二，元气保全涵养，德行相融相合，从而使自身与自然相通。这样，他的禀性持守保全，他的精神没有亏损，外物从什么地方能够侵入呢！

"醉酒的人坠落车下，虽然满身是伤却没有死去，他的骨骼关节跟旁

哲学家列子石像

人一样而受到的伤害却跟别人不同，因为他的神思高度集中，乘坐在车子上也没有感觉，即使坠落地上也不知道，死、生、惊、惧全都不能进入到他的思想中，所以遭遇外物的伤害却全没有惧怕之感。那个人从醉酒中获得保全完整的心态尚且能够如此忘却外物，何况从自然之道中忘却外物而保全完整的心态呢？圣人藏身于自然，所以没有什么能够伤害他。复仇的人并不会去折断曾经伤害过他的宝剑，即使常存忌恨之心的人也不会怨恨那偶然飘来、无心伤害到他的瓦片，这样，天下也就太平安宁。没有攻城野战的祸乱，没有残杀戮割的刑罚，全因为遵循了这个道理。

"不要开启人为的思想与智巧，而要开发自然的真性。开发了自然的真性则随遇而安，获得生存；开启人为的思想与智巧，就会处处使生命受到残害。不厌恶自然的禀赋，也不忽视人为的才智，人们也就接近于纯真无伪。"

06 学习射箭

列子学习射箭，已经能射中目标了，便高兴地去向关尹子请教。

关尹子说："你知道你为什么能射中目标吗？"

列子回答说："不知道。"

关尹子说："这样看来，你还没有学好啊！"

列子回去继续练习三年后，再次来向关尹子请教。

关尹子说："你知道你为什么能射中目标吗？"

列子回答说："我已经知道。"

关尹子说："可以啦！这其中的道理，你要永远牢记，不要轻易地丢掉。不仅学习射箭是这样，治理国家和修身做人也都应该这样。"

07 无心的射箭

列子为伯昏瞀人表演射箭。他拉满了弓弦，把装满水的杯子放在拿弓的手肘上,然后射出箭去,一箭连着一箭,前一箭刚射出,后一箭已拉满弦。这时,他全神贯注,像木偶一样一动也不动。

伯昏瞀人说:"你这是有心的射箭,而不是无心的射箭。如果我和你登上高山,走在摇晃的岩石上,面临着万丈深渊,你还能射吗?"于是伯昏瞀人便领他登上高山,来到摇晃的悬崖边。

当临近万丈深渊时,伯昏瞀人背对着深渊往后退,双脚已有三分之二悬空,才拱手作揖,请列子上来。列子早已吓得趴倒在地,汗水流到了脚后跟。伯昏瞀人说:"道术最高的人,朝上能看到青天,往下能潜入黄泉。他遨游八方,精神和真气都不会改变。现在你全身发抖,心中十分恐惧,你的这种心理也太糟糕了!"

08　事物无生死、变化

列子住在郑国圃田,四十年没有知道他的人。郑国的国君公卿大夫看待他,就像看待一般老百姓一样。郑国发生了饥荒,列子准备离开家到卫国去。

列子的学生说:"老师这次出门,不知道什么时候才能回来,学生想请教一些问题,老师用什么来教导我们呢?老师没有听到过壶丘子的教导吗?"

列子笑着说:"壶丘先生说了什么呢?即使如此,他老先生曾经告诉过伯昏瞀人,我从旁边听到了,姑且告诉你们。他说:有生死的事物不能产生其他事物,有变化的事物不能使其他事物发生变化。没有生死的事物能够产生出有生死的事物,没有变化的事物能使有变化的事物发生变化。有生死的事物不能

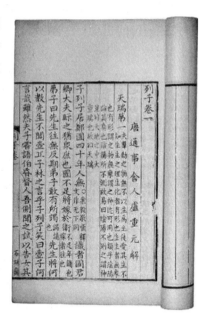

清嘉庆年间秦氏石研斋刻本
——《列子》书影

不生死,有变化的事物不能不变化,所以这些事物经常生死,经常变化。经常生死、经常变化的事物,无时无刻不在生死,无时无刻不在变化,阴阳是这样,四时也是这样。没有生死的事物无与伦比,没有变化的事

物循环往复。循环往复的事物,它的边界永远找不到;无与伦比的事物,它的道理不可以穷究。"

09　身影与谦让

列子跟壶丘子学习。壶丘子说:"你懂得了谦让,才谈得上立身处世。"

列子说:"请您谈谈谦让的道理。"

壶丘子说:"回头看看你的影子就知道了。"

列子回头仔细察看自己的影子,发现身体弯曲,影子就弯曲;身体正直,影子也正直。由此可见,影子的弯曲或是正直完全依赖于身体的弯曲或是正直,而不在于影子本身;处世的困厄或是顺利完全依赖外界环境所提供的条件,而不在于个人的主观意志。这就是保持谦让却处在领先的地位的道理。

10　最高境界的游览

列子原来喜欢游览。壶丘子说:"御寇喜欢游览,游览有什么可喜欢的呢?"

列子说:"游览的快乐,是因为所欣赏的东西没有陈旧的。别人游览,欣赏的是所见到的东西;我游览,欣赏的是事物的变化。没有人能分辨不同的游览方法。"

壶丘子说:"御寇的游览本来与别人相同,他还要说本来与别人不同呢!凡是见到的东西,必然会同时见到这些东西的变化。欣赏外物的变化,却不知道自身也在不停地变化之中。只知道欣赏外物,却不知道欣赏自己。欣赏外物的,希望把外物都看遍;欣赏自己的,也应把自身都看遍。把自身都看遍,这是最高境界的游览;把外物都看遍,并不是最高境界的游览。"

从此,列子认为他不懂得游览,终身不敢外出游览。

壶丘子说:"这是最高境界的游览啊!最高境界的游览不知道到了哪里,最高境界的欣赏不知道看到了什么。任何地方都游览了,任何事物都欣赏了,这是我所说的游览,是我所说的欣赏。所以,这是最高境界的游览啊!"

11 顺其自然

有一个宋国人用玉石给他的国君雕刻褚（zhǔ）树叶子，花了三年的时间才完成。刻出的褚树叶子，叶脉和叶柄粗细得体，叶毛繁密而有光泽，就是掺在真的褚树叶子中也不能分辨出来。这个人就凭他的雕刻技巧得到了宋国的俸禄。

列子听到这件事后，说："假如大自然生育万物，三年才长出一片树叶，那么有叶子的东西就太少了。所以圣人依靠自然规律来化生万物，不依靠个人的智谋和技巧。"

12 给先生看相

郑国有个巫师叫季咸，能预知祸福寿夭。郑国人见到他，都担心预卜死亡和凶祸而急忙跑开。

列子见到他却内心折服得如醉如痴，对老师壶丘子说："以前我总以为先生的道行最为高深，想不到还有比您更了不起的人。"

壶丘子说："你叫他明天来给我看看相吧！"

第二天，列子跟神巫季咸一道拜见壶丘子，壶丘子示以地之相。季咸看完相，走出门来就对列子说："呀！我看到了湿透的死灰，你的老师十天之内必死无疑。"列子进到屋里，泪水弄湿了衣襟，伤心地把季咸的话转告了壶丘子。

矗立在列子墓前的石碑

壶丘子说："刚才我将如同地表那样寂然不动的心境显露给他看，茫茫然既没有震动也没有止息，这样他恐怕只能看到我闭塞的生机。你叫他明天再来看看。"

第三天，壶丘子示以天之相。季咸出来对列子说："幸运啊，你的老师运气不错！幸亏遇到我，才有了转机，已经死灰复燃了。"列子进到屋里，高兴地把季咸的话转告了壶丘子。壶丘子说："刚才我将天与地那样相对而又相应的心态显露给他看，名声和实利等一切杂念都排除在外，而生机从脚跟发至全身，这样他恐怕已看到了我的一线生机。你让他明天再来看看。"

第四天，壶丘子示以人之相。季咸出来对列子说："你的先生心迹不定，神情恍惚，我不可能给他看相。等到心迹稳定，再来给他看相。"列子进到屋里，把季咸的话转告了老师。壶丘子说："刚才我把阴阳二气均衡而又和谐的心态显露给他看，这样他恐怕看到了我内气持平、相应相称的生机。你叫他明天再来看看。"

第五天，壶丘子示之以无相之相。季咸一看，转身拔腿就逃。列子追之不及，回来问老师怎么回事。壶丘子遂告以原委："人总是以自己极有限的所知来揣度万物。巫咸不过是所知较多，尤其对凡夫俗子颇为深知，所以巫师能够给凡夫俗子看相，甚至能做出准确的预测。这个巫咸能看出我的地之相和天之相，算是有点本事了；人之相，他就看不明白了；最后让他看自然的清净本相，他认识到看与被看的位置完全颠倒了，所以再不敢狂妄，赶紧逃跑了。"

列子听了，深受教育，毕生对任何事物都不敢妄称了解。

13　面对白骨

列子到卫国去，在路边吃饭，看见道旁已有百年的死人头骨。列子拔起一根飞蓬草指着它，回头对他的学生百丰说："只有我和他懂得万物既没有生也没有死的道理。生死果真使人忧愁吗？生死果真使人欢喜吗？物种都有出生与复归的机关。……万物都从这个机关生出，又都复归于这个机关。"

14　清静与虚无

有人对列子说："您为什么以虚无为贵呢？"

"虚无没有什么可贵的。"列子说，"不在于事物的名称，关键在于保持静，最好是虚。清静与虚无，便得到了事情的真谛；争取与赞许，反而丧失了事情的精义本性。事物已被破坏，而后出现了舞弄仁义的人，但却不能修复。"

15　点化尹生

列子拜老商氏和伯高子为师，把两人的所有本领都学到了手，然后乘风而归。尹生听说了，便来跟列子学习，并和列子住在一起，好几个月都不回去看望家人。他趁列子闲暇时，请求学习他的法术，来回十次，列子十次都没有告诉他。尹生有些生气，请求离开，列子也不表态。尹生回家了。

几个月后，尹生不死心，又去跟列子学习。列子问："你为什么来去这么频繁呢？"

尹生说："以前我向您请教，您不告诉我，本来有些怨恨您，现在又不怨恨您了，所以又来了。"

列子说："过去我以为你通达事理，现在才发现你确实无知。坐下！我把在老师那里学习的情况告诉你。自从我拜老商氏和伯高子为师，三年之后，心中不敢计较是与非，嘴上不敢谈论利与害，然后才得到老师斜着眼睛看我一下。又过了两年，心中比学道前更多地计较是与非，嘴上更多地谈论利与害，然后老师才开始放松脸面对我笑了笑。又过了两年，我从心所念而无是非对错，随口所言而无利害得失，老师才叫我和他坐在一块席子上。又过了两年，我放纵心灵去计较，放纵口舌去谈论，但所计较与谈论的都不涉及是非利害关系，身内身外都忘得一干二净。此后，眼睛就像耳朵一样，耳朵就像鼻子一样，鼻子就像嘴一样，没有什么区别。心灵凝聚，形体消失，骨肉全部融化，可随风飘游四方。竟然不知道是风驾驭着我，还是我驾驭着风啊！现在，你在老师的门下时间并不长，便怨恨了好几次。你的一片肤体也不会被元气所接受，你的一根肢节也不会被大地所容纳。想要脚踏虚空，驾驭风云，又怎么能办得到呢？"

尹生非常惭愧，好长时间不敢大声出气，也不敢再说什么。

16　以无言为言

列子居住在城南边，跟列子交往的人可以百来计数。即使这样，列子也从不夸耀自大。他天天与人们一起讨论问题，远近没有不知道的。而与南郭子隔墙为邻二十年，却从不互相来往。在路上相遇时，就像不认识的人一样。门下的弟子和仆役都以为列子与南郭子有仇。

有一个从楚国来的人问列子："先生与南郭子为什么互相敌视呢？"

列子说："南郭子形貌充实而心灵空虚，耳朵不听，眼睛不看，口不说话，心灵没有知觉，形体没有变动，去拜访他干什么呢？即使这样，我姑且和你一起去一趟看看吧！"于是列子选了四十个弟子同行。

见到的南郭子，果然和木偶一样，不能同他交谈。回头看看列子，精神与形体已不在一起，也不能同他谈论了。没有一会儿，南郭子与列子弟子中最后一人谈话，一副好胜的神气，好像抓住了真理，是一位胜利者。列子的弟子大为惊骇，回到住处，都带着疑问的面色。

列子说："懂得真意的人不再说话，什么都懂的人也不再说话。以无言为言也是一种言，以无知为知也是一种知。应当以无言为不言，以无知为不知。这样，也说了，也知了；也是无所不说，也是无所不知；也是什么都没有说，也是什么都不知道。像这样就行了，有什么胡乱惊讶的啊！"

古今仰之的列子墓

仁者爱人的孔子

克己复礼为仁。一日克己复礼,天下归仁焉!

——孔子

孔子圣迹图,(清)焦秉贞绘,(美)圣路易斯美术馆藏。此图合人物、树石、界画为一体,描绘了孔子周游列国、游说诸王的典故。孔子方面密髯,俯身拱手,席地而坐,神情恭肃;国王和颜悦色,静坐在孔子对面的红木椅上,作侧耳聆听状;国王身后三五随臣,交头接耳。

孔子（公元前551—前479年），名丘，字仲尼，鲁国陬邑（zōu yì，今山东曲阜东南）人，春秋时期儒家学派的创始人，我国历史上最著名的思想家、哲学家和教育家，中华民族文化传统的奠基者之一，也是具有深远影响的世界文化名人。由其学生记录整理的《论语》一书，是研究孔子思想的主要材料。孔子早年生活贫困，曾任"委吏"（司会计）和"乘田"（管畜牧）等小官，年50时任中都宰（县令），后升为司空（掌管工程）、司寇（掌管司法诉讼），行摄相事。因齐国人离间，遭鲁定公冷遇而率弟子周游列国，宣传自己的政治主张，但终不为用。孔子先到卫国，后过匡适陈，然后又过蒲返卫，又过曹适宋，后到郑、陈、蔡、楚等国，再次到卫，在外游历14年后返回鲁国。此后，致力于文化教育和文化典籍整理工作。

孔子面对春秋末期急剧变革的社会现实，汲取夏商的文化营养，继承周代的文化传统，创造了以"仁"、"礼"、"中庸"为主要内容的哲学思想体系。孔子的学说以"仁"为核心，视孝悌为"仁"的根本，而"仁"的执行要以"礼"为规范。在世界观上，较少讲天道问题，但并不否定有人格意志的天；他重视天命，却强调人为；重视祭祀，但怀疑鬼神。在认识论上，虚悬"生而知之"，但更重视"学而知之"；主张全面学习他人，但更强调"择其善者而从之"；主张多闻多见、学思结合、学行并重、言行统一。在方法论上，崇尚中庸，主张"用其中"、"无过无不及"，反对主观和墨守成规。在历史观上，存在"述古"、"好古"的倾向，但认为历史具有某些不带根本性的变化。在教育方面，重视文化教育，首创私人讲学和分科教育，主张"有教无类"，强调"因材施教"和"启发式"的教学方法，并具有"学而不厌，诲人不倦"的精神。

孔子的学说内涵丰富，自成系统，在中国历史上产生了深远影响。意大利传教士利玛窦说："中国最伟大的哲学家是孔子。……他所说的或所写的，没有一个中国人不奉为金科玉律；直到现在，所有的帝王都尊敬孔子，并感激他留下的遗产。"德国黑格尔曾说："孔子的哲学就是国家哲学，构成中国人教育、文化和实践活动的基础。"近年，中外研究机构和学者分别进行的"中国文化符号调查"结果表明，在最能代表中国文化符号的人物中，孔子名列第一。

仁者爱人的孔子

01 遭受凌辱

有一次,鲁国贵族季孙欢宴士一级名流。17岁的孔子自认为学了一些本领,自己的父亲是陬邑大夫,也属于士,亦欣然前往。他丧母不久,穿着腰里还束着麻带的孝服。

季氏的家臣阳虎见了孔子,向他喝道:"我们宴请的是有地位的人,并不招待叫花子。你赶快走开!"

当时年少气盛的孔子受此污辱,却并未争辩、气恼,只是默然退了出来。少年孔子已经初露大度从容的风范。

02 儿子与一条鲤鱼

孔子19岁时,娶宋国的一姓亓官的女子为妻。一年后,亓官氏怀孕,并生一子。这时,孔子任鲁国管理仓库的委吏,得到了鲁昭公赏识。当这个孩子出生的消息传到鲁君那里时,鲁昭公派人送来了一条大鲤鱼,表示祝贺。孔子以国君亲自赐物为莫大的荣幸,便给儿子取名鲤,字伯鱼。

03 不见阳虎

孔子是一个性情中人,十分谦恭有礼,但也像普通的人那样仇恨人和鄙视人。把持鲁国政权的季孙的家臣阳虎想见孔子,而孔子不愿见,阳虎便赠送给孔子一只烹饪熟了的乳猪。按照当时的礼节,孔子应当回访他。

孔子不想见阳虎,便趁阳虎不在家时,前往道谢。不料,俩人在半路上相遇。

阳虎对孔子说:"来,我有话

曲阜市郊的尼山夫子洞,是传说中孔子出生的地方。

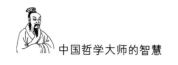

要跟你说。把自己的本领藏起来而听任国家迷乱,这可以叫作'仁'吗?"

孔子说:"不可以。"

阳虎说:"喜欢参与政事而又屡次错过机会,这可以说是'智'吗?"

孔子说:"不可以。"

阳虎说:"时间一天天过去了,年岁不等人啊!"

孔子说:"好吧!我打算出来做官,参与政事。"孔子虽然口头上答应,但还是没有出来辅佐阳虎。

04 不甘心只做葫芦

佛肸(xī)任中牟(在今河南汤阴县西)邑宰时,晋国大夫赵简子要来攻伐中牟。佛肸据有中牟公然反叛后,便派人来召请孔子协助,孔子有意前往。

子路说:"我听老师说过:'一个本身做了坏事的人,君子是不会去帮助他的。'现在佛肸据中牟反叛,您想前去,这又是为什么呢?"

孔子说:"我是说过这样的话,但真正坚实的东西是怎么磨都不会薄损的,真正精白的东西怎么抹也不会污黑的。我难道是一个中看不中吃的葫芦吗?怎么能只供人挂着而不吃呢!"

05 喜形于色

鲁定公十四年,孔子以大司寇的职位参与国家大事。孔子参与国政后,下令杀了扰乱国政的少正卯。几个月之后,贩羊卖猪的商人不敢哄抬价钱;男女行人都分开走路,各守礼法;人们在路上见到别人掉落的东西,也不敢捡回去;四方旅客来到鲁国,不必向官吏请求,都会得到亲切的照顾。到处一派和谐的景象。

孔子的脸上露出得意的神色。弟子见了,说:"您以前说,对于一个君子而言,祸事临头不慌张恐惧,好事到来也不应喜形于色。现在为什么您总是特别高兴呢?"

孔子辩解道:"是有这个话,但我喜形于色,是为了使作为下属的你们也觉得尊贵啊!"

06　父子相讼

孔子为鲁国的大司寇，掌管刑狱。当时，在处理一件父子相讼的案件时，孔子下令将那父子两人一同关进监狱，一直关了三个月，既不审理，也不判决。这时，做父亲的请求不要审判，孔子便将他俩都放了。

季桓子听说此事后，很不高兴地说："这个大司寇欺骗了我，过去他告诉我说：要治理好国家，一定要把孝道摆在第一位。如今我们杀一个不孝的儿子，来教育老百姓要对父母尽孝，这样不是很好吗？他却把那不孝的儿子释放了，这是为什么？"

冉求把这些话告诉了孔子，孔子长叹了一声说："哎！为上者丧失治民之道，而要杀掉老百姓，这是不合礼的。不去教化人民讲究孝道，却要判处不孝，任其狱讼，是杀害无辜的人。三军打了大败仗，不能去杀士兵；牢狱没有整顿好，不可滥用刑罚。为什么？执政者的教化没有推行，罪责不在百姓啊！"

07　道不同不相谋

鲁定公去世后，鲁哀公继位，孔子在鲁国为政，成效卓著，路不拾遗，齐景公很是担忧。齐大夫黎弥对齐景公说："除去孔子就像吹掉一根毫毛那样容易。您何不用高官厚禄去迎聘孔子，赠送给鲁哀公歌妓来迷惑其意念。鲁哀公得到新乐，必然懈怠政事，孔子必然要劝谏他，鲁哀公不听劝谏，孔子必然会离开鲁国。"

齐景公说："很好。"于是令黎弥将80个歌妓、120匹身上有花纹的马一起赠送给鲁哀公。鲁哀公和主政的季桓子接受了齐人送来的女子乐团，整天沉迷其间，一连三天都不过问政务，而且春祭天地的大典之后，又违背常礼，没给大夫们分送祭肉。

公元前517年，孔子对鲁哀公由失望到绝望，便离开鲁国，开始了周游列国。当天，他们在屯（在鲁城南）的地方过夜。

乐师已前来送行，说道："先生就这样怪罪了？"

"我唱个歌告诉你，好吗？"孔子说后，便唱道，"听信妇人的话，可以失去亲信；过于接近妇女，可以使人败事亡身。既然如此，我就该离开，悠闲自在地安度岁月。"

乐师已回去了，季桓子问他："孔子说了些什么？"乐师已如实相告。

季桓子长叹一声，说："孔夫子是为了那一群女乐的事怪罪我啊！"

08 被迫见南子

列女传图，（东晋）顾恺之绘，宋人摹本，北京故宫博物院藏。画面绘有28人，分八段。在"卫灵夫人"一段中，画卫灵公与夫人（南子）相晤时，既流露出内心对夫人识别贤德的明智感到惊喜，又为不失自己身份故作镇静。

孔子在卫国时，国君卫灵公不管国事，大权操在夫人南子手里。据传这位夫人虽然漂亮，但名声不佳，是一个无人不知的淫荡妇人。

南子邀请孔子前来会面，孔子先是辞谢，后来南子三番五次邀请，孔子不得已而前去相见。

会见时，南子站在葛细布做的帷帐里面，孔子进了门，向北跪拜行礼，南子在帷帐里面回拜答礼，身上的佩玉首饰发出了清脆的声音。在一个崇尚礼教的国家，又是在接见孔子的时候，发生这样的事，当然要引起种种议论。

子路对孔子见南子很不满意，孔子便信誓旦旦，说："这真的是礼尚往来，要是我做了什么不正当的事，老天让我不得好死！老天让我不得好死！"

一个多月后，卫灵公和南子同游街市，宫官雍渠陪侍在右，令孔子坐另一辆车跟随在他们后面，招摇过市，孔子觉得非常尴尬，说："我还没有见过好德像好色一样热切的人。"

不久，孔子便离开卫国，前往陈国去了。

09　相信天意

孔子离开卫国，打算到陈国去，经过匡（在今河南长垣县西南）地，弟子颜回替孔子赶车。孔子的模样像阳虎。匡人看见当年和阳虎同行的颜回，以为阳虎又来了。因为阳虎曾经欺虐过匡人，于是匡人围住了孔子一行。

被困在匡地整整有五天了，弟子们都很紧张，孔子则说："周文王虽已死了，但传统文化不都在我身上吗？如果上天要灭绝这个传统文化的话，就不会让我认知并负起传承的责任。天意既然不灭绝这个文化，那匡人又能对我怎么样呢！"

后来，匡人知道这完全是一场误会，便自动解围了。

10　不敢轻易去死

孔子在匡地被村民误认为是曾欺负过村中人的仇人阳虎而遭围困，最后，孔子终于逃了出来，但是得意高足颜回却晚到了。

孔子见到颜回时，动情地对他说："我还以为你死了呢！"

颜回机巧、恭敬地答道："老师您还健在，我怎敢轻易去死啊！"

11　君子面对穷困

孔子迁到蔡国的第三年，吴国进攻陈国，楚国前来救陈，军队驻扎在城父（楚邑，在今河南宝丰县东）。楚王听说孔子住在陈、蔡两国的边境上，便派人前来聘请孔子。

陈、蔡两国的大夫担心楚国重用孔子而对自己不利，便派人一起把孔子围困在荒野上。孔子一行被围困了七天七夜，动弹不得，粮食也断绝了。弟子们成天躺在野外，无精打采，只有孔子一个人和平

周游列国，1989 年，中国人民邮政发行的《孔子诞生二千五百四十周年》纪念邮票。

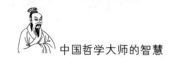

时一样,还是不慌不忙地弹琴、弦歌。

子路看到孔子对被围之事毫不介意的样子,有些不高兴地说:"老师,君子也有穷困的时候吗?"

孔子说:"君子也有穷困的时候,但君子不像小人那样,一穷就为非作歹。"

12 不守胁迫的盟约

孔子离开陈国前往卫国,路过蒲邑。此时,公孙氏背叛卫国而占据了蒲邑,便想阻止孔子去卫国。

弟子公良孺自带了五辆车子跟随孔子周游各地。这个人身材高大,才德好,又英勇,他对孔子说:"我以前跟随老师在匡地遇到危难,如今又在这里遇上危难,这是命吧!我和老师一再地遭难,宁愿跟他们拼死算了!"于是就跟蒲人猛烈地拼斗起来。

蒲人害怕了,便对孔子说:"如果你们不去卫国,我们就放行。"双方谈好条件后,便放孔子一行从东门离去。

孔子脱险后,却一路前往卫国。子贡不满意地问:"约定好的条件可以不遵守吗?"

孔子回答说:"在胁迫下订的盟约是没有效力的,神明也是不会认可的。"

13 愿意做管家

孔子一生不为君王重用,并被陈、蔡两国围困在荒野上。

有一天,孔子召集弟子们说:"《诗》书上说:'不是犀牛也不是老虎,为什么偏偏巡行在旷野之中?'我们为什么会在旷野里受苦呢?"

子路说:"是不是我们的仁德不够,人家不信任我们?是不是我们的智谋不足,人家不让我们通行?"

孔子说:"有这个道理吗?假如有仁德便能使人信任,那伯夷、叔齐怎么会饿死在首阳山呢?假如有智谋便能通行无阻,那比干怎么会被纣王剖心呢?"

子贡说:"我想,这是因为先生之道过于高深,天下人无法接纳。稍稍把程度降低一些，也许行得通吧！"

孔子说："你的想法似乎有点道理，但却是错误的。好农夫虽然善于播种五谷，却不一定有好收成；好工匠有精巧的手艺，所作不一定尽合人意；君子能够修治他的道术，可不一定受天下人欢迎。你不修治自己的道术，反而想降格来苟合求容。赐啊！你的志向太不远大了！"

颜回说："先生之道太过高深，天下无法接纳，但不受接纳，也不必在意。正因为不被接纳，所以才是君子。如果道术还没修好，那是我们的耻辱，但道术已修好而不被人所用，那是参与国家政事的人的耻辱。"

> **知识链接：**
>
> 伯夷、叔齐是商末孤竹君的长子和幼子，因周武王灭掉商朝后，天下归周，而伯夷、叔齐耻食周朝的粮食，逃隐于首阳山，采集野菜而食，最后饿死在首阳山。
>
> 比干是殷帝丁的次子、帝乙的弟弟，受其兄帝乙的嘱托，忠心辅佐侄儿——幼主纣王。因劝谏被纣王残杀。

孔子听后，欣慰地笑着说："你说得对极了！如果你有很多财富，我真愿意做一个管家，替你理财呢！"

14　丧家之犬

孔子来到郑国，和弟子们失散了，一个人站在城外的东门口。

一个郑国人看见孔子后，便对子贡说："东门外站着一个人，他的额头像唐尧，脖子像皋（gāo）陶，肩膀像子产，可是腰以下比禹短了三寸，一副疲惫倒霉的样子，真像一只失去了主人家的狗。"

与孔子见面后，子贡把这些话据实告诉了孔子。孔子欣然地笑着说："我像不像古代的帝王，那不重要，但说我像一只丧家之犬，真是对极了！真是对极了！"

15　子路问津

有一天，春秋时代的两位隐士长沮（jǔ）和桀（jié）溺正在一起耕地。孔子经过那里，被一条大河挡住了去路，便叫子路去打听渡口。

子路问津，明朝《圣迹图》，藏于曲阜孔庙圣迹殿。

正在耕地的长沮手也不停，问："驾车的那个人是谁？"

子路答："是孔丘。"

长沮抬起头，用嘲笑的口吻问："是鲁国的孔丘吗？"

"是的。"

"哦，他不是生而知之吗？应该知道渡口在哪里啊！"

子路讨了个没趣，就转身问桀溺。桀溺停下木耜（sì），问："你是谁？"

子路答："我是仲由。"

"你是孔丘的门徒吧？"

"是的。"

"告诉你，当今社会纷乱，有如洪水滔滔，谁能改变这种趋势呢？你与其跟随那个躲避坏人的人，还不如跟随避开人世的人做一名隐士。"一边说，一边又忙着用土覆盖谷种。

子路只好回来告诉孔子。孔子怅然长叹道："人总该是有责任的，怎么可以自顾隐居山林，终日与鸟兽在一起生活。如果天下清明太平的话，那么，我也用不着到处奔走来改变现在的局面了。"

16　太多事

孔子坐在杏坛上抚琴,众弟子在下面读书。

有个老渔夫驶船傍岸,走过来听了一会,招手叫子贡、子路过来,问:"那弹琴的是谁?"

子路说:"鲁国的君子。"

"姓什么?"

"姓孔。"

"他的领地在哪里?"

子路答不出来了,子贡说:"仁义、礼乐、人伦,就是他的领地。"

"他是君王吗?"

"不是。"

"是有权力的大臣吗?"

"不是。"

渔夫笑了,说:"既不是君王,又不是大臣,却要用仁义礼乐化育万民,这人也太多事了!"

17　面对讽刺挖苦

有一天,楚国的一个隐士假装疯癫,故意靠近孔子的车,一边走,一边唱歌道:"凤凰啊!凤凰啊(比喻孔子)!飞东又飞西,一直未受重用,为什么衰微到这种地步?以往的事不可讲,将来的事还可追。算了吧!算了吧!世道原来如此,无药可救的。"

孔子听了,觉得很有意思,下车想同他谈谈,但那人理也不理,走得很快,一会儿就不见了。

18　入太庙,每事问

有一次,鲁国的太庙(周公庙)要举行祭祀大典,这在鲁国是一个很重要的仪式,但偏不凑巧,有个祭师临时生病,无法参加,需要找个人代理助祭的职位。

经过一番商量，人们决定请孔子来担当这个繁重的大任，因为孔子从小就以知"礼"闻名。当时，孔子只有 30 岁，在太庙里工作的人们听到这事，有点瞧不起他。有的人还信口开河地说了些闲话："那个小伙子，懂得什么！"

孔子进入太庙担任从来没有担任过的助祭时，每件事都要向其他的祭师们详细请教。

祭典完毕后，有许多人在背后批评孔子说："他什么也不懂，每样事都得去问人。"这一类恶评，很快地传入了孔门弟子的耳朵里。

子路性情刚直，听到别人批评自己的老师，很不高兴，就去问孔子："老师，您今日在太庙任助祭时，对那些事情，您不是都很清楚吗？为什么总是问东问西啊？"

孔子缓缓地说："这样做才合乎礼，因为礼的精神在于敬。这一次是太庙盛典，需要敬谨，所以，我虽然知道那些仪式，但也要问个清楚明白。这种敬谨的态度，就叫作'礼'。"

听了孔子的解释，子路才恍然大悟。

19　师项橐

项橐（tuó）是燕国一位少年。有一天，项橐见到孔子时说："听说先生很有学问，特来求教。"

孔子笑着说："请讲。"

项橐朝孔子拱拱手问："什么水没有鱼？什么火没有烟？什么树没有叶？什么花没有枝？"

孔子听后说："你真是问得怪，江河湖海，无论什么水都有鱼；不管柴草灯烛，无论什么火都有烟；至于植物，没有叶不能成树，没有枝也难于开花。"

项橐一听，咯咯直笑，晃着脑袋说："不对。井水没有鱼，萤火没有烟，枯树没有叶，雪花没有枝。"

孔子叹道："后生可畏啊！老夫愿拜你为师。"

20　向师襄子学琴

孔子向鲁国的乐宫师襄子学弹琴，一连十天都没有进展。

师襄子说:"你可以进一步学习更高层次的音乐了。"

孔子说:"我已学会了乐曲的形式,但节奏内容还不了解。"

过了一些时候,师襄子又说:"你已学得了曲子的节奏内容,可以进一步学习更高层次的音乐了。"

孔子说:"我还没领会乐曲的情感意蕴。"

过了一些时候,师襄子又说:"你已领会了乐曲的情感意蕴,可以进一步学习更高层次的音乐了。"

孔子说:"乐曲中那个人我还感觉不到呢!"

学琴师襄,明朝《圣迹图》,藏于曲阜孔庙圣迹殿。

又过了一段时间,孔子一副安详虔敬、有所深思的样子,随即欣喜陶然,说道:"我感觉到了曲中的这个人啦!他的样子黑黑的,个子高高的,眼光是那样的明亮远大,像一个统治四方诸侯的王者。除了文王又有谁能够如此呢?"

师襄子听罢,大吃一惊,离开座位,恭敬地说:"你弹奏的就是《文王操》这首乐曲啊!"

21 访弘问乐

孔子闻韶处

苌（cháng）弘是周景王、敬王的大臣刘文公所属大夫。苌弘博学多才，知天文地理，精星象音律，常与周景王交往。孔子在齐国久仰其名其才，于周敬王二年（公元前518年）前往周国造访苌弘，求教韶乐与武乐之异同和不解之处。

孔子在请教苌弘韶乐与武乐异同后，最后问苌弘道："武乐与韶乐如何区分高低、优劣？"

苌弘道："武乐是周武王的乐名，韶乐是虞舜的乐名，如果以二者的功业来比较，舜是继尧之后治理天下，武王伐纣以救万民，二者都是功昭日月，没有高低、优劣之分。然而仅就音乐而论，韶乐的声音宏盛，字义尽美；武乐的声音虽美，曲调节奏却隐含晦涩，稍逊于韶乐。所以我认为武乐尽美而不尽善，唯有韶乐可称之为尽善尽美！"

对于苌弘博学施教，孔子称谢不迭。

22 向采桑娘求教

有一天，孔子从卫国到陈国去，途中遇见一个年轻漂亮的女子正在采桑叶。孔子诗兴大发，吟咏道："南枝窈窕北枝长。"孔子正想继续吟下去，想不到那个采桑女接口吟道："夫子游陈必绝粮。九曲明珠穿不过，回来问我采桑娘。"孔子不解采桑姑娘的用意，便带着弟子继续赶路。

后来，孔子到了陈国，被陈大夫发兵围困，并责令孔子用细丝线穿过九曲明珠，才放行。

孔子和弟子们拿起这颗明珠，试着用丝线去穿，可是怎么也穿不进去。

忽然，孔子想起了采桑女所吟的诗，急忙派颜回、子贡沿路返回，向采桑女请教。

经过一番周折，颜回、子贡终于找到了采桑女的家，但她家人推说采桑女不在家，并拿出一只西瓜送给二人吃。子贡正要张口吞食，发现了红瓤中嵌着的黑子，顿然醒悟，便立刻起身，向内室施礼道："瓜，籽在内啊！想必姑娘在家中，请出来一见，我们有要事请教。"

采桑女见到献瓜之意被解破，便从内室走出来，说："穿九曲明珠不难，可用蜂蜜涂抹明珠，用细丝系住蚂蚁，就可以穿过。如果蚂蚁不肯从九曲明珠穿过去，可用烟来熏它。"

颜回、子贡二人立即返回，孔子按照采桑女的话去做，果然穿过了九曲明珠，解了重围。

孔子不无感慨地说："我孔丘的智慧不如采桑女啊！"

23 学而知之者

冉求说："我不是不喜欢您的学说，是我能力不够。"

孔子说："能力不够的人，是走到中途走不动了才停止，现在你是先划定一个界限停止不前，不是自甘落后吗？"

冉求又问："那为什么有的人一学就懂呢？"

孔子说："在对待学习的态度方面，人可分为以下几类：生下来就有悟性的，是上等人；学了才会的，是次等人；遇到困难了才学的人，是又次等人；遇到了困难而不学的人，是最下等人。求啊，你应该从这些方面去想一想。"

子路又说："先生学识渊博，一定是生而知之的上等人。"

孔子说："有一种人，自己无知，却冒充内行，我绝对不做这样的事。我是学而知之者，与生而知者相比，是次一等的人。"

> **知识链接：**
> 《论语》记载孔子及其部分弟子的言行，由孔子的弟子及再传弟子辑录而成。《论语》为语录体散文，文字简约，意蕴深刻，说理富有条理，用语委婉、明达、平易、朴实，一般一问一答，是"语录集锦"。

24　君子不可不学

有一天,孔子问子路道:"你有什么爱好呢?"

子路回答说:"我喜欢舞剑。"

孔子笑着说:"我不是问你的武功,而是问当你有了才能,是否还爱好学问?"

子路疑惑,问道:"既然有了才能,何必再有学问,学问有什么好处呢?"

孔门弟子——子路

孔子说:"如果国君没有忠直劝谏的大臣,则会偏失正道;如果士君子没有诚心帮助自己的朋友,就容易偏听偏信。驾驭烈马,不可以轻易丢掉手中的缰绳;操持良弓,也要反复在正弓之器上加以调整。木料有了绳墨的校正则可变直,人有了学问才能办好事情,厌恶学问必然近于刑罚之路,所以君子不可以不学习啊!"

子路仍不能体会,说:"南山上有一种竹子,不必揉制加工便是直的,砍来做竹箭可以贯通犀牛的皮革。因此,天生有才能的人又何必学习呢?"

孔子说:"假如把这箭装上箭翎,箭头磨得更加锋利,不就可以射得更深了吗?"

子路听后,心服口服地说:"弟子恭敬地领受您的教诲。"

25　因贫贱而多才多艺

太宰问子贡:"孔夫子是一位圣人吗?为什么这样多才多艺呢?"

子贡说:"这本来是上天要让他成为圣人,又使他多才多艺。"

孔子听到了这些话,说:"太宰哪里了解我呢?我小时候贫贱,所以学习了许多卑贱的技艺。一般的君子会有这么多技艺吗?不会有这么多的。"

26　求学之法

有一天,子路、伯牛坐在孔子身边,请教有关好学的问题。

子路说:"我们受教于先生以来,先生总是以各个方面的知识来教诲我们,先生知识如此渊博,我们怎样才能把先生的知识学到手呢?"

孔子说:"过去为了研究一个问题,我曾经整天不吃饭,通宵不睡觉,专门自己思考研究,结果发现没有用,不如多读书、多求学。"

子路又问:"应如何求学呢?"

孔子说:"学与思要结合,只读书不认真思考,则昏而无得;只思考而不认真读书,则危而不安。能够了解过去的历史,认识现在,预断未来,就可以去做别人的老师了。"

伯牛问:"用什么样的态度去学,才算得上是好学的人呢?"

孔子说:"一个有仁德的人,在学习的时候,不求饮食饱足,居住舒适。工作认真负责,说话谨慎小心,又勤于去向有道德的人学习,吸取别人的优点来改正自己的缺点,这样的人可以说是好学。"

27　孔鲤过庭

有一天,孔子的弟子陈亢问孔子的儿子伯鱼:"你从老师那里听到过与我们不同的教诲吗?"

伯鱼回答说:"没有。不过有一次,父亲曾独自站在庭院里,我快步跑过时,父亲问:'学《诗经》了吗?'我回答说:'没有。'父亲说:'不学《诗经》,就不会讲话啊!'我便退下来学《诗经》。又有一天,父亲独立院中,我快步跑过时,父亲问:'学《礼记》了吗?'我回答说:'没有。'父亲说:'不学《礼记》,就无法立足于社会啊!'我便退下来学《礼记》。我只听到过这两次教诲。"

陈亢回去后,高兴地对其他同学说:"我问一个问题,却得到了三个收获。其一是应该学诗,其二是应该学礼,其三是君子对待自己的儿子也不会偏爱。"

28　学无止境

有一天，子贡非常恭敬地过来对孔子说："老师，学生侍奉您已经很长时间了，自己的才智已经到了头，我对学习也已经感到厌倦了，再学习下去也不会有什么进步了，我想去休息休息。"

孔门弟子——子贡

孔子就问："你想到哪里去休息呢？"

子贡说："我想去侍奉君主。"

孔子说："《诗经》上说：'从早到晚都要以温和恭敬的态度对待君主和民众，还要谨慎地处理繁重复杂的政事。'去侍奉君主是一件很艰难的事情，怎么能说是去休息呢？"

子贡说："那我想歇息，去侍奉父母。"

孔子说："《诗经》上说：'孝子是永远得不到休息的，你还要给你的宗族以恩惠。'要做到这样也不是一件容易的事，怎么能说是休息呢？"

子贡又说："我想到家人中去休息。"

孔子说："妻儿兄弟之间的事情是非常复杂的。《诗经》上说：'夫妻情投意合，相互之间就像弹琴瑟一样和谐；兄弟们聚在一起，和睦相处，共同快乐。'要做到这种地步，也是很困难的，你能说去休息吗？"

子贡又说："那我想和朋友待在一起得到休息。"

孔子说："朋友之间的事情也是不简单的。《诗经》上说：'朋友之间必须互相帮助，彼此宽容，共同进步。'你能够做到吗？"

子贡便说："那我想去种田得到休息。"

孔子说："种地怎么可以说是休息呢？白天要去除草，晚上要在家里打草绳，还要时常修理房子，更要担心耽误了种植庄稼的时节。种地又怎么能得到休息呢？"

子贡懊丧地问："我就没有休息的时候了吗？"

孔子说："合上棺盖，一切都停止了，也不会知道世界的变化，这就是你可以休息的时候。学习是没有止境的，只有等到合上棺盖之时，才可以说休息。"

子贡说:"这么说来,死亡真是太伟大了!君子在这里可以得到休息,小人在这里不得不驯服。"

孔子说:"端木赐啊,你开始明白生死的道理了。可是,人们只知道活着是多么快乐,却不知道活着的痛苦;人们只知道死亡是令人厌恶的事,却不知道死亡也是一种最好的休息。"

29　两小儿辩日

孔子外出讲学,看见路旁有两个小孩在激烈地争论,便下了马车,走上前去看个究竟。

一个小孩说:"太阳早晨的时候离人近,中午的时候离人远。"

"不对!"另一个小孩说,"太阳应该是早晨离人远,中午离人近。"

前一个小孩连忙嚷道:"你错了,太阳出来的时候足足有车盘那样大,到了中午,却只有菜盘那样小,这不是近大远小的缘故吗?"

"你才错了!"另一个小孩抢着打断他的话说,"早晨的时候,天气还凉飕飕的,中午却热得像在汤锅里。这就是近热远凉的道理啊!"

两个小孩谁都说服不了谁,就请孔子作裁判。孔子抓了半天后脑勺也无言以对,并自言自语地说:"后生可畏!后生可畏!"

两个小孩拍着手,笑着说:"谁说你是一个生而知之的圣人啊!"

30　小儿戏孔

孔子带着几个弟子周游列国,一天,来到宋国境内的一个十字路口,有一个小孩拦住去路,不让路过。

孔子下车来到小孩面前,问:"为什么你不让我们经过啊?"

小孩一本正经地说:"你是一个知书达礼的人,不会不讲理吧!请问,是车让城,还是城让车啊?"

"当然是车让城啊!"孔子毫不犹豫地说。

小孩指着地上土坷垃垒的城说:"您看,这是一座城池,您怎么能过去呢?"说得孔子无话可答。

孔子只得好言好语地与小孩商量说:"你能不能把'城'拆了让我们

过去?"

人称"欧洲的孔子"的魁奈认为,希腊哲学不如中国,一部《论语》即可以打倒希腊七贤。

小孩说:"有理走遍天下,无理寸步难行。哪有拆'城'让车的道理!"

这下可把孔子难坏了,急得在那里乱转。

小孩见孔子急得团团转,就说:"我刚才说过,有理走遍天下,无理寸步难行。我们要以理服人,您若叫我老师,我既不拆'城'又能让车过去。"

孔子只得走到小孩面前,躬身施礼,叫了一声:"老师。"

小孩笑着说:"这很简单,您在城外叫门,我把城门打开,车不就可以过去了吗?"

孔子一听,恍然大悟,既惭愧,又敬佩,说:"我还不如一个小孩啊!"

31 初遇子路

孔子和学生们从防山回来时,忽然一个大汉从树上跳了下来,一柄长剑直指孔子。众弟子各拔佩剑保护老师。孔子止住学生,很有礼貌地和大汉交谈了起来。这大汉就是子路。

子路问孔子:"怎样治国?"

孔子说:"实行仁政!"

"什么是仁?"

"克己复礼为仁。"孔子见子路在听他讲话,便说,"譬如,你现在以利剑对我,我则以礼对先生。如果我们都以兵刃相对,势必流血横尸。我不忍心这样去做,就是仁。仁者,就是要爱普天之下的人。有一天,在政治上做到了'克己复礼',整个国家就实现了'仁'。"

子路听了孔子的话，似有所悟，于是拜孔子为师。

32　冉耕入学

有一天，颜路搀扶着一个受伤的青年走进杏坛。这个青年叫禾兔，原来是一个奴隶，现在已是庶民，是颜路的朋友。

三年来，禾兔每日给主人放牧、打柴、驾车、抬轿、耕种，一有闲空便跑来偷听孔子讲学。禾兔双膝跪在孔子面前，泪痕满面，苦苦哀求道："小人早想拜师求学，今天就请主人开恩，收下小人这个学生吧！"他当惯了奴隶，习惯称别人为"主人"，自己为"小人"。

杏坛——孔子讲学处

"我早已有言在先，广收弟子，不分年龄大小，身份贵贱，来者不拒，只是禾兔这名字不雅，"孔子说，"我给你另起一个名字。你贵姓？"

"夫子，他姓冉。"不等禾兔开口，颜路抢着为他报了姓。

"那好，"孔子说，"就叫冉耕，字伯牛。"

冉耕连连磕头说："感谢主人的大恩大德！"

孔子纠正说："从今往后，你不要再叫我主人。你和大家一样，都是我的弟子，都称我为'老师'。"

冉耕感恩不尽，称谢不已，叩头至破，血染白席……

33　诲人不倦

孔子30岁开始"授徒讲学"。那时，只要带上"束"（一块肉）的人，均可被孔子收为弟子。孔子开办的私学，主张"有教无类"，首次打

破了"学在官府"的传统。

一个村子的居民因不老实而讨人厌。有一天,村里的几个年轻人来拜见孔子,孔子居然接见了他们。孔子的弟子知道后,颇不以为然。

孔子辩解道:"干什么对他们那么凶啊!我认为,重要的是他们肯来向我请教,而不是他们走后的行为如何。人家既然诚心诚意来拜见我,我就应当重视他们的这份诚意。"

34　因材施教

子路曾经问孔子:"听说一个主张很好,是不是应该马上实行呢?"

孔子说:"有比你更有经验、有阅历的父兄,你应该先向他们请教请教再说,怎么能马上就做呢!"

冉求也问过孔子:"听说一个主张很好,是不是应该马上实行呢?"

孔子却答道:"当然应该马上实行。"

公西华看见面对同样的问题而孔子的答复却不同,总也想不通,便去问孔子。孔子说:"子路遇事轻率,所以要叮嘱他慎重;冉求遇事畏缩,所以要鼓励他勇敢。"

35　没有标准答案

有一天,孔子要考一考他的三个得意门生:子路、子贡和颜回。

孔子先把子路喊进屋,向他提出的问题是:"智者应该怎样做,仁者应该怎样做呢?"

子路回答说:"智者要能够使别人了解自己,仁者要能够使别人爱自己。"

孔子评价说:"你够得上做一个'士'的标准了。"

子路出去以后,孔子又把子贡喊进屋,向子贡提出了同一个问题。子贡却回答说:"智者知道别人,仁者爱护别人。"

孔子的评价是:"你可以做士君子(比"士"的标准高,比君子又略低一点)了。"

子贡出去以后,孔子把颜回喊进屋,还是向颜回提出了同一个问题。颜回的回答又有不同的含义,他说:"智者做到自知,仁者做到自爱。"

孔子的评价是:"你可以做一个聪明的君子了。"

36 浪漫的理想

子路、曾皙(xī)、冉求、公西华在孔子处侍坐。孔子说:"我年龄比你们大一些,但不要因为我年长而不敢说。你们平时总说没人了解自己,若有君王了解你们,让你们选择自己喜欢做的事,你们将怎么办啊?"

杏坛礼乐,明朝《圣迹图》,藏于曲阜孔庙圣迹殿。

子路不假思索地说:"给我一个中等国家,这个国家夹在大国中间,外有被武装侵略的危险,内有粮食不足的危机。不出三年,我就可以将它治理成一个安乐的国家。"

冉求谦逊地说:"小国比较适合我,让我去治理,三年的光景,可使老百姓们丰衣足食,成为一个富裕的国家。至于礼和乐的事情,则要另请贤人帮忙了。"

公西华更谦逊了,说:"我不会做什么事,只敢说我愿意学习做事。在祭祀或者同外国会盟时,我愿意做一个小小的司仪。"

曾皙说:"我和三位同学不一样,我的心愿太小了,微不足道。能

中国哲学大师的智慧

说吗?"

孔子说:"没关系,随便说吧!"

于是,曾皙说:"暮春三月,穿着春装,和五六位成年人和六七个未成年人到沂水河沐浴,再在舞雩台上吹风乘凉,最后一路唱着歌,信步回家。"

出乎所有人的意料,孔子听了曾皙的话后,十分赞赏地说:"你想做的,也是我向往的啊!"

37　人各有志

颜回、子路侍立在孔子身旁。孔子说:"你们何不谈谈自己的志向。"

子路说:"我愿意拿出自己的车马、衣服与朋友共同使用,用坏了也不抱怨。"

颜回说:"我愿意不夸耀自己的长处,不表白自己的功劳。"

子路对孔子说:"老师,我们也希望听到您的志向。"

孔子说:"我愿意使老年人得到安逸,使朋友们得到信任,使少年人得到关怀。"

38　互有长短

有人问孔子:"颜回是什么样的人?"

孔子答道:"颜回是仁义之人,我不如他。"

那人又问:"子贡是什么样的人?"

孔子答道:"子贡是善辩之人,我不如他。"

那人接着问:"子路是什么样的人?"

孔子答道:"子路是勇敢之人,我不如他。"

那人奇怪地问:"三人都比您强,却拜您为师,听从您的调遣。这是为什么啊?"

孔子答道:"我既有仁心又能狠心,既善辩又不露锋芒,既勇敢又有所畏惧。用三位弟子的长处换我的长处,我也不干。这就是他们拜我为师而不三心二意的原因。"

39　君子不持剑

有一天，子路身着戎装，全副武装地来拜见孔子。

子路见到老师后，拔出剑，舞了起来，问："老师，古时的君子也是用剑来自卫的吗？"

孔子答道："古时的君子以忠义为人生追求的目标，用仁爱作为自己的护卫，虽然不出窄小的屋子，却知道千里之外的大事。有不善的人，就用忠义和仁爱来感化他；有暴乱侵扰的人，则用忠义和仁爱来使他安定。这样，何须持剑而使用武力呢？"

子路听后，感慨道："啊！我今天才听到这样的话，我愿意拜您为师，至诚恭敬地向您求教。"

40　樊迟学稼

樊迟是齐国人，来自下层老百姓，不知道孔子都教些什么知识。他前来向孔子拜师时，对孔子说："老师，请您教我种植五谷的本事。"

孔子说："要说种植五谷的事，我不如农夫，所以不必向我学。"

樊迟想了想，又说："那就教我种植蔬菜的本领吧！"

孔子说："要说种植蔬菜，我可不如菜农，所以也不必向我学。"

当樊迟出去后，孔子感叹地对其他学生说："樊迟真是一个小人！在上位者只要重视礼，老百姓就不敢不敬畏；在上位者只要重视义，老百姓就不敢不服从；在上位的人只要重视信，老百姓就不敢不用真心实情来对待你。要是做到这样，四面八方的老百姓都会背着自己的小孩来投奔，哪里用得着自己去种庄稼呢！"

41　讥讽子路

孔子说："在这人世间，如果我的主张行不通，我就乘上木筏飘浮到海外去。能跟随我的大概只有子路吧！"

子路听到这话很高兴。

孔子说："子路啊，你好勇超过了我，可惜我们没地方弄到这些木

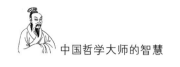

材啊!"

42　随和达观

孔子独具的风趣,往往是在挖苦自己时自然流露出来的。孔子经常嘲笑自己的缺点,或是承认别人对他的批评正中要害。

有一次,一个村民说:"孔子真够伟大的!什么都通,但没有一件精通。"

孔子听见这样的批评,便对学生说:"那么,我要专攻什么呢,是驾车,还是射箭?还是驾车吧!"

43　性情中人

孔子是一个充满幽默细胞的人,其一言一行常常不自觉地流露出幽默、达观的风范。

有一天,孔子和两三个得意的弟子闲谈,说:"你们以为我有什么话不好意思告诉你们吗?说实在话,我真是没有什么瞒你们的。我孔丘生性就是这种人。"

又有一次,孔子见子贡好批评人,不是用很客气文雅的话称他的号,而是直呼其名说:"赐呀,你是够聪明的了,是不是?我可没有那么多闲工夫管别人的事。"

还有一次,孔子清闲无事,对弟子们说:"天天吃得饱饱的,什么也不做,只知道鬼混,这太不像话了。即使玩玩掷骰子的游戏和下棋,也比无所事事好啊!"

44　眼见不实

孔子困在陈国和蔡国的半路上,连碗野菜汤也喝不上,7天粒米未进,只好白天睡大觉。

弟子颜回出去讨来一点米,便下锅去煮。饭快要熟了,孔子看见颜回从锅里抓起一把饭自己吃了,但他没有作声。

过了一会儿,颜回捧着煮熟了的饭送给孔子吃。孔子站起来说:"我今天梦见了亡父,现在要用这干净的饭来祭拜他。"

颜回说:"那是不可以的!刚才有灰尘掉进了饭里,我虽然抓起来吃了,但这饭并不干净了。"

孔子听见后,感慨地说:"所信任的是眼睛,可是眼睛不足以信任;所依靠的是心,可是心也不足以依靠。弟子们,请记住:认识人真不容易啊!"

45　有时候认不得"真"

孔子东游来到一个地方,感觉腹中饥饿,便对弟子颜回说:"前面有一家饭馆,你去讨点饭来。"颜回前往饭馆,说明了来意。

那饭馆的主人说:"要饭吃可以,不过我有个要求。"

颜回忙道:"什么要求?"

主人回答:"我写一字,你若认识,我就请你们师徒吃饭;若不认识,就乱棍打出。"

颜回微微一笑:"主人家,我虽不才,可跟师傅也学习了多年。不要说一字,就是一篇文章又有何难?"

主人也微微一笑:"先别夸口,认完再说。"说罢拿笔写了一个"真"字。

颜回哈哈大笑:"主人家,你也太欺我颜回无能了,我以为是什么难认的字,此字我五岁时就认识。"

主人微笑问:"这是一个什么字?"

颜回答道:"是认真的'真'字。"

主人冷笑一声:"哼,无知之徒竟敢冒充孔夫子的门生。来人,乱棍打出。"

孔子杏坛讲学图

颜回返回见老师,说了经过。孔子微微一笑,说:"看来是要为师亲自出马。"说罢来到店前,向店主说明了来意,那店主拿出写好了的"真"字。

孔子答:"此字念'直八'。"

那店主笑道:"果然是老夫子来了。请!"就这样,他们吃完喝完,没有付一分钱。

颜回不懂,问道:"老师,那字不是念'真'吗?什么时候变成'直八'了?"

孔子微微一笑:"有时候认不得'真'啊!"

46 三季人

有一天,有一个人来到孔子教学的地方,只见一个年轻人在大院门口扫地,便上前问道:"你是孔子的弟子吗?我想请教你一个问题,不知可不可以?"

"可以。"孔子的弟子答应道。

"不过,我有个条件。如果你答对了,我向你磕三个响头;如果你答得不对,你应向我磕三个响头。"

"好。"年轻人很爽快地答道。

"这个问题很简单,你说一年有几季?"

"四季!"年轻人不假思索地脱口而出。

"不对,一年只有三季!"

"四季!!"年轻人理直气壮。

"三季!!"来人毫不示弱。

俩人正争论时,孔子从院内走了出来。年轻人好像遇到救星一般,上前讲明原委,让孔子评评。

孔子起初并未作答,观察一会后,对弟子说:"一年的确只有三季,你输了,快给人家磕三个响头吧!"

来人拍掌大笑道:"快磕三个响头来!"

年轻人蒙了,但老师都这样说,只好向来人磕了三个响头。来人见此,大笑而去。

待来人走后,年轻人忙问:"老师,一年的确是四季啊!"

"平时说你愚钝,你不服气。我现在告诉你:这个人一身绿衣,分明是个蚱蜢。蚱蜢者,春天生,秋天亡,一生只经历过春、夏、秋三季,从来没见过冬天,所以他根本就没有'冬季'这个概念。你与这样的人就是争论三天三夜，也不会有什么结果。你若不顺着他说，他能这么爽快地走吗？"

孔子说完，留下一脸茫然的弟子，挥袖而去。

47 孔子断案

有一天，子路在市场上闲逛时，见到一个买者正与卖者争吵不休。

卖者说："我一尺鲁缟（缟是一种白色的薄绢，以古时鲁国所产为最薄最细，故称鲁缟）三钱，你要八尺，共二十四钱，少一个子也不卖！"

买者争辩道："明明是三八二十三，你多要钱是何道理？"

子路走到买者跟前，施一礼说："这位大哥，三八二十四，你算错了。"

买者仍不服气，双方争执不下，指着子路的鼻子说："谁请你来评理的？你算老几？要评理只有找孔夫子，由他说了算！"

子路说："好。孔夫子若说你错了怎么办？"

买者赌气地说："孔夫子若说我错了，输上我的头。你错了呢？"

子路说："我错了，输上我的头盔。"

二人打完赌，便找孔子评理。

孔子听了原委后，笑着对子路说："子路，你错了，快把头盔给人家吧！"

子路听孔子说自己错了，便老老实实摘下头盔，交给了那位买者。那人接过头盔，得意地走了。

对孔子的评判，子路表面上服从，心里却想不通。第二天，他借故说家中有事，要回家去。言下之意是不想再做孔子的弟子了。

孔子明白子路的心事，仍微笑着说："你此次回家，有两句话必须谨记：古树莫存身，杀人莫动刃。"

子路应声"记住了"，便动身往家走。子路走到半路，突然风起云涌，雷鸣电闪，眼看要下大雨。他看见道旁有一棵古树，树洞硕大，足可栖身，便钻进大树的空树干里，想避避雨。突然，他想起老师"古树莫存身"的话，抽身离开了古树。他刚走不远，一个炸雷，那棵古树被雷电击断，还兀（wù）自冒着烟。

夜里寅时，子路抵达家中。站在家门外，他暗自思量："我离家好久

了,妻子是不是那样忠贞呢?不如我悄悄开门,先窥探一番。"于是他跃入院墙,用随身佩带的宝剑,拨开了妻子房间的门栓,轻步走到床前,隐隐约约看到床上竟有两个人合枕而眠。

子路顿时怒上心头,举刀欲砍,猛然想起老师的话"杀人莫动刃"。他放下刀刃,点灯一看,原来是妻子与妹妹合床而眠。他惊吓出了一身冷汗。

清康熙帝为北京孔庙大成殿门额题"万世师表"匾,表明了后代帝王对孔子这位圣哲先师的尊崇。

子路在家只住了一宿,便返回去答谢老师的指点之恩。

随后,子路大惑不解地问孔子:"老师,明明是三八二十四,您为何说是二十三呢?"

孔子笑道:"子路啊,你想一想:你输了,不过是输一个头盔;若那个人输了,则要人头落地啊!"

子路恍然大悟,"扑通"跪在孔子面前,说:"老师重大义而轻小是小非,学生惭愧万分!"

从这以后,无论孔子走到哪里,子路都紧紧相随,再也没有离开过。

48 待价而沽

孔子周游列国,政治谋求终不得意。

有一次,子贡说:"这儿有一块宝玉,在盒子里装着,是不是待高价卖出呢?"

孔子说:"卖!当然卖!我正等着高价卖出呢!"

49 临别赠言

子路要远行,前来向孔子告别。

孔子说:"我是赠送给你一辆车,还是赠送给你一段话呢?"

子路说:"请老师送给弟子一段话吧!"

孔子说:"不自强不息,就不可能达到远大的目标;不勤劳地做好自己的事情,就不可能有功效;不发自真心而有分寸地去对待他人,就不可能得到他人的亲近;自己不讲信用,就不可能使别人对自己讲信用;不拿出诚心而谦逊地对待他人,就不可能符合礼义。如果能够慎重地从这五个方面去做人做事,就能够做得长久。"

子路拜别老师,领教而去。

50　最爱学习的人

鲁哀公问孔子:"你的弟子中谁最爱好学习啊?"

孔子回答说:"有一个叫颜回的最爱学习,他不把怒气发泄到旁人身上,不重犯同样的错误。他不幸短命死了,现在没有了这样的人,我再也没有见到爱好学习的人。"

孔子还说:"颜回的品质是多么高尚啊!一箪(dān)饭,一瓢水,住在简陋的小屋里,别人都忍受不了这种穷困清苦,颜回却没有改变他好学的乐趣。颜回的品质是多么高尚啊!"

孔门弟子——颜回

51　颜回不是愚人

颜回是孔子的得意门生,孔子很喜爱他,对他抱着很大的期望。

孔子说:"我给颜回整天讲学,他从来没提出不同意见,好像很愚笨,没有什么反应。不过,看他事后的言行,不但没有一样不合乎道,而且还能有更深刻的体会。我这才知道颜回不是愚人。"

孔子曾问子贡:"你和颜回相比,谁更强一些?"

子贡说:"我哪能跟颜回兄相比呢?他能够闻一知十,我只是闻一知二。"

子贡这样说,当然是有些客气,但孔子如实地说:"你说得很对。我同意你说的,你不如他。"

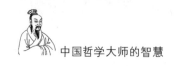

52　知错就改

　　有一次,孔子到了鲁国的武城,学生子游在这里做县官。孔子听到弹琴和唱歌的声音,微笑着说:"杀鸡焉用牛刀?"言下之意是:治理这样一个小地方,还用施行礼乐教育吗?

　　子游立即反驳老师,说:"从前,您说:'君子学习了礼乐,就会爱人;小人学习了礼乐,就好使唤。'我教老百姓唱歌,难道不对吗?"

　　孔子一看弟子认真了,立即回头对跟随的人说:"诸位,子游的话是对的,我刚才只是和他开玩笑罢了。"

53　朽木不可雕

　　宰予白天睡觉。孔子说:"腐朽的木头不能雕刻,粪土一样的墙壁不能粉刷。对于宰予这个人,还有什么值得责备的呢?"

　　孔子说:"以前,我对于人,听了他的话便相信其行为;现在,我对于人,听了他的话还要观察其行为。我看过宰予的表现之后改变了以前观察人的方法。"

54　鸣鼓而攻

　　弟子冉求在朝中做官,准备试行新法,特地向孔子请教。孔子对此刚好持保守态度,于是气愤无比,把冉求骂了个狗血淋头。

　　冉求一再坚持自己的改革,于是孔子对众弟子发出了追杀令:"冉求不是我的门徒,你们一起向他攻击吧!"

55　无中生有

　　冉求问孔子:"人们可以知道天地之前的情况吗?"
　　孔子说:"可以,古代和现在一样。"
　　冉求无言以对,便退了出去。
　　第二天,冉求又问孔子:"昨天我问老师:'人们可以知道天地之前的情况吗？'老师说：'古代和现在一样。'当时我还很明白，现在却迷糊了，请老师开导开导。"

孔子说："昨天明白，是因为你的潜意识先接受了它；今天迷糊，是因为你意识到那并不是真正的答案。天地本来没有过去也没有现在，没有开始也没有终结。试想，没有'子孙'之前而有'子孙'的称谓，可能吗？"

冉求没有回答。

孔子说："好了，不必回答了！不要以为'死'是由'生'而来，也不要以'死'来表示生命的终结，死和生本来就是相互依赖、形同一体的。你以为在天地之前就有物生出来了吗？事实上，主宰物的，本身并不是物，因为物的出生没有先后区别。在这个物产生前，又岂会没有别的物存在？"

孔门弟子——冉求

56　自我夸耀

有一天，叶公向子路问起孔子的为人，子路没回答他。

孔子知道后，便对子路说："仲由啊！你怎么不回答他呢？我这个人嘛，学起道术来毫不倦怠，教起人来全不厌烦，用起功来连饭也会忘了吃，求道时高兴起来什么忧愁都可忘掉，甚至于连衰老即将到来也不知道。"

57　为颜回而痛哭

孔子的得意高足颜回不幸早逝（41岁去世），孔子不顾一切地赶到颜回灵前，痛哭道："噫！天要灭亡我啊！天要灭亡我啊！"

子贡见了，劝老师说："您儿子鲤死时也没见您如此悲痛，今天颜回死，您为什么如此悲痛呢？"

孔子回答说："我儿子死后孙子尚在，孔门后继有人。如今颜回死了，还有谁能继承我的学问呢？'仁政'、'德治'的理想将由谁来实现呢？我不哭颜回，还能哭谁呢？我的眼泪不为颜回流，还能为谁流呢？"

58 情与礼

颜回死的时候,他的父亲颜路赶来料理丧事。颜路想要厚葬爱子,但因家里十分贫穷,只准备好了棺材,而买不起棺材外面的套棺。

颜路只好求见孔子,说:"先生,我有个请求,能不能把您坐的车赐给我?"

"噢!我的车子吗?做什么用呢?"

"我想把车子卖掉,用那笔钱给颜回买一个套棺,因为我没有钱为他买套棺。"

孔子很安详地看了颜路一会儿,叹了一口气说:"颜路,我很同情你,天下做父母的,没有不爱自己子女的。"

"谢谢先生!"颜路感谢孔子说出了知心的话。

接着,孔子说:"不过,我要说的是,我儿子死的时候,也只有棺材而没有套棺。我周游列国,按照礼仪,不能没有车啊!"

颜路听孔子这样说,只好失望地走了。

后来,弟子们集资购买套棺,厚葬了颜回。孔子知道后,不高兴地责备弟子说:"颜回生前视我如同父亲一样,他死后,我却不能把他视同儿子一样去埋葬。我儿子的丧葬合乎礼,而颜回的丧葬却不合乎礼。这不是我不对,是你们错了。"

59 后继有人

孔子生孔鲤,孔鲤生子思。孔鲤一生较为平庸,没有什么建树,但子思倒是孔子之后比较有影响的人物。孔鲤曾对孔子说:"你子不如我子。"然后,他又对子思说:"你父不如我父。"

子思年幼时,有一天,他看到孔子仰天长叹,便问祖父:"您为何长叹?"

孔子说:"你小孩子家懂什么!"

子思说:"我常听您说,父亲砍柴,做儿子的担负不了,就是不肖。我常常担心自己成为这样的不肖子孙。"

孔子听了这话,欣慰地笑着说:"孔家后继有人了!"

60　"留牛村"的传说

相传，孔子带领弟子们来到卫国四处讲学，他们驾着牛车到今天的浚县善堂镇北部的一个村庄时，一头拉车的母牛即将分娩，孔子和弟子们不知如何处置是好。

当地的村民都知道孔子是一个有学问的人，对孔子特别崇拜。得知孔子到来的消息，村民们便把孔子一行人接到家中热情招待，管吃管住，还悉心照料母牛分娩。小牛犊出生后得到了村民的精心护理，长得膘肥体健。

在村里住下来后，孔子为村民们讲解《诗经》，传道授业。过了一段时间，母牛产后体力恢复，小牛犊也一天天长大了，孔子该走了。临别时，孔子为表达对村民的感谢之意，便将小牛犊留了下来。村民把这头小牛犊视为圣人的恩赐，感到非常荣幸。

孔子离开后，村民们为了纪念他，遂把村名改为"留牛村"。

61　以正心善意为本

鲁定公问："一句话便可兴国，有这样的话吗？"

孔子答道："不可能有这样的话，但有近似于这样的话。有人说：'做君难，做臣不易。'如果知道了做君的难，这不近似于一句话便可兴国吗？"

鲁定公又问："一句话可以丧国，有这样的话吗？"

孔子回答说："不可能有这样的话，但有近似于这样的话。有人说：'我对做君主不觉有何可快乐的，只是说了话没人敢违抗。'如果说的善而没有人违抗，不好吗？如果说的不善而没有人违抗，那不就近似于一句话可以丧国吗？"

62　政事最为重要

有一天，鲁哀公问孔子："治理人民的方法以什么最为重要？"

孔子听了，肃然起敬地答道："国君提出这个问题，真是百姓的福

曲阜孔庙

气,那臣下怎敢不认真回答。我认为,治理人民的方法,以政事最为重要。"

鲁哀公说:"请问'政'的含义是什么?"

孔子答道:"'政'就是'正'的意思。国君做事端正,则百姓听从治理。国君所做的事,也就是百姓所要跟着做的事;如果连国君都不去做的事,那么百姓又跟着谁去做呢?"

鲁哀公问:"请问怎样从事政治呢?"

孔子答道:"夫妇有别,男女相亲,君臣有信。这三条行得端正,则其他各项政务也就会随之变得更好。"

63　主次有别

有一次,鲁哀公问孔子:"以前,舜王是戴什么样的帽子呢?"

孔子没有马上回答,哀公便问道:"寡人向您请教,为何您不说话呢?"

孔子答道:"因为君上提的问题,并不是将大的方面放前面,所以臣正考虑如何回答。"

哀公听了奇怪,问道:"那大的方面是什么呢?"

孔子说:"舜帝在做君王的时候,其政爱惜生民,不忍刑戮杀害。在任命官吏上,选举贤能。他的德行犹如天之高、地之厚,而又宁静谦虚;教化如四时,使万物生长。所以,四海都接受舜帝的教化,即使在边远的少数民族地区也畅行无阻。于是,凤凰和麒麟此类瑞兽出现在境内,连鸟兽也驯服于舜帝的威德。没有别的原因,就因他好生啊!君上舍掉这些大的方面,却只问舜王戴什么帽子,因此臣没能及时回答。"

64　欲迷忘身

有一次,鲁哀公问孔子:"寡人听闻,有很健忘的人,在搬迁的时候,竟连自己的妻子也忘了,真有这样的事吗?"

孔子回答道:"这还不算是很健忘的,还有更健忘的人,连他自身也忘了。"

鲁哀公听了感觉很奇怪,便好奇地向孔子请教:"有的人会健忘到忘了自身?先生您能说给寡人听听吗?"

于是孔子答道:"从前,夏朝的桀王享有天子的尊贵,拥有四海的财富,却丢弃了他的圣祖夏禹的道德,破坏了禹的典章制度,废弃了世代的祭祀,过度地荒淫享乐,沉迷于酒色之中。阿谀的奸臣,便暗中窥察他心中的欲望,逢迎他的嗜好,使他更为堕落;忠直的臣子,为逃避无端的刑戮迫害,却封住了自己的口不敢劝谏。这样,民不聊生,天下的人便起而杀了他,夏朝也因此灭亡。这不是连他本身都忘失了吗?"

2011年,一座总高为9.5米的孔子青铜雕像在国家博物馆北广场落成,后迁入国家博物馆雕塑园。

65　不下象棋

鲁哀公问孔子:"我听说君子不下象棋,是这样吗?"

孔子回答:"是的。"

鲁哀公问:"为什么不下象棋呢?"

孔子回答:"因为象棋中有两个车。"

鲁哀公道:"为什么有两个车就不下象棋了呢?"

孔子回答:"因为两个车可以横冲直撞地厮杀,下棋的人只知用计谋去战胜对手,却不考虑仁义,所以这是一种引人向恶之道。"

鲁哀公听了,十分惊恐,过了一会儿才说:"这样说起来,君子对恶道的厌恶太严重了吧!"

孔子说:"如果对恶道的厌恶不严重,对善道的喜欢也不会坚定。如果对善道的喜欢不能坚定,对百姓的亲近仁爱也就不会做得最好。《诗经》中说:'尚未见到君子面,我心忧虑而不安;既见君子诚相感,我心快乐而喜欢。'《诗经》这首诗里,对善道的喜欢程度就是这样诚挚。"

鲁哀公说:"太好了!我听说君子成人之美,不成人之恶。如果没有先生,我怎么能听到这样的道理呢?"

66 奖惩分明

鲁国人因放火烧山而引发了山火,天刮北风,火向南蔓延,眼看大火要烧到国都曲阜城了。鲁哀公见大势不好,亲自率领众人去灭火,但人们都热衷于追逐野兽而不去灭火。

于是,鲁哀公派人找来孔子,并问道:"为什么众人不去灭火而追逐野兽?"

孔子说:"追逐野兽而不灭火的人受不到惩罚,奋勇灭火的人得不到奖赏,这就是大家不去灭火的缘故啊!"

鲁哀公说:"你说得很有理,你快说应该怎么办?"

孔子说:"现在事情紧急,来不及论功行赏;再说对灭火者都给予奖赏,那么全国的财富都不足以奖赏。现在只有用惩罚的办法来解决问题。"

鲁哀公说:"好!那就照你说的意思办。"

于是,孔子下达法令说:"不去灭火者,与叛国同罪;追赶野兽者,与擅入禁地同罪。"命令下达还未传遍,这场大火就扑灭了。

67 孝顺与忠贞

鲁哀公问孔子:"子女顺从父亲的命令,是不是孝顺呢?臣子服从国君的命令,是不是忠贞呢?"

鲁哀公一连问了三遍,孔子都没有回答。

孔子迈着碎步退出去,对子贡说:"刚才,国君问我:'子女顺从父亲的命令,是不是孝顺呢?臣子服从国君的命令,是不是忠贞呢?'哀公问了三遍,我没有回答。端木赐,你对这个问题怎么看待?"

子贡说:"子女服从父亲的命令,应当就是孝顺;臣子服从国君的命令,应当就是忠贞。若是老师您来回答,又会如何回答呢?"

孔子说:"这是小人的见识啊!端木赐,你还没有弄明白道理。当初,大国有四个敢于直言劝谏的臣子,就能使得国家疆土不至于减少;中等的国家有三个敢于直言劝谏的臣子,社稷就不会有危险;小国家有两个敢于直言劝谏的臣子,国君就不会被百姓仇恨、推翻,从而国君之祖先的宗庙就不会被毁坏。父亲有敢于直言劝谏的子女,就不会去做违背礼义的事;有志之士有敢于直言劝谏的朋友,就不会做出不合道义的事。所以,子女服从父母的命令,哪里是什么孝顺?臣子顺从国君的命令,哪里是什么忠贞?"

中国邮政发行的《古代思想家——孔子》邮票

子贡疑惑地问:"怎么样才能叫作孝顺、忠贞呢?"

孔子说:"弄清楚究竟什么该服从、什么不该服从,然后再决定是否服从,这才能叫作孝顺,这才能叫作忠贞。不能不管是非对错都去服从啊!"

68 贵黍贱桃

有一天,孔子与鲁哀公坐着谈话,哀公赐给孔子桃和黍(shǔ,古代专指一种籽实叫黍子的一年生草本植物。其籽实煮熟后有黏性,可以酿酒、做糕等)。

鲁哀公说:"请先生品尝吧!"

孔子先吃黍,然后才吃桃,左右的人见了都捂嘴偷笑。

鲁哀公说:"黍不是吃的,是用来擦桃的。"

孔子答道:"我知道您的意思,不过五谷之中黍为上,祭祀先王时黍属于上等祭品;六种水果桃为下,祭先王时桃不能进入宗庙。我只听说君子用低贱的擦拭高贵的,没听说君子用高贵的擦拭低贱的。按照礼制,我应该先吃黍,否则就会伤害礼。"

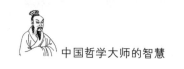

69　反对重税

鲁哀公十一年,季孙想要按田亩征税,派冉有征求孔子的意见。

孔子说:"我不懂这个。"季孙问了三次,也没有得到答复。季孙说:"您是国家的元老,等着您的意见办事,为什么您不肯说呢?"

孔子私下里对冉有说:"君子办事,要根据礼来衡量;施舍要力求丰厚,事情要做得适中,赋税要尽量微薄。如果这样做,那么,按我说的征税也就够了。如果不根据礼来衡量,贪婪之心永无满足,那么即便按田亩征税,也是不够的。如果季孙想要使这个事情合乎法度,那么周公的典章一直在那里;如果要随意办事,又征求什么意见呢?"

然而,季孙不听,仍开征了田亩税。

70　选择人才的标准

鲁哀公问孔子:"我想选择我国的人才和他们一起治理国家,冒昧地问一下,怎样去选取他们呢?"

孔子回答说:"生在当今的世上,牢记着古代的原则;处在当今的习俗中,穿着古代式样的服装;做到这样而为非作歹的人,不是很少的吗?"

鲁哀公说:"这样的话,那么那些戴着商代式样的礼帽、穿着缚有鞋带的鞋子、束着宽大的腰带并在腰带上插着朝板的人,他们都贤能吗?"

孔子回答说:"不一定贤能。那些穿着祭祀礼服或黑色礼袍、戴着礼帽而乘坐祭天大车的人,他们的心思不在于吃荤;披麻戴孝、穿着茅草编成的鞋、撑着孝棍而吃薄粥的人,他们的心思不在于喝酒吃肉。"

鲁哀公说:"好!"

71　用人之道

鲁哀公问孔子:"如何选用人才?"

孔子说:"不要用刚愎自用的人,不要用阿谀谄媚的人,不要用诋毁他人的人。"

鲁哀公说："希望您能说得再详细一点。"

孔子说："刚愎自用的人，骄横跋扈；阿谀谄媚的人，巧言令色；诋毁他人的人，满口胡言。一张弓，经过调试，然后才能有力；一匹马，经过驯服，然后可以精良；一个人真诚朴实，然后可以聪明。假如一个人不忠诚老实，却又足智多谋，那就像豺狼一样，是难以靠近的。《周书》上说'为虎添翼'，那岂不是非常危险的事吗？"

72　答案各异

叶公子高向孔子询问为政之道，孔子说："为政之道，在于使近处的人喜悦、远处的人归顺。"

鲁哀公向孔子询问为政之道，孔子说："为政之道，在于选择贤德的人才。"

齐景公向孔子询问为政之道，孔子说："为政之道，在于节制地使用财物。"

子贡一直跟随在孔子身边，听到这三种不同的答案，有些迷惑不解，便问道："三公子向您所询问的是同一个问题，您的回答却各异。这是为什么呢？"

孔子说："叶这个国家，都城大但国土面积小，百姓有背弃之心，所以说'为政之道，在于使近处的人高兴、远处的人归顺'。鲁哀公有孟孙氏、叔孙氏、季孙氏三位大臣，对外阻碍各个诸侯国的贤德之士前来，在国内结党营私而愚弄国君，使祖先得不到祭祀，社稷不能延续，国家安全受到威胁，所以说'为政之道，在于选择贤德的人才'。齐景公修筑高大的雍门，建造华丽的宫殿，一天之中就以三百乘的资产赏赐于大夫，所以说'为政之道，在于节制地使用财物'。"

73　正名

齐景公问孔子为政的道理，孔子说："国君要像个国君，臣子要像个臣子，父亲要像个父亲，儿子要像个儿子。"

齐景公听后，说："对极了！如果国君不像国君，臣子不像臣子，父亲不像父亲，儿子不像儿子，就是有再多的粮食，我们能平安地吃着

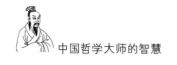

它吗?"

74　"取"与"借"

孔子与季孙氏在一起,季孙氏的家臣说:"国君派人来借马,给他吗?"

孔子说:"我听说,国君向臣下要东西,不叫借,而叫取。"

季孙氏一听,恍然大悟,忙给家臣说:"从今以后,凡国君之有所取叫'取',不要叫'借'了。"

孔子十分高兴,说道:"校正了借马之言,而君臣的名分也就定了。"

75　太迂腐

有一次,子路问孔子:"如果在卫国为政,您会先干些什么事?"

孔子回答说:"我肯定先做正名分的事!"

子路一听,不以为然,他觉得完全没有这个必要,所以他口不择言地批评老师说:"您太迂腐了!"

孔子一听子路说自己迂腐,笑骂道:"你小子也真够粗野的!不懂的事千万不要轻易地下结论!"

76　民是立国之本

子贡问怎样治理国家,孔子说:"粮食充足,军备充足,人民信任政府。"

子贡问:"如果迫不得已要去掉一项,在这三项里先去掉哪一项呢?"

孔子说:"去掉军备。"

子贡又问:"如果迫不得已要再去掉一项,在这两项里该去掉哪一项呢?"

孔子说:"去掉粮食。没有粮食,虽然会饿死,但人都不免一死。假如因粮食的缺乏而饿死人,那是天灾等不可抗拒的事,而不是执政者的力量所能完全预防的。如果没有了人民对政府的信任,也就失去了立国之本,国家是难以统一而走向繁荣的。"

77 反对杀戮

季康子向孔子问怎样治理政事,说:"如果杀掉无道的人来成全有道的人,如何?"

孔子答道:"治理政事,哪里用得着杀戮的手段呢?只要你想善,百姓也就会善。在上位的人的品德好比风,在下位的人的品德好比草。风吹到草上,草一定会顺风倒下的。"

78 泰山问政

泰山问政,明朝《圣迹图》,藏于曲阜孔庙圣迹殿。

孔子与弟子在赴齐国途中,路过泰山旁,看见一个妇人在墓前哭得十分悲哀。

孔子靠着车前的扶手听她哭,子路前去问她:"听你的哭声好像十分悲伤,你为何这样伤心?"

妇人说:"是啊!从前我公公被老虎咬死,后来丈夫又被老虎咬死,现在儿子也被老虎咬死了。"

孔子说:"为什么不搬到安全的地方去呢?"

妇人答道："因为这里没有残暴的政令啊！"

孔子感叹地说："弟子们记住，残暴的政令比老虎还凶猛啊！"

79 要有畏惧之心

有一次，子贡问孔子："应当如何治理百姓？"

孔子说："小心谨慎，战战兢兢，就像用腐烂的绳索来驾驭奔跑的马那样。"

子贡问："为什么要如此畏惧呢？"

孔子说："国家都是由一个个的人所构成的。如果用道德来引导，那么，他们就都能得到养护；如果不用道德来引导，那么，他们就都是我们的仇人。这样说来，怎么能不畏惧呢？"

80 明察秋毫

子路治理蒲这个地方，三年之后，孔子经过这里。

进入蒲地境内之后，孔子肯定地说："仲由能够恭敬地对待百姓，而且使百姓信任他。"

进入城里，孔子又说："好啊！仲由能够忠信地对待百姓，而且很宽容。"

来到子路的院子里，说道："很好！仲由可以明察秋毫地审判案子。"

子贡手抓着缰绳问道："老师还没有见到仲由，就三次说好，这是为什么啊？"

孔子说："进入他管辖的境内，田地整理得很好，杂草都被除掉了，这是因为他能够恭敬而得到百姓的信任，所以百姓能够尽力。进入城里，房屋和墙壁都很整齐，树木很茂盛，这是因为他能够忠信而且宽容，所以百姓能够勤劳而不偷懒。进入院子里，给人一种清闲的感觉，这是因为他能够明察秋毫地审判案件，所以百姓不会前来打扰。"

81 预知未来

子张问孔子："今后十年的礼仪制度可以预先知道吗？"

孔子回答说:"商朝继承了夏朝的礼仪制度,所减少和增加的内容是可考而知的;周朝继承商朝的礼仪制度,所减少和增加的内容也是可考而知的。将来有继承周朝的,纵使一百年之久,也是可以预先知道的。"

82　敬鬼神而远之

樊迟问孔子怎样才算是智,孔子说:"专心致力于提倡老百姓应该遵从的道德,尊敬鬼神但要远离它,可以说就是智。"

樊迟又问怎样才是仁,孔子说:"对难做的事,做在人之前;有收获的结果,则得在人之后。这可以说就是仁。"

83　观天知雨

孔子出门,让子路带上雨具。不一会儿,果然下起了大雨。

子路问其中的缘故,孔子说:"昨天晚上月亮靠近了毕宿星。"

又有一天,月亮又靠近了毕宿星。孔子出门,子路要携带雨具,孔子没听他的。出了门,果然没有下雨。

子路很是疑惑这是为什么。孔子说:"上次的那一天,月亮靠近了毕宿星的北面,所以就下雨了。昨天晚上,月亮靠近了毕宿星的南面,所以就没有下雨。"

84　死后知道也不晚

子贡问孔子:"死人是有知觉,还是没有知觉呢?"

孔子说:"我要是说死者有知觉,就担心孝子贤孙会为给死者送葬而妨害自己的生命;我要是说死者没有知觉,就担心不肖子孙会舍弃死者而不送葬。端木赐啊,死人到底是否有知觉,人死后再知道实情,也不算晚啊!"

85　克己复礼为仁

有一天,颜回问孔子:"什么是仁?"

孔子回答说:"克制自己,一切都照着礼的要求去做,这就是仁。一旦这样做了,天下的一切就都归于仁了。实行仁德,完全在于自己,难道还能依靠别人吗?"

颜回说:"请问要达到仁的境界,具体有哪些规矩呢?"

孔子说:"不符合礼的不看,不符合礼的不听,不符合礼的不说,不符合礼的不做。"

颜回说:"我虽然愚笨,但请让我按照您的话去做吧!"

86 己所不欲,勿施于人

仲弓问:"怎样做才是仁?"

孔子说:"出门办事如同去接待贵宾,使唤百姓如同去进行重大的祭祀,都要认真严肃。自己不愿意要的,不要强加于别人;做到在诸侯的朝廷上和在卿大夫的封地里没人怨恨自己。"

仲弓说:"我虽然笨,一定照您的话去做。"

有一次,子贡问道:"有没有一个字足够让我终身奉行?有这样一个字吗?"

孔子说:"那就是一个'恕'字啦!凡是你自己不愿意人家加到你身上的,你也不要把它强加给别人。"

87 仁者爱人

中国人民银行发行的孔子纪念币

樊迟问什么是仁,孔子说:"仁,就是爱人。"

又有一次,樊迟问怎样才是仁。孔子说:"在家恭敬有礼,办事严肃认真,待人忠厚诚实。这几项即使到了夷狄(古称东方部族为"夷",北方部族为"狄",夷狄用以泛称除华夏族以外的各族)之地,也不可背弃。"

88　能行五者则为仁

子张向孔子问仁。

孔子说:"能够处处实行五种品德的,就是仁人。"

子张说:"请问是哪五种品德?"

孔子说:"谦恭、宽厚、诚信、勤敏、慈惠。谦恭就不会遭受侮辱,宽厚就会得到众人拥护,诚信就会得到别人的任用,勤敏就会提高效率,慈惠就能够使唤别人。"

89　一以贯之

有一次,孔子对其门人曾参说:"曾参,我的思想一以贯之吗?"

曾参说:"是这样的。"

孔子出去后,学生们大惑不解,便问曾参:"老师一以贯之的是什么啊?"

曾参充满自信地回答说:"老师的思想用'忠恕'二字就可以概括了。"

90　仁高于才

孟武伯(姓孟孙,"武"是谥号,"伯"是指排行,孟懿子的嫡长子)问:"子路可说是一个仁人吗?"

先生说:"我不知道。"

孟武伯再问:"那么他究竟是怎样的人啊?"

先生说:"仲由嘛,在拥有一千辆兵车的国家里,可以让他管理军事。若问他的仁德,我就不知道了。"

孟武伯又问:"冉求怎样呢?"

先生说:"求嘛,可以让他在一个有千户人家的大邑或有一百辆兵车的采邑里当一个总管。若问他的仁德,我就不知道了。"

孟武伯又问:"公西华又怎样呢?"

先生说:"赤嘛,国有宾客,可以让他穿着礼服,站在朝廷上应对一

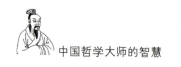

切。若问他的仁德，我就不知道了。"

91　聪明与仁德

樊迟问孔子："怎样才算聪明？"

孔子说："努力从事人们认为合理的工作，尊敬鬼神却远离它，就可以算是聪明了。"

樊迟又问："怎样才算有仁德？"

孔子说："对艰难的工作抢先去做，对获功论赏的事情退居人后，就可以算是有仁德了。"

92　不知何为仁人

原宪问孔子："什么是可耻？"

孔子说："国家有道，做官拿俸禄；国家无道，还做官拿俸禄，这就是可耻。"

原宪又问："好胜、自夸、怨恨、贪欲都没有的人，可以算仁人吧？"

孔子说："这可以说是很难得的，但至于是不是仁人，那我不知道。"

93　见利思义，见危授命

有一次，子路问孔子："怎样才能成为一个完美的人？"

孔子回答道："如果一个人像臧武仲（鲁国大夫）一样有智慧，像孟公绰（鲁国大夫）一样清心寡欲，像卞庄子（鲁国大夫）一样勇敢，像冉求一样多才多艺，再经礼乐陶冶，就可以成为一个完美的人。"

孔子也许觉得这样的要求也太高了，于是自己转了一个弯，对子路说："时代不同了，现在完美的人不一定就是这样。见到利益时，考虑道义；见到危险时，奋不顾身；长期贫穷也不忘平日的诺言。能做到这几点，就可以成为一个完美的人。"

94　求生与求义

孔子被困在陈蔡之间，用藜叶做的羹中不见米粒。第十天，子路蒸了一只小猪，孔子不问肉的来源就吃了；剥下别人的衣服沽来的酒，孔子也不问酒的来源就喝了。

后来，孔子回到鲁国。在鲁哀公接风洗尘的宴会上，席摆得不正，孔子不坐；肉割得不正，孔子也不吃。

子路看见后，对孔子说："您为何与在陈蔡时的表现截然不同呢？"

孔子说："来！我告诉你：当时，我和你们是急于求生；现在，我和你们是急于求义。"

孔子和亓官夫人的楷木像

95　小义与大义

从前，陈灵公和臣下的妻子发生了不义的关系，一个名叫泄冶的小官向陈灵公谏言，结果被杀。这是在孔子百年前的事，有人问孔子："泄冶谏灵公被杀，比干（纣王的叔父，商朝丞相）谏纣王（纣，zhòu；中国商代最后的君主，相传是暴君）也被杀。这是仁吗？"

孔子却摇摇头说："不，不是仁，是白死。"

"为什么？"

"比干是纣王的亲戚，地位显要，所以其身虽死，仍具有使纣王改邪归正的力量。而泄冶既不是灵公的亲戚，地位又不显要，人微言轻，他的谏言绝对不能收效。在这种情况下，最好是干脆隐退，免得招来杀身之祸。"

子路觉得孔子的说法很勉强，便插嘴道："老师，就算泄冶之死不是仁，但他不顾自己的生命以求正国乱，是值得赞赏的行为，怎么可以说是白死呢？"

孔子答道："你只注意到那种小义，而忽略了更深远的大义。国家有道，君子应为国尽力；如果国家无道，君子就应辞官隐退。君子应视情形而定，该进则进，不该进则退。"

96 不扶轼行礼

楚国讨伐陈国,陈国被攻陷,城门被毁坏,于是楚国人就让投降的民众来修复被毁坏的城门。

有一天,孔子乘车进入城门时,没有对这些人行礼就过去了。子贡有点不解,手执缰绳问道:"按照礼的规定,从三个人面前过去要下车行礼,从两个人面前过去要扶着车子前面的横木向他们行礼。现在陈国修城门的人这么多,您却不向他们行礼。这是为什么呢?"

孔子说:"国破家亡却还不知道,这是没有智慧;国破家亡却不能拼死反抗,这是没有勇气。在这里修城门的人虽然不少,但没有任何一个人有智慧和勇气,所以我不会向他们行礼。"

97 礼不非议

子路问孔子:"鲁国的大夫披戴白色素绢为父母进行周年祭祀时睡床,合乎礼吗?"

孔子说:"我不知道。"

子路出来后,对子贡说:"我以为先生无所不知,先生却偏偏有不知道的。"

子贡说:"你向先生提出的是什么问题呢?"

子路说:"我问:'鲁国的大夫披戴白色素绢为父母进行周年祭祀时睡床,合乎礼吗?'先生说:'我不知道。'"

子贡说:"我给你去问问这件事。"

子贡问孔子:"披戴白色素绢为父母进行周年祭祀时睡床,合乎礼吗?"

孔子说:"不合礼。"

子贡出来,对子路说:"你说先生有不知道的事吗?其实先生没有什么不知道的,是你问得不合乎礼啊!根据礼制,住在这个城邑的平民,不可非议管辖这城邑的大夫。"

98　测试洗衣女

孔子南游来到楚国，走到一处叫阿谷的涧水旁，见有一个少女，头上佩戴着玉制的首饰，在河边洗衣服。

孔子从行囊中拿出一个杯子，对子贡说："你去向那位女子讨杯水，要好好跟人家说，看她如何回话。"

子贡走上前去，对那女子说道："我是从北边过来的人，将要到楚国去。正赶上大热天，口渴难忍，想求您给一杯水喝。"

那女子说："这阿谷涧水，一直奔流到大海，你想喝就喝呗，何必问我！"

话虽这样说，那女子还是从子贡手中接过杯子，舀了一杯水，并把杯子放在地上，说："对不起，按礼的规定，男女授受不亲，你自己拿吧！"

子贡觉得她说得在理，没有言语，端起这杯水走了，并把这事如实向孔子做了汇报。

孔子说："我知道了，你啥也不用说了。"说着，便从行囊中取出五匹麻布，交给子贡说："你去将麻布送给她，好好和她说话，看她如何回答。"

子贡应命，又走到那女子面前，说："你刚才说的那番话如清风扑面，说得我心情特别舒畅。我这里有五匹布送给你，我不敢直接交到你手里，只好放在地上了。"

那女子答道："你这个游客，多么不可思议，平白无故地把自己的东西送人，就如同扔到荒山野岭一样。我年纪轻轻的，怎么敢随便接受你的东西呢？"

子贡无奈，再次汇报给孔子。

孔子说："我已经知道了。这女子是一个通情达理的人啊！"

99　不饮"盗泉"

有一次，在离开卫国的途中，孔子师徒口渴，忽然听到水声潺潺，于是循声前往，发现有一流泉清澈见底。弟子们正欲争相掬饮，不料孔

子在旁阻止道:"这流泉喝不得!"弟子们十分诧异地看着老师,孔子指着山上刻字说:"这是'盗泉',不是我们这些人应当喝的。"

从前,有一名叫盗跖(zhí)的盗匪洗劫了卫国边境,并且杀人无数。卫国的将军率兵捉拿,盗跖躲藏在此山中,口渴得快要死了。后来,盗跖发现了这泓泉水,便在石上刻了"盗泉"二字,永留纪念。

100 守礼

子夏守完三年的丧礼,前来拜见孔子,孔子说:"给他一把琴。"

子夏边拉边唱,快乐得很,唱完便站起来,说:"先王制作的礼乐,我不敢超越它啊!"

孔子称赞他说:"是一个有道德修养的人。"

闵子骞(qiān)守完三年丧礼,也来拜见孔子,孔子说:"给他一把琴。"

闵子骞边拉边唱,悲伤得很,唱完便站起来,说:"先王制作的礼乐,我不敢超越它啊!"

孔子亦称赞他说:"是一个有道德修养的人。"

子贡听了,疑惑不解,向孔子请教说:"闵子骞的哀思还没有完,先生您说他是有道德修养的人;子夏的哀思已尽,您也说他是有道德修养的人。两人的感情不同,而您却都称赞他们有道德修养,学生疑惑,请问何故?"

孔子说:"闵子骞没有忘记悲哀,可他能按照礼制来截断哀思;子夏的哀思已尽,但他能够按照礼制的规定来延长孝思。他们被称之为有道德修养的人,不可以吗?"

101 小则受,大则逃

曾子犯了过错,父亲拿起棍子打他,把他打得昏倒在地,过了一会儿才醒过来。

曾子站起来,说:"父亲没有受伤吧?"

鲁国人认为曾子贤德,并把这件事告诉了孔子。

孔子让门人把曾子叫了过来,说:"曾参啊,你过来,我与你有话说。你没有听说过当初的大舜是怎么做儿子的吗？他的父亲用小小的竹鞭子打他，他可以等待着承受，用大棍子打，他就逃避开；如果是要找他来做事，没有不在旁边的时候；如果是要找他来杀掉他，却从来不可能找到他。现在你父亲在暴怒的时候，你自己却把身体送上去承受暴打，而不知道逃避开。一旦你父亲因为一时之怒伤害了你，你父亲就陷入了不义的境地。你说这样做的罪过大不大？"

102　孝在于敬心

子游问什么是孝，孔子说："如今所谓的孝，只是说能够赡养父母便足够了，然而，就是犬马都能有人饲养。如果对父母只养而不敬，那么与饲养犬马又有什么区别呢？"

子夏问什么是孝，孔子说："孝难在子女对父母和颜悦色上。若遇有事，由儿女操劳；有了酒食，让父母先吃。这难道就是孝吗？"

103　斥责宰我不孝

宰我问："服丧三年，时间太长了。君子三年不讲究礼仪，礼仪必然败坏；三年不演奏音乐，音乐就会荒废。旧谷吃完，新谷登场，钻燧取火的木头轮过了一遍，有一年的时间就可以了。"

孔子说："才一年的时间，你就吃开了大米饭，穿起了锦缎衣，你心安吗？"

宰我说："我心安。"

孔子说："你心安，你就那样去做吧！君子守丧，吃美味不觉得香甜，听音乐不觉得快乐，住在家里不觉得舒服，所以不那样做。如今你既觉得心安，你就那样去做吧！"

宰我出去后，孔子说："宰我真是不仁啊！小孩生下来，到三岁时才能离开父母的怀抱。服丧三年，这是天下通行的丧礼。难道宰我对他的父母没有三年的爱吗？"

104　富贵像天上的浮云

孔子说："吃粗粮，喝白水，弯着胳膊当枕头，乐趣就在其中。用不

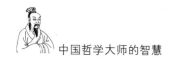

正当的手段得来的富贵，对于我来讲就像是天上的浮云一样。"

孔子还说："财富和显贵是人人都向往的，但如果不是用正当的方法得到它，君子是不会享有的。贫穷和卑贱是人人都厌恶的，但如果不是用正当的方法摆脱它，君子是不会逃避的。君子如果抛弃了仁，又怎么成就君子的名声呢？君子每时每刻都不会违背仁，在事情仓促之时必然会按仁办事，在颠沛流离之时必然会按仁办事。"

105　修身治国平天下

子路问什么叫君子。孔子说："修养自己，保持严肃恭敬的态度。"

子路说："这样就够了吗？"

孔子说："修养自己，使周围的人们安乐。"

子路说："这样就够了吗？"

孔子说："修养自己，使所有百姓都安乐。修养自己使所有百姓都安乐，尧舜还怕难于做到呢！"

106　士的标准

子贡问道："怎样才可以叫作士？"

孔子说："在做事时有知耻之心，出使外国各方，能够完成君主交付的使命，可以叫作士。"

子贡说："请问次一等的呢？"

孔子说："宗族中的人称赞他孝顺父母，乡亲们称他尊敬兄长。"

子贡又问："请问再次一等的呢？"

孔子说："说到一定做到，做事一定坚持到底。不问是非地固执己见，虽说那是小人，但也可以说是再次一等的士。"

子贡说："现在的执政者，您看怎么样？"

孔子说："唉！这些器量狭小的人，哪里能算得上士呢？"

107　君子之道

孔子说："君子之道有三个方面，我都未能做到：仁德的人不忧愁，聪明的人不迷惑，勇敢的人不畏惧。"

子贡说："这正是老师的自我表述啊！"

108　君子不能愚弄

宰我问道："对一个有仁德的人说'井里掉下去了一位有仁德的人'，他会跟着跳下井去吗？"

孔子说："为什么要这样做呢？君子可以到井边去设法救人，但不能也让自己陷入井中；君子可以被人欺骗，但不能被别人愚弄。"

109　君子不器

子贡问道："我这个人怎么样？"

孔子说："你呀，是一个器具。"

子贡问："是什么样的器具呢？"

孔子说："是宗庙里盛黍稷（shú jì，古老的食用作物）的瑚琏（hú liǎn，古代祭祀时盛粮食用的器具，竹制，以玉装饰，贵重而华美）。"

孔子把子贡比喻为瑚琏，是肯定他具有某一方面的才能，是很可贵的，但又认为他不是全才，没有达到"君子不器"的高标准。

110　君子文质彬彬

孔子去会见子桑伯子，子桑伯子经常是衣冠不整的。对衣冠楚楚、文质彬彬的儒家来说，这简直是一种侮辱，因此，孔门弟子不满地说："老师为何要去见这个人？"

孔子说："这个人'质美而无文'，本质很好，但不够文明。我是想劝他变得文明点，才去见他的。"

孔子离开后，子桑伯子门人也不高兴，说："老师为何要见孔子？"

子桑伯子解释说："这个人'质美而文繁'，本质很好，但太文明了。我是想说服他去掉他的文明。"

111　看人失实

子羽有着君子的仪表,孔子相信他是真君子,便收他为徒。同子羽相处时间一长,却发现他的品行和容貌很不相称。

宰予说起话来非常文雅,孔子相信他是真文雅,便收他为徒。同宰予相处时间一长,却发现他的智力远不及其口才。

因此,孔子说:"按照容貌来判断人的品质,在子羽身上行不通;按照言谈来判断人的能力,在宰予身上行不通。"看来,即使孔子那样的聪明,也有看人失实的时候。

112　趣解《诗经》

孔子有时会用《诗经》上的句子小发风趣诙谐之词。《诗经》上有一首诗,在诗里,情人说:"不是不想念,而是你家离得太远了,才没法与你相会。"

讲到这首诗时,孔子说:"我看那女人心里根本不想那个男人,否则,怎么会嫌路途遥远呢!"

113　故意为之

一个名叫孺悲的人想要见孔子,这人以前跟孔子学过东西,但那天孔子不知什么原因,不想见他,便指使门人说:"就说我病了,见不了他。"

门人走出来,正准备传话。想不到,孔子竟然在屋里把瑟拿出来,一边弹奏,一边唱起歌来,故意让屋外的孺悲听到,似乎在说:"我不但在家,而且什么事都没有,就是不想见你。"

114　杖击原壤

原壤是孔子的一位旧友,他母亲死时,孔子帮助他整治棺椁(guǒ),而原壤却敲打着棺木唱起歌来。

在丧礼时唱起歌来，显然违反了丧葬期间庄重肃穆的气氛，与礼不合，所以孔子的随从劝孔子停止相助。在孔子看来，原壤的行为虽然有悖于礼法，不合于孝子谦恭卑逊之道，不过这倒是出于他对亡母真切的思念之情，所以孔子装作没听见，并解释说："既然原壤没有忘记与母亲的亲情，那我也不能放弃与原壤之间的友情。"

有一天，孔子前往原壤的住处去拜访他。依照礼的要求，原壤应该出门迎接，不料他不但不出迎，反而叉开双腿蹲坐在地上等待孔子。

孔子见了，骂他说："年幼时，你不讲孝悌；长大了，又没有什么可说的成就；老而不死，真是害人虫！"说着，用手杖轻轻敲他的小腿，使其跪坐。

115　尊重生命

孔子养的看家狗非常尽职尽责，深得主人宠爱。有一天，这只狗老死在主人脚下，孔子非常伤心，便叫子贡去埋了它。

子贡出门时，孔子告诉他："我听说，破帐子别扔，好埋马；破车盖别扔，好埋狗。我穷得连车盖也没有，你拿我的破席子去把狗盖了吧！别让它的脑袋露出来。"

这种珍惜生命、尊重生命的哲人情怀，是多么可贵啊！

116　为名所役

一名叫叔山无趾的鲁国人，因脚趾断了，只能用脚后跟走路。他仰慕孔子的德行，想从孔子这里学点修身之道。

有一天，他前来拜见孔子。不料，孔子见了他后，说："你真是不谨慎，已经犯了这么严重的错误，连脚趾也被砍掉了。今天来请教我，还有什么用呢？"

叔山无趾说："我只是因一时不识时务而轻用了身体，所以才断了脚趾。今天我来找你，并不是要你治疗我的身体，而是为了保全比身体更加尊贵的东西。天是无所不覆的，地是无所不载的，我一直把你当成天地，没想到先生竟然说出这样的话来。"

闻听此言，孔子感到非常惭愧。叔山无趾失望之极，起身告辞而去，并说:"孔子只不过是把一些虚名放在自己身上,结果成了束缚自己的枷锁,他的心早被牢牢地奴役了。"

117 欹(qī)器的启示

孔子来到周的太庙,看到太庙里有一只倾斜的器皿,便向守庙的人询问道:"这是什么器皿?"

守庙的人回答说:"它叫'欹器',是君王放在座位右边警戒自己的器皿。"

"我听说这个器皿,空着便会倾斜,倒入一半水便会端正,而灌满了水就会倾覆。"孔子回头对弟子们说,"向里面倒水试试吧!"

弟子们舀水倒入其中,水倒入一半,器皿就端正了;灌满了

欹器,空着便会倾斜,倒入一半水便会端正,而灌满了水就会倾覆。

水,器皿就翻倒了;空着的时候,器皿就倾斜了。

孔子感叹说:"唉!天下哪里有满了而不翻倒的东西啊!"

子路说:"夫子的意思是说,人们常常像这个欹器装满了水的时候一样,总认为自己的想法和做法是最正确的,所以就一意孤行,结果因此而导致失败,是这样吧?那么,敢问夫子,如何解决这种自大自满的问题呢?"

孔子说:"节制自己,让自己心里永远留下应有的空间。"

子路又问:"如何让自己心里永远留下应有的空间呢?"

孔子回答说:"聪明和高深的智慧,要用愚钝的方法来保持它;功劳遍及天下,要用谦让来保持它;勇力盖世,要用胆怯来保持它;富足而拥有四海,要用节俭来保持它。这就是节制自己,让自己心里永远留下应有的空间的办法。"

118 沽名钓誉之灾

有一个叫子西的人,做事总是先看中名誉,甚至于沽名钓誉。

孔子对弟子说:"谁去劝导一下子西,使他不再沽名钓誉?"

弟子子贡说:"我去劝他。"于是,子贡前去开导子西,似乎没有什么再需要忧虑的了。

孔子说:"不受功利所左右,才能胸怀宽广;保持本性而不动摇,才能保持纯洁的品行。内心不正直,做事也就不能正直;内心正直,做事才能正直。子西恐怕还是难以避免灾祸!"

后来,楚国发生内乱,子西真的被杀了。

119　孔子受食

在鲁国,有一位非常节俭的人,做饭用的是瓦做的炊具。有一天,他做了一些食物,自己吃了以后,觉得味道很美,便装到了一个盛羹的瓦罐里,特意送给孔子尝一尝。孔子接受后,显得很高兴,就像接受了三牲的馈赠一样。

子路问道:"阔口的瓦盆,是一种简陋的器皿,煮的食物也不过是很普通的东西,您为什么会高兴成这样啊?"

孔子说:"善于进谏的人,他心中常会想到君王;吃到美味的人,心中会想起父母。我并不是因为所馈赠的食物丰厚,是因为他吃到好东西就想到我啊!"

有一次,孔子到了楚国,有一位捕鱼的人,送来一条鱼,孔子不肯接受。

捕鱼的人说:"天这么热,市集又很远,我没有地方去卖。如果把它丢在荒秽的地方,还不如送给君子食用,因此我才敢冒昧地拿来送给您。"

孔子听后,很恭敬地拜了两拜,接受了这条鱼,并让弟子们把室内打扫干净,准备把它作为祭品供献给祖宗神灵。

孔子的弟子很奇怪,问:"那捕鱼的人,是打算把它丢弃的,您却用它来做祭品,这是为什么呢?"

孔子说:"我听说,爱惜食物,不愿它腐坏,将食物施与别人,这与心存仁爱的人是同一类的。因此,哪有受到仁爱之人的馈赠,却不拿去祭祀祖宗神灵的呢?"

120 知足者常乐

孔子游泰山时,在路上遇见荣启期,他衣不蔽体,但边弹琴边唱歌,一副怡然自得的模样。

孔子问他:"先生为什么这样快乐?"

荣启期说:"我高兴的事情很多,而最高兴的有三件事:天生万物,唯有人最为尊贵,而我能够成为一个人,是第一快乐;人有男女之别,而男尊女卑,我能成为一个男人,是第二快乐;有的人一出生便在襁褓中死去了,而我已经活到了 90 岁,是第三快乐。"

孔子连连点头称是,又十分惋惜地说:"以先生高才,如果正逢盛世,一定可以飞黄腾达,如今空怀贤才,不得施展,仍然不免遗憾。"

谁知荣启期却不以为然地说:"古往今来,读书人多如江中的鲫鱼,而能飞黄腾达者才有几人?贫困是读书人常遇到的事情,而死亡是所有人的归宿。我既能处于读书人的常态,又可以安心等待人最终的归宿,还有什么可遗憾的呢?"

孔子赞叹道:"你说得太妙了!知足者常乐。一个人能自我宽慰,才是最大的快乐。"

121 仁者乐山

孔子说过:"仁者乐山,智者乐水。"子张想进一步弄明白,于是问道:"仁者为什么会喜欢山呢?"

孔子指着泰山说:"你看,它多么高啊!巍然耸立着。"

子张说:"因为山高,所以就喜欢吗?这与仁有什么关系?"

孔子答道:"在这高高的山上,草木生长着,鸟兽繁殖着,财富和人们所用的东西也由此生产着。"

子张说:"每个人不都是在做事吗?做事也是有益于他人的啊!"

孔子说:"为了得到报酬做事与从本心出发做事是不一样的。高山生产财物,却并不认为是私有的,四面八方的人们都可以来采用;风云从山中飘出,通达于天地之间,化作雨露来滋润万物,从而使万物获得生长,使百姓得以享用。这是仁者喜欢山的根本原因。"

122　智者乐水

有一天，孔子在河边观赏向东流去的河水。子贡问孔子："为什么'智者乐水'？"

孔子说："那流水浩大，普遍地施舍给各种生物却不刻意去做什么，好像德；它向着低下的地方流动，弯弯曲曲一定遵循那向下流动的本性，好像义；它浩浩荡荡却从不枯竭，好像道；如果有人掘开堵塞物而使它通行，它随即奔腾向前，奔赴百丈深的山谷也毫不畏惧，好像勇敢；把它注入量器里面，必然很平，好像法度；它一旦装满器具就不再贪求，好像公正；它柔顺而无所不到，好像明察；万物从其中一入一出，就能变得鲜美洁净，好像善于教化；它哪怕经历成千上万次的曲折也要向东流，好像意志。这就是'智者乐水'的原因吧！"

123　了不起的圣人

吴国去攻打越国，拆毁越都会稽城时，发现了一节人骨头，长度整整占满了一车。

吴王派专使来问孔子："什么人的骨头最长？"

孔子说："大禹召集各地君长到会稽山时，有一个叫防风氏的君长迟迟才到，禹便把他杀了，并陈尸在那儿。他的骨头一节就占满一车，这就是最长的人骨头。"

吴使问道："那神又是谁呢？"

孔子说："名山大川的神灵，能够兴风致雨来利益天下。负责监守山川、按时祭祀的叫作神（诸侯君长），只守社稷的叫公侯。他们都归王的统治。"

使者又问："防风氏是守什么的？"

孔子说："汪罔（wǎng）氏的君长守封山、禹山一带，姓厘。在虞、夏、商三代叫汪罔，到了周代叫长翟，现在叫作大人。"

使者问道："人的身长有多少？"

孔子说："僬侥（jiāo jiǎo）氏身长三尺，是最短的人；最长的人不过三丈，是身高的极限了。"

吴使听后,说:"您真是了不起的圣人啊!"

124　韦编三绝

孔子于68岁时回到鲁国后,始终没有得到鲁君的重用。有人问他:"你为什么不做官参政呢?"

孔子说:"《尚书》说:'孝顺父母,友爱兄弟。'我把这种风气影响到政治上去,也是参政,不一定只有做官才算参政。"

于是,孔子便一边整理文献典籍,一边聚徒讲学,终于成了儒学思想的创立者,并取得培养了"弟子三千"、"贤人七十二"的伟大教育成果。

韦编三绝,明朝《圣迹图》,藏于曲阜孔庙圣迹殿。

孔子晚年喜欢读《周易》,以至于将装订《周易》的皮带都多次磨断了。他说:"如果再给我些年月,五十开始学《易》,就不会有大的过错了。"

125　祸福同在

孔子晚年自觉身体已经不如从前,余年有限,行道已没有机会,所以说:"不行啦!不行啦!不久,我病逝后,我的道义也不行啦!如何把我的道义传给后人呢？"孔子伤心极了。于是，决意作《春秋》，为后世留点记录。

孔子以前为官时，对于文辞方面，大都尽量与同事们商量后才决定，不自作主张，但在写《春秋》时则不同，完全按照自己的看法，应该写的就写，应该删的就删。所以，孔子曾向弟子们说："后人可能借《春秋》来赞美我的为人，也可能因《春秋》来讨伐我这个人。"

126　不愿被欺骗

孔子病势严重，子路为了让孔子高兴，便叫弟子们充当家臣，摆一摆场面，仿佛孔子还在做官似的，其实这时孔子已经没有做官了。

孔子的病情减轻以后，知道了这件事，便生气地说："仲由很久以来就干这种欺骗人的事情！我没有家臣而装作有家臣，骗谁呢？骗上天吗？我与其死在家臣手中，宁可死在你们这些弟子的手里。我纵然得不到政府的厚葬，难道还怕死在路边没有人掩埋吗？"

127　我原本就是殷人

孔子病了，子贡前来谒见，孔子正拄着手杖在门口慢步排遣，一见子贡就说："赐啊！你怎么来得这么迟呢？"

孔子随即叹了一声，口里哼道："泰山就这样崩坏了吗？梁柱就这样摧折了吗？哲人就这样凋谢了吗？"哼完不禁淌下了眼泪。

稍后，他对子贡说："天下失去常道已经很久了，世人都不能遵循我的仁治思想。人死后，夏人停棺在东阶，周人停棺在西阶，殷人则在两柱之间。昨天夜里我梦见自己坐在两柱之间，我原本就是殷人啊！"

过了七天，一代圣哲——孔子离开了人间。

128　老子喻为"凤"

有一次，孔子率随从弟子五人拜见老子，老子问："我面前的是一些什么人？"

孔子答："他们是勇敢的子路，智慧的子贡，孝悌的曾子，仁德的颜回,威武的子张!"

老子感叹:"我听说南方有一种鸟,名字叫凤,居住在玉石连绵千里的地方,享受着上天提供的食物,栖于高百仞的琼枝之上,伴以璆林、琅玕等宝玉。你拥有圣洁和仁义的品德,右智左贤簇拥在周围,就像百鸟朝凤一样。"

孔子墓,位于山东曲阜。据说,有一位皇帝拜谒孔子时,在墓前正欲行三跪九叩礼,抬头只见墓碑上有一"王"字,于是便立而不跪拜。一位伶俐的大臣看见后,立刻在"大成至圣文宣王墓"前加上"先师"二字,皇帝才行了三跪九叩礼。后来,为避免再生麻烦,便把碑石上"王"字里的"竖"拉得极长——远看是个"干"字,只有站到高处或近前看时,才能见到完整的"王"字。

人性本善的孟子

富贵不能淫,贫贱不能移,威武不能屈,此之为大丈夫。

——孟子

孟母断杼(zhù)教子图,(清)康涛绘,北京故宫博物院藏。此图上方有作者以楷书题述《列女传》中的孟母三迁择邻、断杼教子的内容,下部描绘孟母断杼的情景。孟母侧身立于织机旁,手中执刀,回首教训儿子,孟轲躬身揖立后,当恭顺。

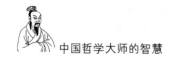
中国哲学大师的智慧

孟子（约公元前385—前304年），名轲，字子舆，一字子车或子居，鲁国邹（今山东邹城市东南）人，战国时期著名思想家、哲学家，儒家学派的代表人物。孟子师承子思（孔子的孙子），继承和发扬孔子的哲学思想，成了仅次于孔子的一代儒家宗师，有"亚圣"之称，与孔子并称为"孔孟"。孟子曾周游列国，先后到过邹、宋、薛、滕、陈、楚、秦、韩、燕、晋、齐等诸侯国，曾任齐宣王客卿。他以天下为己任，游说诸侯，宣传其主张，但不被重用。晚年回故乡从事教育和著述，与弟子一起著《孟子》七篇。《孟子》至宋代被列为"四书"之一。

孟子哲学思想的核心是"性善论"。在此基础上，他提出了仁政学说和修养学说。他认为，天赋的善性是人所共有的，只要自觉努力，任何人都可以达到"天人合一"的境界，成为道德完善的圣人；他针对当时"天下无道"的状况，提倡"王道"，主张"仁政"，强调"以德服人"，提出了"保民而王"、"民贵君轻"的民本思想；他强调人的道德价值和道德自觉精神，提出个人修养要"尽心"、"知性"、"知天"，要"舍生取义"，要养浩然之气，要培养"富贵不能淫，贫贱不能移，威武不能屈"的大丈夫精神。

孟子的文章说理畅达、气势充沛，并长于论辩，逻辑严密，尖锐机智，代表着先秦散文写作的最高峰。

孟子作为先秦儒学三大奠基人之一，其哲学思想在中国哲学发展史上产生了深远的影响。他的学说与孔子学说一起，被合称为"孔孟之道"，备受人们的推崇。宋神宗熙宁四年（1071年），《孟子》一书首次被列入科举考试科目之中，以后《孟子》一书升格为儒家经典。南宋朱熹将《孟子》与《论语》、《大学》、《中庸》合为"四书"，其地位在"五经"之上。宋元丰六年（1083年），孟子首次被官方追封为"邹国公"。元朝至顺元年（1330年），孟子被加封为"亚圣公"，以后就称为"亚圣"，地位仅次于孔子。

人性本善的孟子

01　孟母三迁

孟子3岁时,父亲去世了,母亲守节没有改嫁。

有一次,他们住在墓地旁边,孟子就和邻居的小孩一起学着大人跪拜、哭嚎的样子,玩起办理丧事的游戏。孟子的妈妈见了,皱起了眉头:"不行!我不能让我的孩子住在这里了!"于是就带着孟子搬到市集旁去居住。

居住到市集旁后,孟子和邻居的小孩则学起商人做生意的样子,一会儿鞠躬欢迎客人,一会儿招待客人,一会儿和客人讨价还价,表演得像极了。孟子的妈妈见了,又皱皱眉头:"这个地方也不适合我的孩子居住!"于是,他们又搬家了。

这一次,他们搬到了学校附近。此后,孟子跟着学童们一起朗诵诗文,开始变得守秩序、懂礼貌、喜欢读书。孟子的妈妈才满意地说:"这才是我儿子应该住的地方啊!"

02　断织教子

孟子从小调皮,爱玩而不好学。

有一次,孟子从学校回来,正在织布的母亲问他:"老师今天讲了什么?"

孟子回答:"《论语》。"

母亲说:"背给我听听。"

孟子吞吞吐吐地背不出来。

孟母教子雕像

母亲让孟子站在一旁,拿起剪刀把织了一半的布一剪两断。

孟子不明白地说:"您那么辛苦地把布织好,现在为什么却把它剪断了?"

母亲说:"学习好比织布,线断了,这匹布也就没用了。如果学习不努力,就永远也学不到知识。"母亲越说越伤心,竟哭了起来。

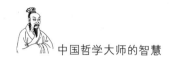

从此,孟子把母亲的话牢记在心,不再逃学,勤奋学习。长大以后,孟子成了大哲学家。

03　因礼仪欲休妻

有一天,孟子的妻子独自一人在家叉腿而坐。古时,按照礼法的要求,妇女在家必须尊敬长辈和丈夫,在人面前是不能叉腿而坐的。孟子进屋看见妻子这个样子,就对母亲说:"这个妇人不讲礼仪,请准许我把她休了(即与之离婚)。"

孟母问:"什么原因?"

孟子答:"她在家叉腿而坐。"

孟母问:"你怎么知道的?"

孟子答:"我亲眼看见的。"

孟母说:"这是你不讲礼仪,不是妇人不讲礼仪。《礼经》上说:将要进门的时候,必须先问屋里谁在里面;将要进入厅堂的时候,必须先高声传扬,让里面的人知道;进屋的时候,必须眼往下看。《礼经》这样讲,是为了不让人措手不及,无所防备。现在,你妻子在家休息,你进屋却没有声响,人家不知道,因而让你看到了她叉腿而坐的样子。这是你不讲礼仪,而不是你的妻子不讲礼仪。"

孟子听了孟母的教导后,认识到了自己的错误,再也不讲休妻的事了。

04　不挟贵相交

孟子为了实现自己的政治理想,曾不辞劳苦,周游列国。他先后游历了邹、宋、薛、滕、陈、楚、秦、韩、燕、晋、齐等诸侯国,与梁惠王、梁襄王、滕文公、齐宣王等都有交往和交谈。

在宋国,孟子一直没有主动去晋见宋君,对此孟子的弟子公孙丑不解,孟子解释说:"我不是宋国的卿相臣子,只是客居的文人。宋君不来见我,说明他对我的学说有一定保留。在这种情况下,如果我主动上门晋见,有讨好、取悦之嫌。要知道,装成笑脸,巴结别人,是一件比在庄稼地里干活还累的事情啊!"

05　出尔反尔

邹国同鲁国打仗，邹国被打败了。

有一天，邹穆公对孟子说："这次战斗，我的官吏死了三十人，百姓却没有一个去援救的，这些百姓实在可恨极了。杀了他们吧，杀不了那么多；不杀吧，他们又是那样可恶。你看，该怎么办才好呢？"

孟子回答说："在饥荒的岁月里，你的百姓有的饿死了，有的逃荒在外，可是在你的谷仓里堆满了粮食，库房里堆满了财物。你的官吏也不来报告，以开仓赈济百姓，白白使许多人在饥寒交迫中死去。这是官吏们不关心人民疾苦的表现。曾子曾经说过：'当心啊！你怎样对待人家，人家也会怎样对待你。'你们平时不管百姓死活，他们遇到机会，自然要报复。您不要再过分责备民众了。如果做国君的爱护百姓，百姓就会爱护他，并愿意为他出力，甚至牺牲生命。"

06　言必称尧舜

有一次，滕国太子滕文公访楚经过宋国时，慕名拜访孟子。两人见面后，孟子给他讲善良是人的本性的道理，言必称尧舜。

滕文公从楚国回来，又来拜访孟子。孟子说："太子不相信我的话吗？道理都是一致的啊！成脱对齐景公说：'舜是一个男子汉，我也是一个男子汉，我为什么怕他呢？'颜回说：'舜是什么人，我是什么人，有作为的人也会像他那样。'公明仪说：'文王是我的老师，周公难道会欺骗我吗？'现在的滕国，假如把疆土截长补短，也有将近方圆五十里，还可以治理成一个好国家。《尚书》上说：'如果药不能使人头昏眼花，那病是不会痊愈的。'"

07　直率的孟子

应滕文公的邀请，孟子率众弟子从邹国来到了滕国，住在滕国的上宫。宫里有织麻鞋的，有一天，他们放在窗台上的麻鞋不见了，便怀疑是孟子的弟子偷了，于是宫中主管便来找孟子质问。

孟子很生气地说:"你以为我的弟子大老远地从邹国跑来,就是为了偷你们的麻鞋吗?"

08 自强自立

有一次,滕文公问:"腾国是一个小国,处在齐国和楚国两个大国之间,是归服齐国好,还是归服楚国好呢?"

孟子回答说:"我也说不清楚到底是归服哪个国家好。如果您一定要我谈谈看法,我倒是有另一个办法:把护城河挖深,把城墙筑坚固,与老百姓一起坚守它。如果老百姓宁可献出生命,也不愿退去,那么就可以有所作为了。"

09 劳心者治人

农家学派的创始人许行从楚国来到滕国,滕文公给了他住处。孟子的弟子陈相见到许行后非常高兴,经过一番谈话,完全抛弃了自己以前所学而改学许行的学说。

有一天,陈相去拜访孟子,转述许行的话说:"滕君的确是个贤明的君主,不过他还没有掌握真正的治国之道。贤明的君主治国应该和老百姓一起耕种,一起做饭,现在滕国却有储藏粮食和财物的仓库,这是损害老百姓来奉养自己,所以不能叫作贤明。"

"亚圣"孟子画像

孟子问:"许先生一定要自己种庄稼才吃饭吗?"

陈相答:"对。"

孟子问:"许先生一定要自己织布才穿衣吗?"

回答说:"不,许先生只穿粗麻衣服。"

孟子问:"许先生戴帽子吗?"

回答说:"戴。"

孟子问:"他自己织的吗?"

回答说:"不是,是用谷物换来的。"

孟子问:"许先生为什么不自己织呢?"

回答说:"因为怕误了农活。"

孟子问:"许先生用陶器做饭和铁器耕种吗?"

回答说:"是的。"

孟子问:"他自己做的吗?"

回答说:"不是,是用谷物换来的。"

孟子说:"用谷物换器械,不算影响陶器冶炼,用器械换谷物,又怎能算影响耕作呢?许行为什么不去冶炼陶器,全部用自己制作的东西,而非要与百工交换呢?许行难道不嫌麻烦吗?"

陈相回答说:"各种工匠各有各的事情,不是全部都同时干得了的。"

孟子说:"那么,治理国家就偏偏可以一边耕种一边治理吗?官吏有官吏的事,百姓有百姓的事。况且,每一个人所需要的生活资料都要靠各种工匠的产品才能齐备,如果都一定要自己亲手做成才能使用,那就是率领天下的人疲于奔命。所以,人有脑力劳动者,有体力劳动者;脑力劳动者治理别人,体力劳动者受别人治理;受别人治理的人养活别人,治理别人的人受别人养活。这是通行天下的原则。"

10　反对绝对平均

有一次,陈相对孟子说:"按照许行的思想,市场上价格统一,整个国家就没有欺诈。即使让一个小孩买东西,也没有人欺骗他。布匹长短一样,则价格相同;谷物重量一样,则价格相同;鞋子大小一样,则价格也相同。"

孟子说:"天下的事物本来就是各不相同的,也不可能等同。有的相差一两倍,有的相差数百倍,有的相差千万倍。你把它们放在一起同样对待,只是搞乱天下。大鞋小鞋价格相同,哪里还有人再做大鞋?如果遵从许行的思想,是引导天下走向虚伪,而无法治理好国家。"

11　多做善事

有一天,滕文公问:"齐国人正准备加强薛地的城池修筑,我特别恐慌,怎么办才好呢?"

孟子回答说:"从前,周国的太王居住在邠(bīn)地,狄族人来侵

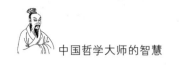

犯,他就率族人迁离邠地到岐山下居住。当时,他并不是要选择适宜的地方来居住,而是迫不得已。如果一个人多做善事,他的子孙后代必然能够成为君王。君子开创基业,正是为了能世代相传。至于成就功业与否,则是天意。现在,您还是努力多做善事吧!"

12　言义而不言利

孟子来到魏国,见到了好战的魏国的梁惠王。

梁惠王说:"喂,老先生,你不远千里而来,有什么对我的国家有利呢?"

孟子回答道:"大王,您为什么一定要谈利呢?只要有仁义就足够了。如果君王说'怎样有利于我的国家',那么,大夫就会说'怎样有利于我的封邑',士和老百姓就会说'怎样有利于我自己'。这样,举国上下都只想着自己,就必然互相争夺利益,国家也就危险了。

"在拥有万乘兵车的国家,杀掉国君的一定是国内拥有千乘兵车的大夫;在拥有千乘兵车的国家,杀掉国君的一定是国内拥有百乘兵车的大夫。拥有万乘兵车的君王被拥有千乘兵车的大夫杀害,拥有千乘兵车的君王被拥有百乘兵车的大夫杀害,这样的事例太多了。

"如果轻义而重利,那么,人们永远都不会满足。从来没有讲'仁'的人会遗弃自己的父母,从来也没有讲'义'的人会不顾自己的君王。大王只要讲"仁义"就行,何必言利呢?"

13　仁者无敌

有一天,梁惠王见了孟子,说:"我国曾是天下最强大的国家,可是传到我手中,东边败给了齐国,我的长子阵亡;西边又给秦国割让了七百里土地;南边也吃了败仗,受辱于楚国。对此,我深感耻辱,欲报仇雪恨,应该怎么办?"

孟子回答道:"拥有方圆百里的土地就能称王天下。大王如果对百姓施行仁政,少用刑罚,减轻赋税,提倡深耕细作、勤除杂草,让年轻人在耕种之余学习孝亲、敬兄和忠诚守信的道理,在家侍奉父兄,在外敬重长辈。这样,就能使他们拿起木棍打赢盔甲坚硬、刀枪锐利的秦楚两国的军队。哪个国家虐害自己的民众,大王就去讨伐他,谁能和大王对抗呢?所以,仁者是无敌于天下的。"

14 贤者与民同乐

有一天,孟子谒见梁惠王,恰逢梁惠王在池塘边观赏鸿雁和麋(mí)鹿。惠王见孟子来访,高兴地问道:"贤人对此也感受到快乐吗?"

孟子答道:"只有贤人,才能感受到这种快乐;不贤的人纵然拥有珍禽异兽,也不会真正感受到快乐。《诗经》上说:'昔年文王筑灵台,规划设计巧安排;百姓踊跃来帮助,灵台很快筑起来;文王劝说不要急,百姓更加乐开怀。文王巡游到灵囿(yòu),母鹿奔行乐悠悠;母鹿轻捷又美丽,白鸟群飞鸣啾啾;文王巡游到灵沼,鱼儿腾跃金尾摇。'您看,文王依靠民力建造高台深池,但人民却高高兴兴,把他的台叫作'灵台',把他的池沼叫作'灵沼',为他能享有麋鹿鱼鳖而高兴。古代的贤君与民同乐,所以能享受到真正的快乐。《汤誓》上说:'这个太阳什么时候灭亡啊,我们要与你同归于尽!'如果民众恨不得与君王同归于尽,即使君王拥有台池鸟兽,又怎么可能快乐呢?"

15 五十步笑百步

梁惠王对孟子说:"我尽心尽力地治国,黄河北岸遇荒年,我就把那里的百姓迁移到黄河以东去,并把黄河以东的粮食运到黄河北岸来;黄河以东遇荒年,我也会这样做。考察邻国的政务,没有哪一个国君能像我这样为百姓尽心尽力的,但是邻国的人口并不减少,而我们魏国的人口并不见增多。这是什么原因呢?"

孟子回答道:"既然大王喜欢打仗,请让我拿打仗做比喻吧!双方军队在战场上相遇,咚咚地擂起战鼓,刀刃剑锋相碰,免不了要进行一场厮杀。厮杀的结果,打败一方的士兵就会丢盔弃甲,飞奔逃命,有的逃了一百步停了下来,有的逃了五十步停住脚步。如果凭着自己只逃五十步就嘲笑那些逃一百步的人,行不行呢?"

惠王说:"不行,他虽然没有逃到一百步,但同样是逃跑啊!"

孟子说:"大王如果懂得这一点,就不要指望魏国的百姓会比邻国多

了。不耽误百姓的农时，粮食就吃不完；不准用细密的渔网到池塘捕鱼，鱼鳖就吃不完；按一定的时令采伐林木，木材就用不尽。粮食和鱼类吃不完，木材用不尽，这样百姓养家糊口、办理丧事就没有什么难处了。百姓生养死葬没有什么难处，就是施仁政、治天下的开端。……

"现在的魏国，富贵人家的猪狗吃掉了百姓的粮食，却不约束制止；道路上有饿死的人，官府却不打开粮仓赈救。老百姓死了，竟然说'这不是我的罪过，而是由于年成不好。'这种说法和拿着刀子杀死了人，却说'这不是我杀的，而是兵器杀的'有什么不同吗？大王如果不归罪到年成，那么天下的老百姓就会投奔魏国而来。"

16　始作俑者

有一次，孟子和梁惠王谈论治国之道。

孟子问梁惠王："用木棍打死人和用刀子杀死人，有什么不同吗？"

梁惠王回答说："没有什么不同。"

孟子又问："用刀子杀死人和用政治害死人有什么不同吗？"

梁惠王说："也没有什么不同。"

接着，孟子说："现在，大王的厨房里有的是肥肉，马厩里有的是壮马，可老百姓面露饥色，野外躺着饿死的人。这是当权者在带领着野兽来吃人啊！大王想想，野兽相食，尚且使人厌恶，那么当权者带着野兽来吃人，怎么能当好老百姓的父母官呢？孔子曾经说过，首先开始用俑（古时陪同死人下葬的木偶或土偶）的人，他是断子绝孙、没有后代的吧！您看，用人形的土偶来殉葬尚且不可，又怎么可以让老百姓活活饿死呢！"

17　指责君王不仁

孟子说："梁惠王真不仁啊！仁人把给予他爱的人的恩德推及他不爱的人，不仁者把带给他不爱的人的祸害推及他爱的人。"

弟子公孙丑问道："为什么这么说呢？"

孟子说："梁惠王因为土地的缘故，糟蹋百姓的生命而驱使他们去打仗。大败后又准备再次打仗，由于担心不能取胜，便又驱使他所爱的子弟也去战场上送死。这就是把带给他不爱的人的祸害推及他爱的人。"

18　不好杀人

梁惠王死后,梁襄王继位。有一天,孟子谒见梁襄王后,有人问:"襄王如何?"

孟子语出惊人地说:"在远处看,他不像一个国君;走到跟前,也看不出他的威严;通过交谈,发现他是一个狂妄无知、崇尚武力、毫无敬畏之心的人。指望这样的人施行仁政是靠不住的。"

接着,孟子说:"他突然问我:'天下怎样才能安定?'我答道:'天下统一,就会安定。'他问:'谁能使天下统一?'我答道:'不喜欢杀人的国君能使天下统一。'他又问:'谁会归顺服从他呢?'我答道:'天下的人没有不归顺服从的。大王了解禾苗生长的情况吗?七八月间遇到天旱,禾苗就枯蔫了。假如这时候天上忽然涌起乌云,降下大雨,那么禾苗就会蓬勃旺盛地生长。当今天下的国君没有不好杀人的。如果有不好杀人的,天下的老百姓必然会归顺他。这就像水往低处奔流一样,浩浩荡荡。谁又能阻挡得住呢?'"

19　不畏权贵

有一天早晨,孟子很高兴地对弟子们说:"我今天准备上朝,去见见齐宣王。"于是,他洗漱完毕,穿戴整齐,准备出门。

就在此时,齐宣王派使者前来请孟子一见。使者说:"我们的国君原本想前来看你,但是,国君感冒了,不敢吹风。不知道孟先生今天能否上朝,让我们国君一见?"

山东邹城的孟子庙

中国哲学大师的智慧

孟子本来准备去朝王的，现在面对来叫他的使者，却说："非常遗憾，我也感冒了，不能去朝王。"

第二天，孟子要到东郭大夫家里去吊丧。公孙丑说："昨天您托词生病谢绝了齐王的召见，今天却又去东郭大夫家里吊丧，这不太好吧？"

孟子说："昨天生病，今天好了，为什么不可以去吊丧呢？"说完，就上东郭大夫家去了。

孟子走后不久，齐王派人来问候孟子的病情，并且带来了医生。孟仲子应付说："昨天使者来时，先生正患病，不能上朝。今天先生病刚好了一点，已经上朝去了，但我不知道他能否到达。"

孟仲子随即派人到路上去拦截孟子，转告孟子说："请您无论如何不要回家，赶快上朝廷去！"

孟子听后，既没有上朝，也不便回家，便到朋友景丑的家里借宿。

景丑说："在家有父子，在外有君臣，这是人与人之间最重要的伦理关系。父子之间以恩情为主，君臣之间以恭敬为主。我只看见齐王尊敬您，怎么不见您尊敬齐王呢？"

孟子说："哎！这是什么话！在齐国人中，没有一个与齐王谈论仁义的。难道是他们觉得仁义不好吗？不是。他们心里想的是：'这样的王哪里配和他谈论仁义呢？'这才是他们对齐王最大的不恭敬。至于我，不是尧舜之道就不敢拿来向齐王陈述。所以，齐国人没有谁比我更对齐王恭敬了。……今天大王不躬身礼待我，没有其他原因，只是想让我听命于他，受他奴役，而不是想从我这里学到什么。这就是我不去见大王的原因。"

20　不愿与不能

战国时的齐宣王想称霸，成为众诸侯的领袖，特地向孟子请教如何称霸。

孟子说："我是孔子的门徒，不讲霸道，只讲王道——用仁德的力量来统一天下。"

齐宣王问道："像我这样的人，能不能用王道统一天下呢？"

孟子说："能！我听说，有一次，您看见一头被牵去宰杀的牛十分恐惧的样子，感到不忍心。凭您这种仁慈之心，就可以行王道，施仁政，统一天下。问题不在于您能不能，而在于您干不干！假如有一个人向大王禀告说：'我的力气足以举起三千斤的东西，却举不起一片羽毛；我的视力足以看清秋天野兽毫毛的尖端，却看不见一车子的柴火。'大王会相信这样的话吗？"

齐宣王说："当然不相信！"

孟子说："如今大王的恩惠已经施行到禽兽身上，而功德却体现不到百姓身上，这是什么原因呢？显然，一片羽毛举不起来，是因为不肯用力气；一车柴火看不见，是因为不肯用目力；百姓不被您爱抚，是因为您不肯施恩德啊！所以大王没有用仁德统一天下，是不愿去做，而不是不能做啊！"

21　与民同乐

有一天，孟子谒见齐宣王，问："您曾经告诉庄暴说您爱好音乐，有这么回事吗？"

齐宣王不好意思地承认说："是的，我说过，我不爱好古典音乐，只爱好流行音乐。"

孟子说："只要您爱好音乐，那齐国便有希望了。无论流行音乐，还是古典音乐，都是一样的。"

齐宣王见孟子不是来批评自己的，而是来讨论自己爱好的音乐，便来劲了，于是说："您能把这个道理讲给我听听吗？"

孟子说："要听这个道理，我得先问您一个问题：一个人单独欣赏音乐是快乐的，跟别人一起欣赏音乐也是快乐的，但究竟哪一种更快乐呢？"

齐宣王不禁脱口而出地说："当然是跟别人一起欣赏更快乐。"

"那么，跟少数人一起欣赏音乐是快乐的，跟多数人一起欣赏音乐也是快乐的，但究竟哪一种更快乐？"孟子步步深入地问。

齐宣王完全接受了孟子的心理暗示说："当然是跟多数人一起欣赏音乐更快乐。"

"那么，就让我与您谈谈音乐和娱乐的道理吧！"孟子见时机已经成熟，便巧妙地把音乐过渡到政治上来，"假使国王在这儿奏乐，老百姓听到鸣钟击鼓、吹箫奏笛的声音，都感到头痛，愁眉苦脸地纷纷议论：'我

们的国王这样爱好音乐，这样快乐，可为什么我们却苦到这般地步呢？'这没有别的原因，而是国王只图自己快乐而不与百姓一起快乐的缘故。"

齐宣王不由得一惊，正不知开口说什么为好，只听孟子继续说："假使国王在这儿奏乐，百姓听到了鸣钟击鼓、吹箫奏笛的声音，全都眉开眼笑地互相转告：'我们的国王大概很健康吧，要不，怎么能够这样快乐地奏乐呢？'这也没有别的原因，只是因为国王同百姓一同娱乐罢了。由此，我得出了这样一个道理：如果国王能与百姓一起娱乐，便可以使天下归服。"

孟子的一番话说得齐宣王口服心服，只见他连连点头说："好极了，您说得好极了！"

22　为民父母

有一天，孟子拜见齐宣王，说："我们平时所说历史悠久的国家，并不是指那个国家有高大的树木，而是指有世代建立功勋的大臣。现在，大王您没有亲信的大臣，过去所任用的一些人也不知到哪里去了。"

齐宣王说："我怎样才能选拔有用的人才呢？"

孟子说："国君选拔贤能，目的是要使卑贱的人感到尊宠，使疏远的人变得亲近。如果选不好，反而会适得其反，所以选拔贤能需要特别慎重。左右的人都认为是贤才的，不可轻信；百官都说是贤才的，也不可轻信；全国人都认为是贤才的，通过调查，发现他真是贤才，就任用他。左右的人都认为不可用，不可轻信；百官说不可用，也不可轻信；全国人都认为不可用，通过调查，发现他真的不能用，就应罢免他。左右的人都说该杀，不可轻信；百官都说该杀，也不可轻信；全国人都说该杀，通过调查，发现他真的该杀，就要坚决处决。这样做，才能称得上是老百姓的父母官。"

23　缘木求鱼

有一次，齐宣王和孟子闲聊。孟子问道："大王，您让将士冒死攻打他国，难道打败了别的国家，您才感到高兴吗？"

齐宣王回答说："我这样做只是为了满足自己最大的愿望。"

孟子便说:"是因为肥美的食物不够吃、温暖的衣服不够穿,还是因为艳丽的色彩不够看、美妙的音乐不够听呢?"

宣王说:"不,我不是为了这些。"

孟子说:"哦,我明白了。大王的最大愿望是征服天下,称雄于诸侯。不过,以您现在的做法来实现您现在的愿望,就好像爬到树上去捉鱼一样,肯定是徒劳无功的。"

齐宣王惊问道:"事情真有这么严重吗?"

孟子说:"恐怕比这还要严重。爬到树上去捉鱼,顶多就是抓不到鱼,还不至于有什么祸害。如果想用武力来满足自己称霸天下的愿望,不但达不到目的,而且一定会招来祸患。"

24 攻伐燕国

齐国的大臣沈同以私人的身份问孟子:"燕国可以攻伐吗?"

孟子说:"可以!燕王子哙(kuài)不应把燕国轻率地交给别人,相国子之也不应该从子哙手中接受燕国。比方说,有这样一个人,你很喜欢他,便不禀告君王而私自把自己的官位和俸禄给他,而他也没有得到国君同意就从你那里接受俸禄官位。这样行吗?子哙让君位的事,就是这样的道理。正因为有了这样的君主,燕国才应该被讨伐。"

于是,齐国便去讨伐燕国。

有人问孟子:"您曾鼓励齐国攻伐燕国,有这回事吗?"

中国人民邮政发行的《古代思想家——孟子》邮票

孟子说:"没有!沈同私下问我:'燕国可以攻伐吗?'我回答说:'可以!'他们就这样去攻伐燕国了。如果他是问:'谁可以攻伐燕国?'我就会回答说:'只有代表上天管理人民的官员,才可以攻伐燕国。'例如,现在有一个杀人犯,有人问道:'犯人可以杀吗?'我将回答说:'可以!'如果他是问:'谁可以杀这个犯人呢?'我将回答说:'只有法官才有权杀这个犯人。'让一个像燕国一样残暴的国家去攻伐燕国,我怎么会

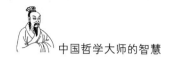

鼓励呢？"

25　民悦则取之

齐宣王出兵攻占了燕国。有一天，齐宣王对孟子说："有些人劝我不要吞并燕国，有些人劝我吞并它。以一个拥有兵车万辆的大国去攻打与之匹敌的大国，而且只花了五十天时间便占领了，仅仅是凭人力吗？恐怕是天意吧！如果我们不去吞并它，上天会认为我们违背了他的旨意，因而会降罪于我们。我们吞并它，做得对吗？"

孟子答道："如果吞并它，燕国百姓很高兴，便吞并它；如果吞并它，燕国百姓不高兴，那就不要吞并它。以齐国这样拥有兵车万辆的大国，攻打同样有兵车万辆的燕国，燕国的百姓却用竹筐盛着干饭、用壶盛着酒浆来欢迎大王的军队。难道会有别的意思吗？只不过是他们想逃离那水深火热的苦难生活。如果以后他们的灾难更加深重，那只不过是统治者由燕转为了齐。"

26　进退的原则

齐国人攻打燕国，占领了它。一些诸侯国在谋划着要救助燕国。齐宣王向孟子讨教对策，说："不少诸侯在谋划着要来攻打我，该怎么办呢？"

孟子答道："我听说过，有凭借纵横各七十里的国土来统一天下的，商汤便是，但还没有听说过拥有方圆千里的国土而害怕别国的。《尚书》上说过：'商汤征伐，从葛国开始。'天下人都相信他，人们盼望他，正好像久旱盼望乌云和霓虹一样。商汤的征伐，一点也不会惊扰百姓。做买卖的照常往来，种庄稼的照常下地。商汤只是诛杀那暴虐的国君，用以慰抚那些被残害的百姓。他们来到，正好像天上降下及时雨一样，老百姓非常高兴。正如《尚书》上说的那样：'等待我们的王，他到了，我们也就复活啦！'"

孟子说到这里，眉头紧锁了起来："残暴的燕王虽然被您打败了，可您对热烈欢迎您的燕国人又做了些什么呢？您杀掉了他们的父兄，掳掠他们的子弟，毁坏他们的宗庙祠堂，搬走他们的宝器。怎么可以这样做呢？天下各国本来就害怕齐国强大，现在齐国的土地又扩大了一倍，而且还暴虐无道，自然会招致各国联合讨伐。我认为，您应该赶快发布命令，遣回老老小小的俘虏，停止搬运燕国的宝器，再和燕国人协商立一位新王，然后从燕国撤兵。这样，才能使各国停止联合兴兵伐齐！"

27　为政不难

有一次，有人建议齐宣王拆毁明堂，齐宣王去向孟子讨教："先生，您说要不要拆毁明堂？"

孟子答道："明堂是有道德而能统一天下的王者的殿堂。如果您要实行王政，就不要毁掉它。"

齐宣王说："您可以说一说怎样实行王政吗？"

孟子答道："从前，周文王治理岐周，对农民的税率是九分抽一；对做官的人给以世代承袭的俸禄；在关口和市场上，只稽查不征税；不禁止任何人去江河湖泊捕鱼；只对罪犯施刑罚，而不株连他的妻室儿女；对鳏（guān）夫、寡妇和失去依靠的老人和孤儿，文王最先考虑他们。《诗经》上说：'有钱财的人是可以过得去的，可怜那些无依无靠的孤单者吧！'"

齐宣王击掌称道："这话说得太好啦！"

孟子问："您既然认为这话好，那为什么不去实行呢？"

齐宣王说："我有个毛病，喜爱钱财。实行王政恐怕有困难吧？"

孟子说："从前，公刘也喜爱钱财。《诗经》上写道：'粮食真多，外有囤，内满仓；还包裹着干粮，装满橐（tuó），装满囊。人民团结，国威发扬，箭上弦，弓开张，其他武器也上场，浩浩荡荡向前行。'因此留在家里的人有积谷，行军的人有干粮，这才能率领军队前进。如果大王您喜爱钱财，能跟百姓一道同享，那对于实行王政而统一天下，有什么困难呢？"

齐宣王不好意思地说："我还有个毛病，喜爱女人。实行王政恐怕也有困难吧？"

孟子答道："从前，周太王也喜爱女人，十分疼爱他的妃子。《诗经》上写道：'古公亶（dǎn）父清早便跑着马，沿着邠地西边漆水河岸来到岐山之下，还带领着他的妻子姜氏女，来这里视察住处。'在这个时候，

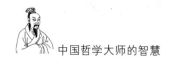

天下没有找不着丈夫的老处女,也没有找不着妻子的单身汉。大王喜爱女人,如果能让百姓都享受家庭快乐,那么对于实行王政而统一天下,有什么困难呢?"

齐宣王无话可说了。

28　顾左右而言他

有一次,孟子问齐宣王:"假如你的一位大臣要出远门,把自己的妻子、儿子托付给自己的一个朋友照顾,等他回来的时候,发现自己的妻儿都在挨冻受饿。这样的朋友还能交吗?"

宣王说:"不能交。"

孟子又问:"假若你的大臣不能很好地管理他的下属,怎么办?"

宣王说:"免了他。"

孟子说:"那好!一个国家得不到很好的治理,这个国君应该怎么办?"

这一下,齐宣王被逼到了墙角,只好顾左右而言他。

29　小勇与大勇

有一次,齐宣王问孟子:"请问先生,和邻国相交有什么原则与方法吗?"

孟子答道:"有的。只有仁爱的人才能够以大国的身份来服事小国,只有聪明的人才能够以小国的身份服事大国。以大国身份服事小国的,是以天命为乐的人,这样的人足以安定天下,谨慎、畏惧的人足以保护自己的国家。"

齐宣王说:"您的话很有道理。不过,我有个毛病,我喜好勇武,恐怕不能够服事别国吧!"

孟子说:"那么,大王就不要喜好小勇。"

齐宣王问:"什么叫小勇呢?"

孟子说:"有一种人,只是手按着刀剑,瞪着眼睛说:'你怎么敢抵挡我呢!'这是匹夫之勇,只能敌得住一个人。我希望大王能够把这种小勇扩大,扩大到像文王和武王一样的大勇。"

齐宣王问:"什么是文王和武王的大勇呢?"

孟子说:"《诗经》上说:'我王勃然一生气,整顿军队向前进,阻止敌人侵略莒国,增强周国的威望,以报答各国对周国的向往。'这便是周文王的勇。文王一生气,便使天下的百姓得到安定。"

孟子顿了顿,说:"纣王横行霸道,弄得民怨沸腾,周武王便认为这是奇耻大辱。武王生气而伐纣,使天下的人民得到安定,这便是武王的勇。如今,如果您为了使天下的百姓得到安定而生气,那么,天下的百姓怎么会害怕您喜好勇武呢!"

齐宣王高兴地笑了。

30 武王伐纣是正义的

有一次,齐宣王先给孟子设下一个圈套,明知故问:"商汤流放夏桀(jié)、周武王讨伐商纣,有这回事吗?"

孟子回答说:"古书上有记载。"

齐宣王又问:"桀纣是君,汤武是臣,那为臣的可以杀掉他的君主吗?"

孟子不慌不忙地回答说:"没有仁的人是'贼',没有义的人是'残',而'残贼'集于一身就是'独夫'。因此,我只听说武王诛杀了'独夫'纣,没有听说武王杀君这回事儿。"

31 不同的卿大夫

齐宣王问有关卿大夫的事。孟子说:"大王问的是哪一类的卿大夫呢?"

齐宣王说:"卿大夫还有所不同吗?"

孟子说:"有不同。有王室宗族的卿大夫,有异姓的卿大夫。"

宣王说:"那王室宗族的卿大夫会怎样做呢?"

孟子说:"君王有重大过错,他们便加以劝阻;反复劝阻而君王不听从,他们便改立君王。"

宣王听后,脸色大变。

孟子说:"大王不要怪我这样说。您问我,我不敢不实话实说。"

孟子出生地，位于曲阜城南15公里的凫村内，孟母林之西。元代曾加修复，现有孟子故里坊、孟子故宅、孟母泉、孟母井、孟母池等。

宣王听后，脸色才恢复正常，便问："那异姓卿大夫会怎样做呢？"

孟子说："君王有过错，他们便加以劝阻；反复劝阻而君王不听从，他们便辞职而去。"

32　一曝十寒

孟子很不满意齐王的昏庸，做事没有坚持性，轻信奸佞谗言，便不客气地对他说："大王也太不明智了，天下虽有生命力很强的生物，可是您把它在阳光下晒了一天，却放在阴寒的地方冻了它十天，它哪里还活得成呢？！我跟大王在一起的时间是很短的，大王即使有了一点从善的决心，可是我一离开您，那些奸臣又来哄骗您，您又听信他们的话，叫我怎么办呢？"

接着，他还打了一个生动的比喻："下棋看起来是一件小事，但如果您不专心致志，也同样学不好，下不赢。奕（yì）秋是全国最善下棋的能手，他教了两个徒弟，其中一人专心致志，处处听奕秋的指导；另一人却老是想着天空中有天鹅飞来，准备用箭射鹅。两个徒弟是一个师傅教的，一起学的，然而后者的成绩却差得很远。这不是他们的智力有什么区别，而是专心的程度不一样啊！"

33　实事求是最好

这一年，孟子的母亲去世了。孟子到鲁国安葬母亲后，又返回齐国。

有一天，一行人在赢县停留。

弟子充虞问孟子："前日承蒙您不嫌弃我这个蠢材，让我敦促棺木匠办事。有一个问题，当时我不敢请教您，现在我想问您：棺木是以美观为主吗？"

孟子说："古时候，棺椁（guǒ）都没有尺寸，到商周中古时期，棺木定为七寸厚，外椁要相称。从天子一直到百姓，没有不讲究棺椁美观的。因为这样，才能尽到后人的心意。但是，如果不具备好的条件，做不了七寸厚的棺椁，那就不可以假装高兴；如果没有度量棺椁的厚薄，也不可以假装高兴。总之，实事求是最好。"

34　有过则改与文过饰非

齐国的大夫陈贾见了孟子，问："周公是一个怎样的人？"

孟子说："是古代的圣人。"

陈贾说："他派管叔监管殷人，但管叔却带领殷人叛乱，有这回事吗？"

孟子说："有的。"

陈贾说："周公知道管叔将要叛乱而还要派他去吗？"

孟子说："周公不知道。"

陈贾说："那么圣人也会犯错误？"

孟子说："周公是弟弟，管叔是哥哥，谁能料到哥哥会叛乱呢？周公的过错不是情有可原的吗？况且古时的君子有了过错就会改正，如今的君子有了过错则任其发展。古时的君子，他的过错就像日食月食一样，人民都看得见，等到他改正过错时，人民就会很敬仰他；如今的君子，岂止是坚持错误，竟还为错误作辩解。"

35　进退自如

孟子对齐国的大夫蚳蛙说："你辞去灵丘县的长官而请求担任法官，好像有点道理，因为这个职位可以向君王进言。现在已经过去几个月了，难道你还不能进言吗？"

不久，蚳（chí）蛙向君王进言而没有被采纳，便辞职而去。

有些人议论此事，说："孟子为蚳蛙打算还是好，孟子自己怎样，我

们就不知道了。"

孟子的学生公都子把这话告诉了孟子。孟子说:"我曾听说,有官职的人,不能尽职就辞职不干;有进言责任的人,进了言而不被采纳也辞职不干。我既没有官职,又没有进言的责任,那么我的进退岂不是具有很大的活动余地吗?"

36　巧舌如簧

孟子到了齐国的平陆县,对这个县的长官说:"如果你的守卫战士在一天内三次失职,你会开除他们吗?"

长官说:"不用等三次。"

孟子说:"您失职的地方也多啊!灾荒歉收的年份,看看您的百姓们是怎样生活的。老弱病残的辗转于沟壑而死亡,年轻力壮的散走四方逃难,有好几千人啊!"

长官说:"这不是我的能力所能处理好的啊!"

孟子说:"现在,假如有个人接受了替别人放牧牛羊的事,那一定要设法找到牧场和喂养牲畜的草料。要是找不到牧场和草料,那么,是把牛羊还给主人,还是站在一旁眼看着牛羊饿死呢?"

长官说:"这是我的罪过了。"

37　再作冯妇

齐国遇灾年闹饥荒,门人陈臻(zhēn)对孟子说:"国都里的人都认为老师会再次劝说齐王打开粮仓救济百姓,恐怕不会再这么做了吧?"

孟子说:"这样做,我就成为冯妇了。晋国有一个叫冯妇的人,善于打虎,后来行善不打虎了,士人都效法他。有一次,许多人在野外追逐一只虎,老虎背靠山的角落,没有人敢靠近它。人们远远看见了冯妇,便跑上去迎接他。冯妇便捋起袖子奔上前去打虎。大家都喜欢他,可是那些称为士的人却讥笑他。"

38　反对独断专行

孟子在齐国担任国卿,受命到滕国去吊丧,齐王派长官王驩(huān)

作为孟子的副使。

王驩同孟子早晚相见，一起往返于齐国至滕国的途中，孟子却从来没有与他商量过怎样办理公事。

弟子公孙丑说："王驩的职位不算小，从齐国到滕国的路程也不算近，但在往返途中您未曾与他谈过公事。这是为什么呢？"

孟子说："他既然已经独断专行，我还有什么话可说呢？"

39　善与信

齐国人浩生不害问道："你的弟子乐正子是怎样一个人？"

孟子说："是一个善人、信人。"

浩生不害问："什么叫'善'？什么叫'信'？"

孟子说："值得喜爱的叫'善'，自己确实具有'善'就叫'信'，'善'充实在身上就叫'美'，既充实又有光辉就叫'大'，既'大'又能感化万物就叫'圣'，'圣'到妙不可知就叫'神'。乐正子是在'善'和'信'二者之中，'美'、'大'、'圣'、'神'四者之下的人。"

40　小聪明带来大麻烦

盆成括在齐国做官。孟子说："盆成括要丧命了！"

盆成括被杀，学生问道："老师怎么会知道他将被杀？"

孟子说："他有点小才智，但不懂君子的大道理，足以招来杀身之祸。"

41　大丈夫气概

孟子在齐国担任国卿时，齐王曾使人暗中监视孟子，窥视其举动，但孟子面不改色，心不惊慌，依然做着自己的事情，显示出他的大丈夫气概。

齐人储子问他："今天大王盯着你，你是否有许多地方跟常人不一样？"

孟子淡淡地一笑，说："有什么不一样？不都是人吗？尧舜也是人，

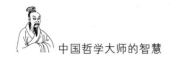

我难道不是人吗?"

42 无可奈何

孟子离开齐国,有个叫尹士的人就对别人说:"不能识别齐王不可能成为商汤王和周武王,就是不明白世事;如果能识别其不可能,但是又来拜见,那就是想要求取国君的恩惠。行走千里来见齐王,得不到赏识便离开,并在昼地住宿三天才走,是何等的想长期滞留在齐国啊!我最不欣赏的就是这种人。"

告子把这段话告诉了孟子。孟子说:"那个尹士怎么能知道我呢?不远千里来见齐王,是我的愿望!不得赏识而离开,并不是我所希望的。我是无可奈何啊!"

43 智断白鹅案

在齐国,孟子当上了司寇大夫。有一天,衙门外有人击鼓告状,孟子随即叫衙差传唤击鼓人——桂陵乡南山村庶民孔八斤。孟子升堂后,孔八斤诉说:"今天,天蒙蒙亮,我就进封邑城来办事,并带了10只大白鹅准备送给表弟。由于表弟不在家,我就把10只大白鹅暂时寄放在南狗街一家杂货铺里。谁知等我赶完集回来取鹅时,杂货铺店主却一口否认我曾经寄放过白鹅,说店里20只大白鹅都是他家的。在毫无办法的情况下,我只好前来击鼓告状,希望老爷为我做主。"

孟子听完孔八斤的诉说,又问了一些寄放白鹅到杂货铺的细节以及和店主的对话情况,然后命令衙差到南狗街将杂货铺的店主连同20只大白鹅一起带来。

一个时辰后,衙差将杂货铺店主连同20只大白鹅都带到了衙门大堂。在大堂上,双方你一言,我一语,僵持不下。于是,孟子说:"你们一个说有放鹅在杂货铺,一个说没有放鹅在杂货铺,但谁都无法出示确实的证据,本司寇只有请大白鹅来说话了。"说着,孟子一拍惊堂木,对20只大白鹅说道:"主人喂养了你们几个月,对于主人的恩德,你们是不会忘记的,究竟谁是你们真正的主人,现在本司寇命你们如实招来,不得有半点虚假。"说完,孟子就吩咐衙差拿来20个罩笼,每只罩笼底下铺一块白麻布，放上笔墨观台，再把 20 只大白鹅分开，一只一只地罩了起来。布置完后，孟子吩咐衙差看好大白鹅写供词，自己便一转身，进衙门后堂吃午饭去了。

孟子吃完午饭，从后堂里走了出来，并走近一个个罩笼前，左瞧瞧，右看看，十分认真的样子，然后笑着说："这 20 只大白鹅全都如实招供了。"说完，便指着其中的 10 只大白鹅，告诉众人："这 10 只大白鹅是孔八斤的。"

衙差一听，都惊奇得目瞪口呆。正当众人疑惑不解时，只听孟子解释说："白麻布上的鹅粪便，就是大白鹅写下的供词。你们想一想，乡村养的鹅，吃的都是青草泥沙，粪便自然是青绿色的啦！杂货铺店主喂养的鹅，吃的都是粟米剩饭，粪便肯定是黄白色的啦！你们想想看，这些大白鹅不是清清楚楚、彻彻底底地招供了吗？"

众人一听此言，都赞叹不已："判得好！判得妙！"孔八斤听了孟子的话，连忙叩头跪拜谢恩。杂货铺店主却脸色青白，全身颤抖着连声说："我错了，我错了，请大人从宽处罚，请大人从宽处罚。"

孟子责令杂货铺店主将 10 只大白鹅交还孔八斤，并责罚打他 20 大板。

44　反对垄断

孟子辞去齐国的官职准备回乡，齐王专程去看望孟子，说："从前希望见到您而不可能，后来终于得以在一起共事，我感到很高兴。现在您将弃我而去，不知我们以后还能不能够相见？"

孟子回答说："我不敢请求，这本来就是我的愿望。"

过了几天，齐王对臣下时子说："我想在都城中拨一所房子给孟子，再用万钟粮食供养他的学生，使我们的官吏和人民都有所效仿。您何不替我与孟子谈谈，请他留下来呢？"

时子便托陈子把这话转告给孟子，陈子也就把时子的话告诉了孟子。

孟子说："嗯，时子哪里知道这事做不得呢？如果我是贪图财富的人，辞去十万钟俸禄的官不做却去接受一万钟的赏赐，这是想更富吗？季孙曾经说过：'子叔疑真奇怪！自己想做官，别人不重用，也就算了嘛，却又让自己的子弟去做卿大夫。谁不想做官发财呢？可他却想在这

做官发财中搞垄断。'这正如古代的市场交易,本来是以有换无,有关的部门进行管理,但却有那么一个卑鄙的汉子,一定要找一个独立的高地登上去,左边望望,右边望望,恨不得把全市场的赚头都由他一人捞去。别人都觉得这人卑鄙,但不得不向他纳税。征收商业税就是从这个卑鄙的汉子开始的。"

45　舍我其谁

孟子离开齐国时,学生充虞看见老师有点不高兴的样子,便说:"老师,您不是教导我们'君子不抱怨上天,不责怪别人'吗?"

孟子却回答说:"彼一时,此一时也。每五百年一定会有圣王出现,这期间也一定会有闻名于世的贤才。从周至今,已有七百多年了。按年数说,已经超过了五百年;按时势来说,该出现圣君贤臣了。只不过上天还不想让天下太平罢了。如果想让天下太平,在当今这个世界上,除了我还有谁呢?我为什么不快乐呢?"

46　拜师求学

当孟子游鲁时,决心寻找堪称师长的子思的门人。

盛夏的中午,孟子访师途经一片柳树林,坐于一株枯柳下啃干粮。突然,一阵欢快的小曲随着蝉鸣声冲击着孟子的耳鼓,待他睁眼看时,只见一位驼背老人一手扶竹竿,一手提口袋,一乐三颠地朝这边走来。他边走边用竹竿粘那枝头上的鸣蝉,只要竹竿到处,便是一个,无一逃亡。

孟子眼前突然一亮,再次审视这位老人,坚信自己的判断不会错,于是迈步上前,扑通一声跪倒,磕头至诚,说道:"司徒老师在上,受弟子一拜!"

这很出乎老人的意料,他趋步上前,躬身搀扶孟子:"快快请起,折杀老朽了。老朽何德何能,敢当如此大礼!"

"先生不答应收我为徒,弟子便终生不起,直跪到死。"孟子又来了他的拗劲。

"你认错人了。"老人解释说,"我一生只会捕蝉,何以为师!莫非你要学捕蝉吗?"

"不,您就是司徒牛先生,子思门下的高足。我虽不才,但绝对相信自己的眼睛!"于是孟子跪述自己三岁丧父、慈母三迁、赴鲁游学、访寻先生的经过……

司徒牛先生听后,激动得热泪盈眶,承认自己便是司徒牛,答应收下孟子这个弟子。

47　面对谣言

貉稽是鲁国中都一位司职吏,四十多岁年纪,相貌堂堂,早年丧妻。亡妻撇下一男两女,为了子女不受继母虐待之苦,他发誓不娶,但是人们却诽谤他行为不端,貉稽为此事非常苦恼。有一天,貉稽来找孟子诉苦,说:"我貉稽被人家说了很多坏话。"

孟子安慰他说:"没关系的。士大夫总会受到七嘴八舌非议的。《诗经》上说:'忧心忡忡排遣不了,小人对我又恨又恼。'孔子就是这样的人。《诗经》上还说:'不消除别人的怨恨,也不丧失自己的名声。'这说的就是文王。"

48　天意与民意

万章问:"尧拿天下授予舜,有这回事吗?"

孟子说:"不,天子不能够拿天下授予人。"

万章问:"那么舜得到天下,是谁授予他的呢?"

孟子回答说:"天授予的。"

万章问:"天授予他时,反复叮咛告诫他吗?"

孟子说:"不,天不说话,拿行动和事情来表示罢了。"

万章问:"拿行动和事情来表示,是

《孟子》书影

怎样的呢?"

孟子回答说:"天子能够向天推荐人,但不能强迫天把天下授予人;诸侯能够向天子推荐人,但不能强迫天子把诸侯之位授予这人;大夫能够向诸侯推荐人,但不能强迫诸侯把大夫之位授予这人。从前,尧向天推荐了舜,天接受了;又把舜公开介绍给老百姓,老百姓也接受了。所以说,天不说话,拿行动和事情来表示罢了。"

49 心怀仁义是前提

宋牼(kēng)准备到楚国去,孟子在石丘这个地方遇上了他。孟子问:"先生准备到哪里去?"

宋牼说:"我听说秦楚两国交战,我就准备去见楚王,劝说他罢兵。如果楚王不听,我就准备去见秦王,劝说他罢兵。在两个国王中,我总会说通一个人。"

孟子说:"我不想问得太详细,只想知道你的大意,你准备怎样去劝说他们呢?"

宋牼说:"我将告诉他们,交战是很不利的。"

孟子说:"先生的动机是好的,但提法欠妥。先生用利去劝说秦王和楚王,秦王和楚王因为有利而乐于停止军事行动,军队的官兵也因为有利而乐于罢兵。做臣下的心怀利害关系来侍奉君主,做儿子的心怀利害关系来侍奉父亲,做弟弟的心怀利害关系来侍奉哥哥,就会使君臣之间、父子之间、兄弟之间完全丧失仁义。这样心怀利害关系来互相对待,就会导致国家灭亡。若是先生以仁义的道理去劝说秦王和楚王,秦王和楚王因仁义而乐于停止军事行动,军队的官兵也因仁义而乐于罢兵,做臣下的心怀仁义来侍奉君主,做儿子的心怀仁义来侍奉父亲,做弟弟的心怀仁义来侍奉哥哥,就会使君臣之间、父子之间、兄弟之间完全去掉利害关系。这样心怀仁义来互相对待,就会导致天下归服。何必去谈论'利'呢?"

50 小惠不足以治国

子产做郑国的宰相,用他坐的车载行人渡河,人们称颂子产是仁德之人。

孟子听说后，说："子产对人算有恩惠，但他却不知治理国家的要道。在河上架起木头，行人就可以过河；再过一个月，增大其规模，便可以造出马车通行的桥梁。这样，哪里还有人苦于蹚水过河？君子如真能将国家治理好，出行时让路人回避让道，亦不为过。现在，子产行小惠，以车渡人，他总不能把每个过河的人都摆渡过去吧！因此，治理国家的人，如果要逐一让每个人高兴，一辈子也做不到，更不用说治理好国家。"

51　人性向善，犹如水向下

告子说："人性就像那急流的水，缺口在东便向东方流，缺口在西便向西方流。人性无所谓善与不善，就像水无所谓向东流和向西流一样。"

孟子说："水的确无所谓向东流和向西流，但是，也无所谓向上流和向下流吗？人性向善，犹如水往低处流一样。人性没有不善良的，水没有不向低处流的。当然，如果水受拍打而飞溅起来，能使它高过额头；加压迫使它倒行，能使它流上山冈。这难道是水的本性吗？这是形势迫使它如此的。人可以被迫做坏事，本性的改变也像这样。"

> **知识链接：**
>
> 水性无分于东西，无分于上下乎？人性之善也，犹水之就下也。人无有不善，水无有不下。今夫水，搏而跃之，可使过颡；激而行之，可使在山。是岂水之性哉？其势则然也！人之可使为不善，其性亦犹是也。——孟子

52　偷鸡贼的逻辑

宋国人戴盈之请教孟子，说："赋税太重对老百姓不利，对国家也不利。我想把税率定在十分之一。"

孟子一听，十分高兴地说："好啊！"

但是，戴盈之说："我知道好，可现在做不到。让我先减轻一些，等到明年再彻底实行，这样可行吗？"

孟子没说什么，只是讲了一个故事："有一个人，每天都偷邻居一只鸡。有人告诫他说：'正派人不应该做这种事！'他说：'我听你的，不过，让我先减少一些，每月偷一只，等到明年再彻底洗手不干。'"

最后，孟子说："如果知道这种行为不合于道义，就应该立即改正，为什么要等到明年呢？"

53　大丈夫

景春问孟子："公孙衍、张仪难道不是大丈夫吗？他们一发怒，诸侯就害怕，相安无事，天下没有了冲突和战争。"

孟子说："这怎么能算是大丈夫呢？你没有学礼吗？男子成人行冠礼时，父亲训导他；女子出嫁时，母亲亲自送到门口，训导她：顺从是做人妻子的道理。可见，顺从是卑贱的女人之道。而男子汉应该居住在天下最广大的住宅（即'仁'）里，站立于天下最正确的位置（即'礼'）上，走在天下最宽广平坦的大路（即'义'）上。如果得意，就同大家一起顺着大路前进；如果不得意，就独自按原则办事。富贵不能淫乱我的心，贫贱不能动摇我的志向，威武不能使我屈服，这才叫作大丈夫。"

54　人性本善

公都子说："告子说：'人性无所谓善良不善良。'又有人说：'人性可以使它善良，也可以使它不善良。所以，文王武王在位，民众就善良；幽王厉王在位，民众就横暴。'也有人说：'有的人本性善，有的人本性不善。所以，尧这样的君主却有像这样不善良的臣民，瞽瞍（gǔ sǒu）这样不善良的父亲却有舜这样善良的儿子，纣这样的国王却有微子启、王子比干这样的贤兄。'如今老师说'人性本善'，那他们都错了吗？"

孟子说："从天生的性情来说，人都是能够成为善良的，这就是我们所说的人性本善的意思。至于有些人不善良，不是资质的罪过。同情之心人人都有，羞耻之心人人都有，恭敬之心人人都有，是非之心人人都有。同情之心属仁，羞耻之心属义，恭敬之心属礼，是非之心属智。仁义礼智不是从外面注入的，是我们本身固有的，只是未曾去领悟罢了。所以说，探求就可以得到，放弃便会失去，人的能力或德行相差一倍、五倍甚至无数倍的，就是没能充分发挥他们天生资质的缘故。《诗》说：'上天生育万民，事物都有法规。民众把握常规，崇尚美好品德。'孔子说：'写这首诗的人真懂得大道啊！有事物一定有法则，民众把握了这些法则，故而崇尚那美好的品德。'"

55　不愧是圣人的学生

公都子说："别人都说先生喜好辩论，请问这是为什么呢？"

孟子说："我难道喜好辩论吗？我是不得已啊！天下有人类已经很久了，时而太平，时而混乱。……从前，大禹抑制洪水使天下太平；周公兼并夷族狄族，赶走猛兽使百姓安宁；孔子著成《春秋》使乱臣贼子害怕。《诗经》上说：'戎族狄族的人服从了，荆地楚地被惩罚了，没有人敢抗拒我。'不要父亲不要君主，是周公所要征服的。我也想要端正人心，破除邪说，抵制偏颇的行为，批驳错误夸张的言论，来继承大禹、周公、孔子三位圣人。我怎么是喜好辩论呢？我是不得不如此。凡是能够著书立说而敢于抵制杨子和墨子学说的人，便不愧是圣人的学生。"

56　放下架子

公都子问孟子："滕国国君的弟弟滕更在您门下学习时，似乎是属于要以礼相待的人，然而您却不回答他的发问，为什么呢？"

孟子说："倚仗地位来发问，倚仗能干来发问，倚仗年长来发问，倚仗有功劳来发问，倚仗老交情来发问，都是我不愿回答的。滕更占了其中的两条。"

57　心之官则思

公都子问道："同样是人，有的成为君子，有的成为小人，这是为什么呢？"

孟子说："注重身体重要部分的成为君子，注重身体次要部分的成为小人。"

公都子说："同样是人，有的人注重身体重要部分，有的人注重身体

次要部分,这又是为什么呢?"

孟子说:"眼睛、耳朵这类器官不会思考,所以易被外物所蒙蔽,一与外物相接触,便容易被引入迷途。心这个器官则有思考的能力,一思考就会有所得,不思考就得不到。这是上天特意赋予我们人类的。所以,首先把心这个身体的重要部分树立起来,其他次要部分就不会被引入迷途。这样便可以成为君子了。"

58 水永不枯竭

孟子的学生徐子说:"孔子曾多次赞叹水,说:'水啊!水啊!'他到底觉得水有什么可取之处呢?"

孟子说:"水从源泉里喷涌而出,昼夜不息,把低洼之处一一填满,然后一直流向大海。水永不枯竭,奔流不息。孔子所取的,就是水的这种特性啊!试想,如果水没有这种永不枯竭的特性,就会像那七八月间的暴雨一样,虽然一下子灌满了大小沟渠,但也会一会儿便干涸了。所以,君子要有本源,循序渐进,名过其实,就会感到羞耻。"

59 永不言败的辩者

淳于髡(kūn)问:"男女授受不亲,是礼吗?"

孟子:"是的。"

淳于髡又问:"嫂嫂落到水里了,要不要用手把她拉上岸呢?"

孟子说:"嫂嫂落到水里当然要去拉了,如果谁的嫂嫂落到水里而不去拉,这种人就不是人,而是豺狼。"他进一步说:"男女授受不亲,这是礼,但嫂嫂落到水里用手去拉,是变通的方法。"

淳于髡紧追不放,又说:"那现在天下都落到水里了,你为什么不伸手拯救呢?"

孟子说:"天下的人落到水里,要用道去援救;嫂嫂落到水里,要用手去拉。难道你让我凭双手去拯救天下吗?我不会傻到那个程度,只有你们这些人才那样傻。我讲仁政、王道,正是在拯救天下啊!"

60　不用贤者，国必衰亡

淳于髡说："以名实为先的是为了治理人民，以名实为后的是为了自己。先生您在三卿位上，名实全无，则上不能正其君，下不能救其名，现在就要离去了。仁者都是这样的吗？"

孟子说："居在较低的职位，不以贤能侍奉不成器的人，是伯夷这类人。五次服务于商汤，五次服务于夏桀，是伊尹这类人。不厌恶昏庸君主，不推辞小官之位，是柳下惠这类人。这三个人道路不同，但有一点是相同的，那就是仁。君子有仁就足够了，何必要走同样的道路？"

淳于髡说："鲁缪公之时，公仪子执政，子柳、子思做大臣，鲁国却日渐削弱，所谓贤者对于国家真没有什么用啊！"

孟子知道淳于髡在讽刺自己，便说："虞国不用百里奚便亡国，秦穆公重用百里奚就称霸。不用贤者，国必衰亡。日渐衰亡的国家怎么能得遇贤者呢？"

61　换位思考

曾子居住在武城，有越国军队来侵犯。他临离开时对人说："不要让人住到我的屋里，毁坏了那些草木。"敌人撤退了，曾子就说："修好我的房屋，我要回来了。"敌人完全撤退后，曾子回来了。

曾子身边的人议论说："武城人对曾子这样忠诚而又恭敬，敌人来了，他却先离开，给百姓树立了坏的形象。敌人一退，他就回来了，这样做恐怕不好吧！"

子思就不像曾子。子思居住在卫国，有齐国军队来侵犯。有人说："敌人要来了，您何不离开这里。"子思说："如果我走了，国君由谁来守护呢？"

有人就此事问孟子："同样一件事，却有着完全不同的情形，您又作何解释呢？"

孟子说："曾子和子思都是同道的人。曾子是老师，是长辈；子思是臣，是一个小官员。如果曾子、子思互换一下位置，也会像对方一样行事的。"

62　不动心

公孙丑问:"先生,若是封您担任齐国卿相,让您推行您的主张,由此成就统一天下的霸业,您会动心吗?"

孟子说:"不,我40岁后就再也不动心了。"

公孙丑说:"如果是这样,先生比孟贲(bēn)强多了。"

孟子说:"做到这个并不难,告子做到不动心比我还早。"

公孙丑问:"做到不动心有什么方法吗?"

孟子说:"有,北宫黝(yǒu)肌肤被刺破而不屈服,看见可怕的不逃避。即使有一根毫毛被别人伤害,也觉得犹如在大庭广众下遭到鞭打一样。他不受制于贫贱的人,也不受制于大国的君主,把行刺大国君主看得跟行刺普通百姓一样。他毫不畏惧诸侯,听了恶言,一定回击。"

63　浩然之气

有一次,公孙丑问孟子:"请问先生擅长于什么呢?"

孟子说:"我善于修养我的浩然之气。"

公孙丑说:"请问什么叫作浩然之气?"

孟子说:"这很难说透,这种气最伟大、最刚强,用正直去培养而不损害它,就会充满于天地之间。这种气,要配上最佳行为方式和正常的道路,如果不是,就会泄气。它是集聚最佳行为方式在心中所生起的,不是凭偶然的最佳行为方式所能获取的。行为中有不满足于心的,就会泄气。告子不一定知道最佳的行为方式,因为他把义看作是外在的东西。如果有事情必然要发生,先不要去纠正,心里不要忘记它,也不要助长它。"

64　最广阔的是心灵

弟子公孙丑为了维护老师的声誉,与泼皮刁九发生冲突,受到了孟子的批评。晚上,他主动来向老师认罪,承担责任。

公孙丑泣不成声地说:"今日之事,弟子对不起老师,给老师惹了麻烦，败坏了书院的声誉，惹老师生气，请老师重重地责罚我吧！"

待公孙丑奉命坐下后，孟子和颜悦色地说："请你回答我，世上最广阔的是什么？"

公孙丑略加思索后说："是海洋。"

孟子摇摇头，否定了。

公孙丑煞费苦心地思索了半天，没有把握地说："那么，是天空……"

孟子再次摇摇头，又否定了。

公孙丑脸涨得红如落日，双手在抓耳挠腮，急得真要哭了。

孟子不慌不忙地说："不错，海洋和天空是很广阔，但比海洋和天空更广阔的是人的心灵。一个学生犯了错误，惹了麻烦，我便生气，为师的心胸怎么会如此狭窄呢？"

65　不敢称圣人

公孙丑问："宰我、子贡善于言辞，冉牛、闵子、颜渊擅长阐述德行，孔子兼而有之，却还说：'我不善于言辞。'孔子不是圣人吗？"

孟子说："哎呀！这是什么话！从前，子贡问孔子道：'先生可称圣人吗？'孔子说：'圣人，我不能做到，我只是学而不厌，教而不倦。'子贡说：'学而不厌是有智慧的，教人不倦是仁义的。既有智慧又有仁义，老师已经是圣人了。'圣人，孔子尚且不敢自居——你说我是圣人，这是什么话啊？"

66　赞颂孔子

有一次，公孙丑问："伯夷（商朝人，周灭商后，耻食周粟而饿死）、伊尹（商初大臣，世称贤相）能与孔子相提并论吗？"

孟子说："不，自有人类以来，没有能与孔子相提并论的人。"

公孙丑说："那么，他们有共同之处吗？"

孟子说："有。得到方圆百里的土地而统治之，他们都能使诸侯来朝见而拥有天下；如果要杀一个无辜的人才能得到天下，他们都不会干的。这就是他们的共同之处。"

公孙丑说："请问孔子与他们有何不同的地方？"

孟子说："宰我、子贡、有若，他们的智慧足以了解孔子，即使有所夸大，也不至于阿谀吹捧他们所敬爱的人。宰我说：'根据我对老师的观察，老师远远超过了尧舜。'子贡说：'见了一国礼制，就能知道一国的政治；听了一国的音乐，就能了解一国的德教；即使一百代以后来评价这一百代的君主，也没有谁能违背孔子这个道理的。自有人类以来，没有比得上孔子的。'有若说：'岂止是人类有这样的不同！麒麟对于走兽，凤凰对于飞鸟，泰山对于土丘，河海对于水沟，都是同类的；圣人对于一般的人，也是同类的。这些都高出了同类，超出了同群。自有人类以来，没有比孔子更伟大的人。'"

67　君子引而不发

公孙丑对孟子抱怨说："道是很高很好啊，但要学它，那就像登天那样，似乎不可能达到。何不让它变得有希望达到从而使人每天不懈地追求它呢？"

孟子说："高明的木匠不会因为笨拙的徒工而改变、废弃绳墨，羿不会因为笨拙的射手而改变拉弓的标准。君子教导别人，正如教人射箭，拉满了弓却不射出箭，只是跃跃欲试地做示范。君子站立在道的中间，有能力的人便会跟从他学。"

68　睹物思人心不忍

曾皙爱吃羊枣，死后，他的儿子曾子就不忍心吃羊枣。

公孙丑问道："烤肉与羊枣，哪样味道好？"

孟子说："当然是烤肉！"

公孙丑又问："那么曾子为什么吃烤肉而不吃羊枣？"

孟子说："烤肉是大家共同爱吃的，而吃羊枣是曾皙独有的嗜好，因此曾子不忍心吃。如同避讳只避名不避姓，因为姓是很多人共用的，而名是一个人独有的。"

69　好善足以治天下

鲁国打算让乐正子治理国政。孟子说："我听到这一消息，欢喜得睡不着觉。"

公孙丑问:"乐正子很有能力吗?"

孟子说:"不。"

公孙丑问:"有智慧有远见吗?"

孟子说:"不。"

公孙丑问:"见多识广吗?"

孟子说:"不。"

公孙丑问:"那您为什么高兴得睡不着觉呢?"

孟子回答说:"他为人喜欢听取善言。"

公孙丑问:"喜欢听取善言就够了吗?"

孟子说:"喜欢听取善言足以治理天下,何况治理鲁国呢?假如喜欢听取善言,四面八方的人从千里之外都会赶来把善言告诉他;假如不喜欢听取善言,那别人就会模仿他说:'呵呵,我都已经知道了!''呵呵'的声音就会把别人拒绝于千里之外。士人在千里之外停止不来,那些进谗言的阿谀奉承的人就会来到。与那些进谗言的阿谀奉承的人住在一起,要想治理好国家,办得到吗?"

孟子雕像

70 共同行善

有一次,孟子与弟子谈到如何成为一名君子。

孟子说:"子路这个人,听别人说他有过错,他就很高兴;夏禹听了有益的意见,就向那人拜谢;大舜则有更大的胸怀,在做善事上与别人相同,能抛弃自己的成见而随从别人的意见,乐意吸取别人的优点来行善,从他种田、制陶、打鱼一直到他当上君王,没有一个优点不是从别人那里吸取的。吸取别人的优点来行善,就是跟随别人共同行善,所以,君子首要的一条就是跟随别人共同行善。"

71 君子不白吃饭

公孙丑说:"《诗经》说:'不白吃饭啊!'可君子不种庄稼也吃饭,为什么呢?"

孟子说:"君子居住在一个国家,国君用他,就会安定富足,尊贵荣耀;学生们跟随他,就会孝敬父母,尊敬兄长,忠诚而守信用。'不白吃饭啊!'还有谁比他的贡献更大呢?"

72 仁义礼智如四肢

公孙丑说:"作为人应当持守什么?"

孟子说:"仁义礼智。"

公孙丑说:"仁义礼智是人向外求得的东西吗?"

孟子说:"有人看见孩童在井边玩耍,将要掉到井里去,都会产生担忧的恻隐之心,并去救他。并非与孩童的父母有什么交情,也并不是为求得乡党和朋友的赞誉而去救他。由此看来,无恻隐之心的人便不叫人,无羞耻之心的人也不叫人,无推己及人之心的人不叫人,无是非观念的人不叫人。"

公孙丑说:"这就是仁义礼智吗?"

孟子说:"恻隐之心是仁的发端,羞恶之心是义的发端,辞让之心是礼的发端,是非之心是智的发端,此四者就像人的四肢。"

73 人皆可为尧舜

有一天,一个叫曹交的人问孟子:"您说过'人皆可为尧舜'吗?"

孟子回答说:"是的,我说过这话。"

曹交又问:"周文王身高一丈,商汤身高九尺,而我自己也有九尺四寸,却只会吃饭,怎样才能成为尧舜那样的人呢?"

孟子说:"这有什么难的,只要努力去做就行了。假如有这样一个人,自以为他连一只小鸡都提不起来,那他便是毫无力气的人;如果有人认为自己能够举起三千斤,那他就是一个很有力气的人。同样的道理,一个人举得起大力士乌获所举的重量,那他就是乌获那样的大力士了。人怎么能因为畏惧困难就不去做呢?……"

曹交听了孟子的话,深有感悟,说:"我准备去拜见邹君,向他借个住处,这样便可以留在您的门下求学。"

孟子则说:"尧舜之道就像大路一样,难道不易了解吗?只怕是你不去追求罢了。你回去自己寻求，老师多得很呢！"

74　不可半途而废

有一天，孟子看到一个人在掘井，已经挖了七丈二尺，可停止了，因为他认为这里没水。

孟子见了，鼓励他说："继续挖啊，不要放弃。"

那人听也不听，扭头便走，他还是那个想法："这儿一定没水。"于是便去另一个地方掘井了。

孟子说："掘到七丈深，离泉水涌流只有一步之遥了，就此罢手，真是可惜啊！"

75　近朱者赤，近墨者黑

孟子对戴不胜说："你希望你的君王向善吗？比如，有一个楚国官员想让他儿子学会说齐国话，是让齐国人做师傅，还是让楚国人做师傅呢？"

"让齐国人做师傅。"戴不胜回答说。

孟子说："一个齐国人教他，十个楚国人在旁边跟他说楚语，即使天天揍他，让他学说齐语，也不可能学会。如果把他放到齐国，住在齐国的某个街市，几年后，即使天天揍他，要求他说楚国话，那也是不可能的。薛居州是一个好人，让他居住在王宫里。如果王宫里的人都像薛居州那样善良，那君王跟随谁去做坏事呢？相反，如果在王宫里的人都不像薛居州那样善良，那君王又和谁去做好事呢？单单一个薛居州能改变什么呢？"

76　寻找本心

有人问孟子："学问之道是什么？"

孟子说："仁是人的本心，义是人的大道。放弃了大道不走，失去了本心而不知道寻求，真是悲哀啊！有的人，鸡狗丢失了，倒晓得去找回来，本心失去了却不晓得去寻求。学问之道没有别的什么，不过就是把

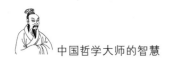

那失去了的本心找回来罢了。"

77　两难选择

有一个任国人问屋庐子："礼和食，什么重要？"

屋庐子说："礼重要。"

那人问："娶妻和礼，什么重要？"

屋庐子说："礼重要。"

那人又问："如果非要按照礼节才吃，就只有饿死；不按照礼节而吃，就可以得到吃的。在这种情况下，一定要按照礼节吗？如果非要按照迎亲的礼节娶妻，就娶不到妻子；不按照迎亲的礼节娶妻，就可以娶到妻子。在这种情况下，一定要行迎亲礼吗？"

屋庐子茫然不知所对，转而求助于孟子。

孟子说："回答这个问题有什么困难呢？如果不比较基础的高低是否一致，只比较顶端，那么，一块一寸见方的木头便可以使它高过尖顶高楼。我们说金属比羽毛重，难道是说一个衣带钩的金属比一车羽毛还重吗？拿吃的重要和礼的细节相比较，何止于吃的重要？拿娶妻的重要方面和礼的细节相比较，何止于娶妻重要？你去这样答复他：'扭转哥哥的胳膊，抢夺他的食物，就可得到吃的；不扭便得不到吃的。这样，你会去扭吗？爬过东边人家的墙壁去搂抱邻家的处女，就可以得到妻子；不去搂抱，便得不到妻子。这样，你会去搂抱吗？'"

78　舍鱼取掌

有一天，有弟子问："生命与仁义相比，谁更重要？"

> **知识链接：**
> 　　在《孟子》一书中，反映最突出的是仁义思想。仁是儒家学说的中心，孔子常讲仁很少讲义，孟子则仁义并重，更主张"舍生取义"。

孟子说："鱼是我喜欢的，熊掌也是我喜欢的；如果二者不能同时拥有，我将舍弃鱼而选取熊掌。生命是我想拥有的，仁义也是我想拥有的；如果二者不能同时都拥有，我就舍弃生命而坚持仁义。生命是我想拥有的，但是还有比生命更使我想拥有的，所以我不愿意苟且偷生；死亡是我厌恶的，但是还有比死亡更使我厌恶的，所以我不愿意因为厌恶死亡而逃避某些祸患。"

79　分清轻重缓急

有一次，一个弟子问孟子："现在要知道和要去干的事情很多，究竟应该先知道和干些什么呢？"

孟子回答说："有智慧的人无所不知，但要知道当前应该做的事中最急需要办的事，而不要面面俱到。例如，仁德是要求人们无所不爱的，但应先爱亲人和贤者。古代的圣主尧和舜尚且不能认识所有的事物，因为他们必须急于办当前最重要的事情。尧舜的仁德也不是爱一切人，因为他们急于爱的是亲人和贤人。"

接着，孟子从反面回答了这个问题："父母死了，不去服三年的丧期，却对服三个月、五个月丧期的礼节很讲究；在长者面前用餐没有礼貌地狼吞虎咽，咕碌咕碌地喝汤，却去讲什么不能用牙齿咬断干肉等等，这就是舍本逐末，不知道当前最需要知道和干的是什么。"

80　以邻为壑，仁人所恶

有一个叫白圭的人跟孟子谈起大禹治水这件事。他夸口说："如果让我来治水，一定能比禹做得更好。我只要把河道疏通，让洪水流到邻近的国家去就行了。这不是更省事吗？"

孟子很不客气地说："你错了。大禹治理水患，是顺着水的本性而疏导，所以使水流于四海。而你把邻国作为聚水的地方，会使洪水倒流回来，造成更大的灾害。有仁德的人，是不会这样做的。"

81　乐而忘天下

门人桃应问道："舜是天子，皋陶是法官，如果瞽瞍（gǔ sǒu，舜的父亲）杀了人，那该怎么办？"

孟子说："把他捉起来就可以了。"

桃应问："那么，舜不阻止吗？"

孟子说:"舜哪能去阻止呢?皋陶的权力是有所承受的。"

桃应问:"那么舜该怎么办?"

孟子说:"舜把抛弃天下看得如同丢弃破草鞋一样,因此他会偷偷地背着父亲逃跑,在海边住下来,一辈子高高兴兴的,快乐得忘了天下。"

82 动机与功绩

彭更问孟子:"跟在身后的车几十辆,跟随的人几百个,从这个诸侯国吃到那个诸侯国,不是太过分了吗?"

孟子说:"如果不正当,就是一篮子饭也不能够接受;如果正当,就是像舜那样接受了尧的天下也不过分。"

彭更说:"不,我不是这个意思。我是觉得读书人不劳动而白吃饭是不对的。"

孟子说:"如果不互通有无,交换各行各业的产品,用多余的来补充不足的,就会使农民有多余的粮食没人吃,妇女有多余的布没人穿。如果互通有无,那么,木匠车工都可以从你那里得到吃的。一个人在家孝顺父母,出门尊敬长辈,奉行先王的圣贤学说来培养后代的学者,却不能从你那里得到吃的。你怎么可以尊重木匠车工,却轻视奉行仁义道德的人呢?"

彭更说:"木匠车工干活的动机就是为了求饭吃。读书人研究学问的动机也是为了求饭吃吗?"

孟子说:"你为什么以他们的动机来看问题呢?只要他们对你有功绩,就应该给他们吃的。况且,你是论动机给他们吃的呢,还是论功绩给他们吃的呢?"

彭更说:"论动机。"

孟子说:"有一个人把屋瓦打碎,在新刷好的墙壁上乱画,但他这样做的动机是为了弄到吃的。你给他吃的吗?"

彭更说:"不。"

孟子说:"你不是论动机,而是论功绩。"

83 廉洁与酸腐

匡章说:"陈仲子难道不是一个真正廉洁的人吗?住在於陵这个地

方，三天没有吃东西，耳朵没有了听觉，眼睛没有了视觉。井边有一个李子，金龟子的幼虫已经将它吃掉了一大半，他爬过去，拿过李子来吃，吞了三口，耳朵才恢复听觉，眼睛才恢复视觉。"

孟子说："在齐国的士人之中，陈仲子是首屈一指的。虽然这样，但他怎能叫做作廉洁？要想将他所持的廉洁扩展到一切方面，那只有使人变成蚯蚓才能做到。蚯蚓，在地上吃干土，在地下喝泉水。而陈仲子住的房子，是伯夷造的，还是盗跖造的呢？他吃的粮食，是伯夷种的，还是盗跖种的呢？这些都不知道呢！"

匡章说："那有什么关系呢？他亲自编草鞋，他妻子绩麻练麻，用这些去交换其他生活用品。"

孟子说："陈仲子是齐国的宗族世家，他哥哥的俸禄便有几万石之多，可他却认为哥哥的俸禄和住房都是不义之财。他避开哥哥，离开母亲，住在於陵这个地方。有一天，他回家看到有人送给哥哥一只鹅，便皱着眉头说：'要这种呃呃叫的东西做什么？'过了几天，他母亲把那只鹅杀了给他吃，他哥哥看见后便说：'你吃的正是那呃呃叫的东西的肉啊！'他连忙跑出门，'哇'的一声，将食物吐了出来。母亲做的食物不吃，却吃妻子做的；哥哥的房屋不住，却住在於陵。这是能够推广的廉洁操守吗？像他这样，只有把人变成蚯蚓后才能够办到。"

84 不以利而失原则

孟子的学生陈代见老师对一些诸侯国的聘请爱理不理的，就对孟子说："您不愿谒见诸侯，似乎气量小了一些。如果现在谒见一下诸侯，大则凭借他们推行王政，小则凭借他们称霸天下。《志》上说：'枉尺而直寻。'（枉：屈。寻：八尺为一寻。意为：弯曲一尺而伸展八尺，比喻小有所损而大有所获）这样的事情好像是可以做的。"

孟子说："从前，齐景公打猎，用旌旗召唤看护园囿的小吏，小吏不来，景公要杀他。志士不怕弃尸山沟，勇士不怕丢掉脑袋。孔子称赞那个小吏，就是因为不是他应该接受的召唤标志他就是不去。如果我不等诸侯的召聘就主动去谒见，那算什么呢？所谓'枉尺而直寻'，是根据利益来说的。如果只讲利益，那么假使委屈了八尺能伸直一尺而获利，也可以去干吗？"

85 历史的力量

高子说:"禹的音乐胜过文王的音乐。"

孟子问:"凭什么这么说?"

高子说:"因为禹传下来的钟上的钟钮都快断了。可见人们喜欢演奏它。"

孟子说:"这哪能足以说明问题呢?城门下的车迹很深,是一两匹马的力量造成的吗?那是年代久远,车马过得多造成的。禹传下的钟钮快要断了,也正是年代久远的缘故。"

孟子墓位于邹城市区东北 12 公里的四基山西麓的孟子林内。高大的土冢上面绿草如茵,墓前有螭首龟趺巨碑,上书"亚圣孟子墓",清道光十四年(1834 年)重建。

人性本恶的荀子

学不可以已。青,取之于蓝,而青于蓝;冰,水为之,而寒于水。

——荀子

匡庐读书图,黄山寿绘于1918年,私人收藏。此画的茅屋中有人在读书吟诗,屋外有两人在散步缓行,后有童子相随,前面两人一副仙风道骨的身影与山中云雾缭绕的境界化为一体。远山山顶耸立丛丛松林,山中潺潺流水把静的山变成动的山,从而同云雾、行人一起打破了山中的宁静。

荀子（约公元前313—前238年），名况，字卿，周朝战国末期赵国猗氏（今山西安泽）人。

荀子是战国时期著名的思想家、哲学家、文学家、政治家。荀子学成于晋地，曾在赵国、齐国、秦国、楚国进行过周游活动，三次出任齐国稷下学宫的祭酒（学宫之长），后赴楚国任兰陵（今山东兰陵）令。

作为先秦儒学的殿军，荀子提出了许多颇具特色的哲学见解。在自然观方面，他反对信仰天命鬼神，视天为自然之天，并提出了"天人相分"的思想，主张"天地合而万物生"的唯物主义观点，肯定自然的天具有不以人的意志转移的规律性，强调"制天命而用之"。在人性问题上，他提出"性恶论"，主张人性有"性"和"伪"两部分，性（本性）是恶的动物本能，伪（人为）是善的礼乐教化，强调后天环境和教育对人的影响。在认识论上，他提出"形具而神生"，认为人的精神活动依赖于人的形体；承认人的思维能反映现实，肯定世界的可知性，但有轻视感官作用的倾向。在政治思想上，他坚持儒家的礼治原则，同时重视人的物质需求，主张发展经济和礼法兼治、王霸并用。

在《劝学篇》中，荀子集中论述了关于学习的见解。他强调"学"的重要性，认为只有博学才能"知助而无过"，学习必须联系实际，学以致用，学习态度应当精诚专一，坚持不懈。同时，他非常重视教师在教学中的地位和作用，对教师提出了严格要求，认为教师如果不给学生做出榜样，学生是不能躬行实践的。

在战国末期的百家争鸣中，荀子学问渊博，承孔孟之余绪，集诸子之大成，开儒家之新风，创独家之荀学，从而成了我国先秦思想的集大成者，奠定了其在中国古代文化发展史上不朽的地位。如果说中国传统文化是一种以儒道互补为主体、多元并存为特色的整体结构，那么荀子作为一个集先秦诸子之大成的思想家，对百家思想的批判性总结和整合，对这种整体结构的形成可以说是功不可没的。荀子讲学于齐、仕宦于楚、议兵于赵、议政于燕、论风俗于秦，对当时社会的影响不在孔孟之下。从汉唐以来，荀子的思想始终被学术思想界研究着，在历史上曾产生过广泛与积极的影响。北宋的苏轼在《荀卿论》中说："荀卿明王道，述礼乐，而李斯以其学乱天下。"荀子的许多哲学观点，直至今日还闪耀着智慧的光芒，给人以启迪。

01　学习的好处

有人问："我想由下贱变成高贵，由愚昧变成明智，由贫穷变成富裕，可以吗？"

荀子回答说："那就只有学习啦！那些能遵行学到的东西的人，就可称为士人；能勤奋努力的人，就是君子；能精通学到的东西的人，就是圣人。最高可以成为圣人，至少也可以成为士人和君子，谁还能阻止我上进呢？过去嘛，混混沌沌是一个路上的普通人，一会儿就可以和像尧、禹一样的贤君并列在一起，这难道不是由下贱变得高贵了吗？过去嘛，考查他对门外和室内的礼节有什么分别，他竟也糊里糊涂不能判断，一会儿就能追溯仁义的本源，分辨是非，运转天下事于手掌之中，就像辨别黑白一样容易，这难道不是由愚昧变得明智了吗？过去嘛，是一个空无所有的人，一会儿治理天下的重要手段都在他这儿了，这难道不是由贫穷变得富裕了吗？现在如果在这儿有这样一个人，他零零碎碎地收藏着价值千金的珍宝，那么即使他靠外出乞讨来糊口，人们也还是说他富有。他的那些珍宝，穿它，又不能穿；吃它，又不能吃；卖它，又不能很快地出售，但是人们却说他富有。为什么呢？难道不是因为最值钱的宝器的的确确在他这儿吗？这样看来，那知识广博的学者也就富有了，这岂不是由贫穷变得富有了吗？"

02　一心不可二用

有天早晨，李斯坐在初夏的草地上苦读，或许是太入迷了，以致老师走到身边还毫无觉察。

"先生早。"李斯读完一段，猛一回头，看到荀子正站在身后，静静地注视着自己，赶忙起身请安。

"读书的时候就要这般用心，一心不可二用，做什么都需一心一意，全神贯注。"荀子走过来，慈祥地拍着他的肩膀说："这就好比蚯蚓虽然无爪牙之利、筋骨之强，但却能够上食尘土、下饮泉水，在地下纵横自如，这是蚯蚓用心专一的缘故。有一种形状像兔的鼠类，名叫鼫石鼠，它虽然能飞却飞不上屋顶，能爬却爬不上树顶，会游泳却不能渡过山涧，能打洞却不足以掩身，能走却又走得很慢，尽管它有五种技能，却都不精通，因而常常陷入困境。人生在世，又何尝不是如此呢？"

"先生的话，弟子一定铭记在心。"李斯说。

03 虚心、专心和静心

临汾安泽荀子文化园的荀子雕像

有人问："什么是衡量事物的标准？"

荀子回答说："道。所以心不可以不明白道。心不明白道，就不能赞成道，而能赞成不合道的东西，谁会在随心所欲的情况下，还固守他所不赞成的东西，禁止他所赞成的东西呢？用他那否定道的心去选择人，那么所选择的一定是适合那些不守道的人而不是那些守道的人。以否定道的心和不守道的人议论正道的人，这是产生混乱的祸根。"

又有人问："人怎样认识道呢？"

荀子回答说："在于心。"

"心怎样认识道？"

荀子回答说："靠虚心、专心和静心。心未尝不藏有知识，然而又有所谓虚心；心未尝不能同时认识两种事物，然而又有所谓专一；心未尝不在活动，然而又有所谓宁静。……对没有认识道而寻求道的人，告诉他要虚心、专一而宁静。实行起来，如果像等待道的人那样虚心，就能接受道；如果像实行道的人那样专一，就能全面认识道；如果像研究道的人那样宁静，就能明察道。认识了道并能明察它，认识了道并能照着去做，这才是实行道的人。虚心、专心和静心，就是最大的清澈通明的境界。"

04 多欲与少欲

宋子说:"人的性情本来是少欲的,而现在人们都认为自己的性情是多欲的,这是错误的。"所以他率领着一群门徒,四处兜售其学说,想使他人知道人是极少欲望的。

荀子说:"宋子认为人的性情应该是这样的:眼睛不想看到美丽的颜色,耳朵不想听到美妙的声音,嘴巴不想吃到山珍海味,鼻子不想闻到沁人的香气,身体不想享受舒适安逸。这五种欲望是人的性情所不想得到的吗?"

宋子说:"这正是人的情欲所要求的。"

荀子说:"如果这样,那么你们的学说必然行不通。认为人的性情有这五种欲望,却说人的欲望不多,就好比说人的性情是希望富贵而不要财物、喜好美貌却讨厌西施一样。"

05 不愿贪图虚名

弟子陈嚣问荀子:"老师,依您的学问和名声,可以为三公,为卿相,为何要在兰陵做县令呢?"

荀子说:"不自知的人,往往言过其实,夸夸其谈。古之贤人,贱为布衣,贫为匹夫,不合礼的晋升不受,不合义的俸禄不收。我不愿贪图虚名。"

"老师,我也不愿贪图虚名,只愿永远跟随老师,做一辈子老师的学生。"

06 君子的"三不原则"

有人问荀子:"如何才能成为一名君子?"

荀子回答说:"有人问到不合礼法的事,不要告诉他。有人告诉不合礼法的事,不要追问他。有人说到不合礼法的事,不要去听他。有人凭义气来争论,不要同他辩论。一定是合乎礼法而来的,才接待他,不合礼法的就回避他。所以礼节恭敬然后才可以同他谈论道的准则,言词和

顺才可以同他谈论道的原理，态度谦逊才可以同他谈论道的精华。……君子要不浮躁、不隐瞒、不盲目，谨慎对待自己的言行。"

07　论相面

有人问荀子："你如何看待相面？"

荀子回答说："察看人的相貌不如讨论其思想，讨论其思想不如辨别其行为，相貌不如思想，思想不如行为。行为正确而思想又与之一致，那么相貌虽丑陋并不妨碍他成为君子；相貌虽好而思想行为丑恶，也不妨碍他成为小人。做君子就是吉，做小人就是凶，所以形体的高矮、大小，相貌的美丑，都看不出吉凶。"

他还举例说："古时候，桀王、纣王身材高大，英俊漂亮，论相貌为天下第一，筋骨强健敏捷，能够对付百来个人，然而身死国亡，被天下人耻笑。后代人凡是讲到凶恶，就一定引他们为例。这并不是容貌引起的祸患，而是他们知识浅薄、见解低下造成的。"

08　儒者的益处

秦昭王问荀子："儒者对于人世间的国家没有什么益处吧？"

荀子说："儒者，是效法古代的圣明帝王、崇尚礼义、使臣子谨慎守职而极其敬重其君主的人。君主如果任用他们，那么他们位在朝廷而合理地处理政事；如果不用他们，那么他们就退身归入百姓行列而谨慎老实地做人；无论如何，他们一定做一个顺从的臣民。他们即使贫穷困苦、受冻挨饿，也一定不会用不正当的手段去谋取财利；即使没有立锥之地，也深明维护国家的大义；即使大声疾呼而没有人能响应他们，可是他们精通管理万物、养育人民的纲领。如果他们的地位在别人之上，那就是当天子、诸侯的人才；如果在别人之下，那就是国家的能臣、国君的宝贵财富。即使隐居在偏僻的里巷与狭小简陋的房屋之中，人们也没有不尊重他们的，因为治国之道确实掌握在他们手中。……儒者做臣民时就是这样的啊！"

09　人性本恶

淳于髡是齐国的大夫，荀子很崇拜他，于是前去拜访，想拜他为师。

淳于髡接见荀子之后，问："你想跟我学些什么呢？"

荀子回答说："先生所教的，我都愿意学习，不过我愿意以儒家学说为主。"

淳于髡微微一笑说："我早年有个老友叫孟子，与我辩难，我甘拜下风，不想他已经故去多年，不然，我就给你引荐了。"

荀子听后，说："孟夫子的学问我一向佩服，他很有才能，知识渊博。只是我觉得他的'性善'之说殊为失当，我认为人性本恶。"

淳于髡颇感兴趣地问道："为什么这样说呢？"

荀子回答说："古今天下所说的善，是指符合礼仪法度、遵守社会秩序；所说的恶是指违背礼义、不遵守社会秩序。这就是善与恶的区别。人的本性怎么能生来就是符合礼仪法度、遵守社会秩序的呢？如果是这样的话，那为什么要礼仪法度，还要有圣王来制定礼仪法度呢？人之所以想为善，正是因为人性本恶，就像资财缺乏的向往丰厚、丑陋的向往美丽一样。现在人们学习礼仪法度，正是因为缺少的缘故。"

10　圣人的本性

有一次，在讲学时，荀子说："孟子说人的本性是善的，我认为这是不对的！人的本性是恶的，其善良是人为的。"然后，他讲述了自己的理由。

荀子的学生淳于越问道："依老师您所讲，人之性恶，可以用礼义、法规的教化而改恶从善，那么礼义和法规又是从何而来呢？"

荀子回答说："礼义、法规是由圣人制定的。古代的圣王，因人之性恶，认为人性偏邪而不正，悖乱而不治，因此起礼义，制法度，以矫正人的性情，使之合于正道；驯化人之性情而导之，使行为遵守法度，合于礼义。"

未待荀子讲完，在一旁的梦杞早已按捺不住心中的激动，突然站起来说："梦杞更不明白了，依您说礼义和法规是圣人制定的，圣人的本性是善的还是恶的呢？"

中国邮政发行的《古代思想家——荀子》邮票

"问得好!"荀子答道,"圣人与常人相同,在人的本性方面是没有区别的,但圣人与常人不同而胜于常人的地方,是他们能够比常人先一步认识人的本性是恶的,并为改变人的本性制定礼义和法规,并且自觉地遵行礼义和法规,而使风俗美、朝政美!"

精辟,明晰!学士们对荀子令人信服的回答报以热烈的掌声。

11 人性本恶

孟子说:"人本性是善的。"

荀子说:"这是不对的。大凡古往今来天下人所说的善,是指合乎正道,遵守法度;天下人所说的恶,是指险恶悖乱。这就是善恶的区别。如果认为人的本性就是合乎正道,遵守法度的,那么还要圣王、礼义干什么呢!虽然有了圣王和礼义,对于循正道、守法度的善良本性来说,还能增加什么呢?现在事实并不是这样。人的本性是恶的,古代圣人认为人本性恶,认为人邪僻险恶而不端正,违法乱纪而不守礼义,所以为他们建立君王的权势以统治他们,宣传礼义以感化他们,创立法令以治理他们,加重刑罚以禁止他们,使天下人都安定守秩序,符合善良的标准。这是圣王治理和礼义教化的结果。现在如果试着去掉君王的权势,取消礼义的教化,去掉法度的约束,取消刑罚的制裁,站在旁边观看天下人相互交往,就会是强者欺负弱者并掠夺弱者的财物,人数多的就会欺负人数少的并侵扰他们,天下就会立刻变得混乱不堪,相继灭亡。由此可见,人本性恶是明显的,善是后天人为的。"

12 人皆可以成为禹

有人问:"路上的普通人可以成为禹。这话怎么解释呢?"

荀子回答说:"一般说来,禹之所以成为禹,是因为他能实行仁义、法度。这样,仁义、法度就具有可以了解、可以做到的性质,而路上的普通人也都具有可以了解仁义、法度的资质,都具有可以做到仁义、法度的资质。这样,他们可以成为禹也就非常明显。如果认为仁义、法度本来就没有可以了解、可以做到的性质,那么,即使是禹也不能了解仁义、法度,不能实行仁义、法度。假如路上的人本来就没有可以了解仁义、法度的资质,本来就没有可以做到仁义、法度的资质,那么,路上的人将不可能懂得父子之间的礼义,不可能懂得君臣之间的准则。实际上不是这样。现在路上的人都能懂得父子之间的礼义,懂得君臣之间的准则,那么,那些可以了解仁义、法度的资质,可以做到仁义、法度的资质,都明显地存在于路上的人身上。……现在如果使路上的人信服道术进行学习,专心致志,思考探索,仔细审察,日复一日,持之以恒,积累善行而永不停息,那就能通于神明,与天地相并列,所以圣人是一般的人积累善行而能达到的。"

13　君子与小人

有人问:"圣人可以通过不断积累善行而达到,可是众人都没有积累善行而成为圣人,这是为什么呢?"

荀子回答说:"他们可以成为圣人,但不可强迫他们成为圣人,所以小人可以成为君子,却不肯做君子;君子可以变成小人,而不肯做小人。小人与君子未必不可以相互调换,然而不调换,是因为可以调换却不可以强迫他们调换,所以普通人是可以成为禹的,而普通人却未必一定都成为禹。人可以走遍天下,然而不曾有走遍天下的人。工人、匠人、农民、商人未必不可以互相对调职业,然而却都没有改行。由此可见,有条件做到,未必就一定能够做到;虽然没做到,却不妨碍他可以做到。'做与不做'跟'能与不能'是完全不同的,两者不能混淆。"

14　差别很大的原因

有人问:"君子和小人差别很大的原因是什么?"

荀子回答说:"楚王出巡,随从的马车千余辆,并不是他聪明;君子吃粗粮喝白水,并不是他愚笨,这都是偶然情况造成的。至于意志端正,品行敦厚,思虑精明,生在今天而追随古代的贤人,全在于自己的努力,所以君子注重自己的努力,而不指望上天的恩赐;小人放弃自己的努力,而指望上天的恩赐。君子注重自己的努力,而不指望上天的恩赐,所以一天天长进;小人放弃自己的努力,而指望上天的恩赐,所以一天天后退。君子和小人差别很大的原因就在这里。"

15　人的本性同一

有人说:"积累人为因素而制定成礼义,这也是人的本性,所以圣人才能创造出礼义来啊!"

荀子故里——山西安泽

荀子说:"这不对。制作陶器的人搅拌揉打黏土而生产出瓦器,那么把黏土制成瓦器难道就是陶器工人的本性吗?木工砍削木材而造出器具,那么把木材制成器具难道就是木工的本性吗?圣人对于礼义,打个比方来说,也就像陶器工人搅拌揉打黏土而生产出瓦器一样,那么积累人为因素而制定成礼义,难道就是人的本性了吗?凡是人的本性,圣明的尧、舜和残暴的桀、跖,他们的本性是一样的;有道德的君子和无德行的小人,他们的本性是一样的。如果把积累人为因素而制定成礼义当作是人的本性,那么为什么要推崇尧、禹,为什么要推崇君子呢?一般说来,人们之所以要推崇尧、禹和君子,是因为他们能改变自己的本性,能做出人为的努力,而人为的努力做出后就产生了礼义。既然这样,圣人对于积累人为因素而制定成礼义,也就像陶器工人搅拌揉打黏土而生产出瓦器一样。由此可见,积累人为因素而制定成礼义,哪里是人的本性呢?人们之所以要鄙视桀、跖和小人,是因为他们放纵自己的本性,顺从自己的情欲,习惯于恣肆放荡,以致做出贪图财利、争抢掠夺的暴行。所以人的本性邪恶是很明显的,他们那些善良的行为则是人为的。"

16　不抓紧教育不行

荀子十五岁就离开家乡到齐国去讲学。

有一天,他听见一位儒生口中念道:"人之初,性本善。"

荀子大叫一声："错了！应当是'人之初，性本恶。'"

二人争辩起来。儒生说："人生下来，本来是善良的，有的人后来受了社会上污泥浊水的影响，才变坏的。"

荀子说："不对，人生下来，本性为恶，后来受到了各种教育，才变为善。你看各地不都在办学吗？学得好的变好，学不好的变坏。师法之化、礼仪之道不可没有，不抓紧教育不行啊！"

17　环境的影响

有一天，弟子李斯不解地问："先生，孟子说：'人之初，性本善。'人在受教育以前也是善的吗？"

荀子听后连连摇头："这种说法是错误的，人的本性从来就不是善的，善是后天人为的。人的贪图私利的本性发展下去，就会产生争夺而失掉谦让；人的妒忌的本性发展下去，就会相互残害而丧失忠信；人的喜好声色的欲望发展下去，就会产生淫乱而丧失礼仪。"

"平民百姓如此，圣人和帝王也这样吗？"李斯又问。

"不论什么人，生下来的时候本性都一样，平民百姓是这样，尧、禹这样的圣人也是这样。"

"以先生之见，人生下来并无贫富贵贱之分，都是一样的吗？"

"是。人的贫富、智慧、贵贱的区别，都是后来受教育和自己主观努力决定的。知识和道德要靠苦学和积累，积累研削技能就可以成为工匠，积累耕种知识就可以成为农夫，积累知识礼仪就可以成为君子。"

"还有什么因素对人的成长进步有影响呢？"

"说起来，环境对人影响最大，南方有一种叫蠓鸠（měng jiū）的鸟，用羽毛筑巢，再用毛发编结起来，但却把巢系于芦苇的嫩条上，一旦风吹草动，嫩条被吹折，巢就摔坏了。卵破子死，这并非是巢做得不好，而是系在了芦苇上的原因，所以君子居住一定要选择乡土，游学一定要结交贤人，为的是防止沾染上邪恶的品行，而能够接近正道。"

18　礼的起源

有人问："礼是在什么情况下产生的呢？"

荀子回答说："人生来就有欲望。如果想要什么而不能得到，就不能没有追求；如果一味追求而没有个标准限度，就不能不发生争夺；一发生争夺就会有祸乱，一有祸乱就会陷入困境。古代的圣王厌恶祸乱，所以制定礼义来确定人们的名分，并以此来调养人们的欲望，满足人们的要求，使人们的欲望决不会由于物资的原因而得不到满足，物资决不会因为人们的欲望而枯竭，使物资和欲望两者在互相制约中增长。这就是礼的起源。"

19　天常有道

有一天，弟子张苍问荀子："先生，社会的安定或动乱是天造成的吗？"

荀子回答说："日月星辰的运行，在夏禹和夏桀当政时都是相同的，但是夏禹凭此使社会安定，夏桀凭此使社会混乱，可见社会的安定或动乱不是天造成的。"

张苍接着问道："社会的安定或动乱是时令季节造成的吗？"

荀子回答说："众多农作物在春夏之际发芽生长，到了秋天人们将其收获储藏，这在夏禹和夏桀为政时也是相同的，但商汤凭此使社会安定，商纣凭此使社会混乱，可见社会的安定或动乱不是因为季节时令。"

张苍又问道："那么社会的安定或动乱是地造成的吗？"

荀子回答说："植物得到土地就能生长，失去土地就会枯死，这在夏禹和夏桀为政时也相同的，但夏禹凭此使社会安定，夏桀凭此使社会混乱，可见社会安定和混乱不是地造成的。"

张苍便问道："那么，社会的安定或动乱到底是什么原因造成的呢？"

荀子回答说："天不会因为人讨厌寒冷而废止冬天，地不会因为人讨厌广阔远大而废止它的广阔远大。天有一定的规律，地有一定的运行法则。君主英明并且政令平顺，即使星宿坠落、树木鸣叫的怪现象同时发生，也没有什么伤害；如果君主昏庸，而且政令危险，就是这些现象一个也没有出现，也没有什么益处。"

20　人的命运不在天

荀子在任兰陵县令时，反对祭天求雨。他说："我兰陵境内有河流、湖泊、山泉，只要开挖渠道，修筑堤坝，就可以遇涝排水，遇旱灌田，而不至于使田园荒芜，民不聊生。因此，我们不必信奉鬼神，祈求上天！"

一巫师站出来说："自古道，人生在世，福祸天定。上天用灾祸惩治庶民，哪一个能违抗天意呢？"

"非也！"荀子正色驳斥，向坛下的百姓大声宣讲，"天能生长万物，但不能辨别万物；地能负载万民，但不能治理万民。人的命运不在天，而在于如何对待天地自然。"

> **知识链接：**
>
> 荀况"人定胜天"的思想，把先秦唯物主义思想发展到最高峰，成为中国唯物主义思想史上的一颗灿烂明珠。

荀子稍作停顿，注视着人们的反应，祭坛上下，寂静无声。他继续说："人可知天，依照日月星辰的运转推知时令之变化。人可知地，依照土地之不同播种不同的庄稼。人可知四季，依照春耕、夏长、秋收、冬藏之规律去做农事。人可知阴阳，依照阴阳变化去决定行止。人，与其尊崇天而仰慕它，为何不把它当作物来控制呢？与其顺从而颂扬它，为何不掌握其变化规律而利用呢？与其观望天时等待恩赐，为何不因时制宜让天时为我所用呢？因此，放弃人的努力而指望天的恩赐，这不是我们应该做的，我们应该明白'天人之分，制天命而用之'的道理。"

21 天人相分

有一次，荀子与弟子讨论天命问题，一位弟子问："人们都说天是有生命的，天命不可违背，是这样的吗？"

荀子回答说："自然界的运行是有一定规律的，不会因为唐尧而存在，也不会因为夏桀而灭亡。适应自然规律采取正确的措施就吉祥，不顺应它而使用不正确的措施就会发生灾祸。"

弟子又问："那么人该怎样做呢？"

荀子思考了一下，然后就这个问题展开来谈："强化农业生产并且控制消费，那么天就不会使人贫穷；生活资料供应充足并且按季节劳作，那么天就不会让人生病；顺应自然运行的规律并且专心不二，那么天就不会带来灾难。因此，发生了水灾、旱灾不能使人饥饿，冷热的自然变

化不会使人生病,怪异的现象不能给人带来灾凶。假如农业荒废而消费奢侈,那么天也不能使人富足;生活物资供应不充足而且不能适时劳动,那么天也不能让人健康地生活;违背自然规律并且胡作非为,那么天也不能让人吉祥。所以,水灾、旱灾没有到来,也会出现饥荒;冷热气候变化没有到来,疾病也有可能发生;怪异的自然现象没有到来,也有可能发生灾难。"

这时,一位弟子站出来说:"老师您的意思是:天自有其运行规律,不以人的意志为转移;社会的治乱也不在于天,而是人为的结果。"

荀子赞许地点了点头,又说:"虽然遇到的天时和社会的安定现象相同,可是祸殃同安定的社会却有区别,这不能怨天,而是因为人不能顺应自然法则才会那样的。所以,掌握自然规律和人类活动的区别,就可以称之为圣人。"

22 万物之理

有一天,荀子见一伙人戴着柳树枝叶编的帽子,跪在太阳地里,向老天爷求雨。他很不以为然,说:"如果真能下雨,不求雨的人不也得了雨吗?下雨与祈雨无关。如果不能下雨,那还是想法子引河开渠,才能有水。所以,放下人为的努力而指望天赐,是违背万物之理的。"

23 秦国兴亡的预见

有一次,荀子的老师宋钘问荀子:"荀况,你到秦国去了?"
"是的。"荀子回答道。
"秦国在列国中横行霸道,当今的贤士皆不愿去秦国,唯你敢到那虎狼的地方去。"
"正因为世人皆咒骂秦国,我才想到那里去亲自考察一番。"
"你看见了什么?"
"我观秦国不只是地势险要,物产丰富,而且百姓质朴,官吏奉公守法、清正廉洁。自秦孝公至秦昭王,四代国君,一代比一代强盛,决非侥幸,而是必然。"

宋钘听了荀子对秦国的描绘,吃了一惊:"啊?如此说来,统一天下者，非秦莫属？"

"有此可能。不过，也不尽然，即使秦国统一了天下，也不可能长久。"

宋钘又是一惊："为什么？"

"弟子在秦国曾与秦王多次交谈，谏言秦国'力术止，义本行'。秦王点头应诺，然而，同时又东越黄河，长途跋涉，攻伐赵国的长平，这使我很失望。道德似乎轻如鸿毛，可是很少有人能够举起它。只行霸道，不行王道，丢弃礼义、道德、信义的国家，是决不会长久的。"

24 论一国之君

有一次，齐王建向荀子施了一礼，问："荀老夫子，寡人年幼，初继先王基业，愿请问先生，如何才能做好一国之君呢？"

荀子答道："按照礼去行事，做到不偏不离。礼乃治国之准绳，强国之根本，成功之来源，功名之总纲。"

齐王建接着问："如何才能实施礼义于国家呢？"

荀子答道："君王首先修养其身。君王好比树立的木桩，臣民好比木桩的

《荀子》现存32篇，是我们今天研究荀子思想的重要史料，也是我国历史文化遗产中的瑰宝。图为《荀子》书影。

影子，木正则影正。君王若想称王于天下，成一统之大业，务须彰明礼义，任用贤能。礼义兴则国安宁，贤臣用则大业成。"

齐王建心悦诚服，连连称好："老夫子之言，言简意赅，使寡人茅塞顿开。寡人今日与老夫子相约，以后十日一问计，朕将登门求教。"

"谢谢！"齐王建的谦逊诚恳，使荀子甚为感动。

25 论强国

楚国丞相春申君求教于荀子说："如何才能成为一个强国？"

荀子略略思索了一下，说："国家好比一把刚刚出炉的宝剑，不开

刃,不磨快,则不可断绳。开了刃,磨快了,则可杀牛削铁。国家也要有磨刀石,它就是礼义和法度。"

春申君微微地点头。

荀子接着说:"人之命运在于如何对待自然,国之命运在于如何对待礼义。作为一个国君,崇尚礼义、尊重贤才就可以称王天下,重视法度、爱护百姓就可以称霸诸侯。"

春申君兴奋地合掌道:"讲得好!"

26　君子应做好的三件事

有一次,楚国的丞相春申君问道:"荀老夫子,你看日后楚国应如何治理啊?"

荀子思索片刻说:"马惊,则君子不能安坐于车上。百姓造反,则君子不能安于高位。马惊车,莫如使其安静;百姓造反,莫如多施恩惠。选贤良,举忠诚,兴孝悌,收养孤寡,补助贫苦,这样,则百姓平安,君子也就能安于位。所以,君子者,欲使国家安定,任何办法也不如平政安民。若想使国家兴旺,任何办法也不如崇尚礼义。若想建功立业,任何办法也不如尊重贤才。平政安民,崇尚礼义,尊重贤才,为君子应做好的三件事。此三件事做好了,其他没有做不好的;此三件事做不好,即使其余全部都做得好,也将无益。"

春申君连连点头称是。

27　隆礼重法

有一天,赵武灵王问荀子:"如何才能治理好国家?"

荀子回答说:"对德才兼备的人不必按着等级次序提拔任用,对无德无才的人不用拖延就立刻罢免,对罪大恶极的首恶分子不需教育就立刻杀掉,对普通百姓不要等到动用刑罚才去教育感化。"

赵武灵王感兴趣地说:"您的观点和孔子的观点不太一样啊?"

荀子回答说:"是这样的,孔夫子只强调礼仪,但是即便王公士大夫的子孙,如果行为不合乎礼义,就该归到普通百姓之列。即便是普通百姓的子孙,如果他学习专心,品德端正,行为合乎礼义,就该归到卿相士大夫之列。"

28　君主要修养身心

有人问:"请问怎样治理国家?"

荀子回答说:"我只听说君主要修养自己的品德,不曾听说过怎样去治理国家。君主就像测定时刻的标杆,民众就像这标杆的影子,标杆正直,那么影子也正直。君主就像盘子,民众就像盘子里的水,盘子是圆形的,那么盘子里的水也成圆形。君主就像盂,民众就像盂中的水,盂是方形的,那么盂中的水也成方形。君主射箭,那么臣子就会套上板指。楚灵王喜欢细腰的人,所以朝廷上有饿得面黄肌瘦的臣子,因此,我只听说君主要修养身心,不曾听说过怎样治理国家。"

29　用兵的关键

临武君和荀子在赵孝成王面前讨论用兵的问题。

赵孝成王说:"请问用兵的关键是什么?"

临武君回答说:"上得天时,下得地利,观察敌人的行动变化,在敌人之后出动,在敌人之前到达,这就是用兵的关键。"

荀子说:"不是这样。大凡用兵作战的根本在于统一民心。弓和箭不协调,就是羿也不能射中微小的目标;六匹马动作不一致,就是夸父也不能驾车到达远处;士民不归附,就是汤王武王也不一定能取胜。所以善于使百姓归附的人,才是善于用兵的。用兵的关键是善于使百姓归附。"

30　退则死,进则生

秦国欲出兵攻打燕国,要借赵国的狼孟之地作为屯兵之用。朝中公卿将士众说纷纭。

赵王将荀子接到内宫,问:"荀老夫子,秦国使臣威逼甚急,你看此事该如何呢?"

荀子听后,毫不犹豫地说:"陛下,秦国派使臣来明为借地屯兵,实为欺赵国软弱,以攻击燕国为名,要挟赵国割让国土,此事后患无穷,决不可退让。"

赵孝成王担忧地说:"朕若不借地与秦国,秦国如果攻击赵国,岂不招来灾难吗?"

荀子说:"入侵者贪得无厌,对其愈恭顺,其侵入愈烈。好比一个女孩子,脖子上系着珠宝,身上携带黄金,在山中遇上强盗,虽然她连看都不敢看强盗一眼,哈腰屈膝让强盗把脖子上的珠宝、身上的黄金全部拿走,最后仍然不能保全自己。"

赵孝成王仍然犹豫:"如此说来,此步不能退让?"

"是的,不能退让。退则死,进则生。赵国百姓有自强之意志,作为君王,应是百姓自强自主之首领,且不可顾虑重重,让百姓失望。"荀子的话讲得很恳切。

最后,赵孝成王终于下定决心,不受秦国的要挟,回绝秦国使臣。

荀子故里山西省安泽县的荀子雕像

学富五车的惠子

子非鱼,安知鱼之乐?

——惠子

惠施有诘,范曾绘。惠子喜欢倚在树底下高谈阔论,疲倦的时候,就据琴而卧,这种态度庄子是看不惯的,但他也常被惠子拉去梧桐树下谈谈学问,或往田野上散步。一个历史上最有名的辩论,便是庄子和惠子在濠水之滨的鱼乐之辩。

"子非鱼,安知鱼之乐",是中国哲学史上非常精彩的辩论。

惠子（公元前370—前310年），名施，宋国（今河南商丘市）人，战国中期著名的政治家、辩客和哲学家，名家代表人物，合纵抗秦最主要的组织人和支持者。他担任魏国宰相长达12年，为魏惠王立法，主张魏国、齐国和楚国联合起来对抗秦国，并建议尊齐为王。魏惠王在位时，惠子因为与张仪不和而被驱逐出魏国，先到楚国，后回到宋国，与庄子成为朋友。公元前319年，惠子重返魏国。在先秦诸子中，惠子是一位很有特色的思想家。一方面，他是战国中期颇有作为的政治活动家；另一方面，他是"百家争鸣"中自成宗派的著名学者。

惠子为战国时代"名辩"思潮中的思想巨子，与公孙龙共同将名辩学说推向顶峰。惠子也和墨家一样，曾努力钻研宇宙间万物构成的原因，提出了"全同异"的观点，即"历物十事"，主要是有关宇宙万物的学说，主张广泛地分析世界上的事物，并从中总结出世界变化发展的规律。他提出的10个命题，主要是从观察事物的不同角度，说明高低、大小、中央与四周等事物的空间关系都是相对的，其中含有一定的辩证法因素。他的学说在当时与儒、墨、杨（朱）、秉（公孙龙）并列为五，对先秦名学的发展起了重要作用。

惠子能言善辩，学识渊博，《庄子·天下篇》说："惠施多方，其书五车。"成语"学富五车"由此而来。惠子与庄子在知识、学问和智慧问题上多次进行过高水平的辩论。庄子的思维既敏捷又飘逸，惠子的思想既深邃又超凡。可惜天有不公，庄子的著作存世有洋洋洒洒的《庄子》一书，而惠子写在竹简上足足装满五车的著作却荡然无存。惠子的哲学思想只有通过他人的转述而为后人所知，其言行散见于《庄子》、《荀子》、《韩非子》、《吕氏春秋》等书。

惠子仅因他人的书籍而得以传其学问，现无法深悉其貌。对惠子学问，庄子虽有微言，认为惠子的思想虽然十分广博，但其道理却十分驳杂，说的话也不中用，其根本原因就在于他"弱于德，强于物"，即忽视自身的道德修养，一心只研究关于万物的道理，这样就根本离开了"道"。但是，庄子对惠子却崇敬有加，惠子死后，庄子慨叹道："自从先生去世，我没有了对手，我没有了谈论的对象！"

01 雄辩者

有一次,一位南方的大学者黄缭向惠子提问:"天为什么不坠?地为什么不陷?风雨雷霆是怎样产生的?"

对这些高深的问题,惠子竟然不假思索,立刻应对,连谦虚一下都没有,就滔滔不绝地解释起来。

庄子曾评论说:"惠子不厌其烦地说着他那一套理论,越说越不可思议。为了追求名声,结果与大多数人的距离更远了。"

02 惠子与船夫

有一年,魏王十分赞赏惠子的博学,急召惠子。惠子接到诏令,立即起身,日夜兼程直奔魏国都城大梁,准备接替宰相的职务。惠子一个随从也不曾带上,走了一程又一程,途中,一条大河挡住去路。他心里记挂着魏王

商丘是中华民族的发祥地之一,历史悠久,人杰地灵,是惠施的故里。

和魏国的事情,心急火燎,过河时,一失脚跌落水中。由于水性不好,他一个劲地在水里扑腾着,眼看就要沉入水底,情况十分危急。正在这时,幸亏有个船家赶来,将惠子从水中救起,才保住了他的性命。

船家将惠子救上船,问道:"既然你不会水,为什么不等船来呢?"

惠子回答说:"时间紧迫,我等不及。"

船家又问:"什么事这么急,让你连安全也来不及考虑啊?"

惠子说:"我要去做魏国的宰相。"

船家一听，觉得十分好笑，再瞧瞧惠子落汤鸡似的样子，脸上露出了鄙视的神情，于是耻笑惠子说："看你刚才落水的样子，可怜巴巴的只会喊救命。如果不是我赶来，恐怕连性命都保不住。像你这样连凫水都不会的人，还能去做宰相吗？真是太可笑了！"

惠子听了船家这番话，十分气恼，很不客气地对船家说："要说划船、凫水，我当然比不上你。可是要论治理国家，安定社会，你同我比起来，大概只能算个连眼睛都没睁开的小狗。凫水能与治国相提并论吗？"

一番话，说得船家目瞪口呆。

03　提防小人

惠子的好朋友田需一度受到魏王的器重和宠用，惠子告诫他说："你一定要搞好与魏王左右的关系。比如那杨树，横栽上能活，倒栽上能活，折断了栽上也能活。然而让十个人栽种而一个人去拔，就难有成活的杨树。十个人栽这个易生之物，却抵不过一个人的破坏，原因就在于栽起来困难而拔除它很容易。你今天虽然能得到君王的器重，但想要除掉你的人多了，你就很危险了。"

04　不是"新妇"

有一天，惠子拜见魏国宰相白圭（guī）。俩人一见面，惠子就用如何使国家强大来劝说白圭，后者无话回答。

惠子出去后，白圭对身旁人说："有一个刚娶媳妇的人，媳妇到来时，应该安稳持重，微视慢行。童仆拿的火把烧得太旺，新媳妇说：'火把太旺。'进了门，门里有陷坎，新媳妇说：'填上它！它将跌伤人的腿。'这对于她的夫家不是没有利，然而太过分了。如今惠子刚刚见到我，他劝说我的话太过分了。"

惠子听到后，说："不对！《诗》上说：'恺悌君子，民之父母。''恺'就是'大'，'悌'就是'长'。君子的德性既长又大，就可以成为民之父母。父母教育孩子，哪能等待长久的时间？为何将我比喻为'新妇'呢？《诗》上有'恺悌新妇'的说法吗？"

05　反驳白圭

白圭对魏惠王说："用帝丘出产的大鼎来煮鸡,多加汤汁就会淡得没法吃,少加汤汁就会烧焦而煮不熟。这鼎看起来非常高大漂亮,不过没有什么用处。惠子的话,就跟这大鼎相似。"

惠子听后,说："不对!如果三军士兵饥饿了停留在鼎旁边,恰好弄到了蒸饭用的大甑,那么和甑搭配起来蒸饭就没有比这鼎更合适的了。"

白圭听后,说："没有什么用处的东西,想来只能在上面放上甑,用来蒸饭啦!"

然而,魏惠王很着迷惠子的学说,于是让相国白圭办理了退休手续,惠子接班为相。

06　我不是螟虫

惠子任相国后,志得意满,谱也大了,一出行后边就跟着好几百辆车子,有几百人步行侍奉。这些人都是他的幕僚和门客,不耕而食,谈天论道,白拿工资。

有一天,大臣匡章在惠王面前指责惠子说："螟虫,农夫捉住就弄死它,为什么?因为它损害庄稼。如今惠子出行时,多则跟随着几百辆车、几百个步行的人,少则跟随着几十辆车、几十个步行的人。这些都是不耕而食的人,他们损害庄稼也太厉害了。"

惠王说："你这个意见提的很尖锐嘛!不过,我们还是听听惠子自己的说法吧!"

惠子说："如今修筑城墙的,有的拿着大杵在墟上捣土,有的背着畚箕在城下来来往往运土,有的拿着标尺仔细观望方位的斜正。像我这样的,就是拿着标尺的人啊!让善于织丝的女子变成丝,就不能织丝;让巧匠变成木材,就不能处置木材;让圣人变成农夫,就不能管理农夫。我就是能管理农夫的人啊!您为什么把我比作螟虫呢?"

07　借刀杀人

魏惠王二十八年(公元前 342 年),在马陵之战中魏国大败于齐国,

十万大军全部覆灭,太子被杀,于是魏惠王召见惠子说:"我要集中全部的兵力进攻齐国,报仇雪恨。"

惠子劝谏说:"这样做是失策的,因为魏国大败之后,既不能守,更不能战。君王要报仇,只有假手于楚国。君王可以卑躬屈膝地向齐国称臣,激起楚国的愤怒,更派人挑拨楚齐两国的关系,使养精蓄锐的楚国攻伐已被战争拖垮的齐国,齐国就一定会败于楚国。"

惠王听后,连连称赞:"好计策!好计策!"

08 拒绝做君主

魏惠王对惠子说:"上古时代治理国家的,一定是贤德的人。现在我确实不如先生您,我愿意把国家传给你。"

惠子谢绝了,魏王又坚决请求道:"假如我不拥有这个国家,而把它传给贤德的人,人们的贪婪争夺之心也就消除了,所以希望先生听从我的话。"

惠子说:"君王这么说,我是不能听从的。君王本是万乘大国的君主,把国家让给别人还行。现在我只是一个平民百姓,可以拥有万乘之国却不要,这对消除贪婪争夺之心更有效。"

于是,魏惠王戴着布帽子自我囚禁于鄄(juàn)邑(今山东省鄄城北旧城),请求归服齐国,齐威王却不接纳;惠子换了衣帽,乘车逃跑,差点出不了魏国的国境。

09 重与轻

匡章对惠子说:"你的学说主张废弃尊位,而现在你却建议魏惠王臣服于齐王,为什么你的言行如此自相矛盾呢?"

惠子说:"现在这里有个人,将不得不击打其爱子的头,而爱子的头可以用石头代替。"

匡章插言道:"是拿石头代替爱子之头,还是不这样做呢?你一定会用石头来代替他。"

惠子答道:"我是拿石头代替爱子之头的。爱子之头为重,石头为轻,击其轻可以使重不受损害,难道不可以吗?"

匡章说:"齐王用兵不休,攻战不止,目的是什么呢?"

惠子答道:"齐王这样做的目的,从大处说可以称王,其次可以称霸,现在采用尊齐王为王的政策可以使齐王罢兵,使老百姓延长寿命,避免死亡,这是用石头代替爱子之头啊!为什么不去做呢?"

10　善用比喻

有人到魏王面前进谗言说:"惠子说话爱用比喻,假使不让他用比喻,他就什么事情都说不清楚。"

魏王说:"寡人不信,你明天把他叫来,寡人好好地出一次他的洋相。"

第二天,魏王看见惠子,说:"请你以后说话直截了当,不要再用什么比喻。"

惠子说:"现在有一个人不知道'弹弓'是怎样一种东西,如果他问你'弹弓'的形状是怎样的,而你告诉他'弹弓'的形状就像'弹弓'。他能听得明白吗?"

魏王摇摇头:"听不明白。"

"对呀,"惠子说,"如果告诉他:'弹弓的形状像把弓,它的弦用竹子做成,是一种弹射工具。'他听得明白吗?"

魏王点点头:"可以听明白。"

惠子接着说:"所以,比喻的作用,就是用别人已经知道的事物来启发他,使他易于了解还不知道的事物。现在,你叫我不用比喻,那怎么行呢?"

魏王想了想说:"你说得很对。"

11　纵横家的风度

有一次,魏王命令惠子和犀首分别出使楚国和齐国,魏王给二人配置了相同的车乘,即让他们以相同的礼仪去这两个国家,以便根据两国对使节的礼遇程度来判断他们与魏国关系的好坏。对使节的礼遇程度越高,就表明该国对魏国关系的重视程度和友好程度越高。

惠子十分清楚魏王的用意,于是在出使楚国前,就先派人去楚国将魏王的用意告知了楚王。结果,当惠子到楚国都城时,楚王亲往郊外以最隆重的礼节欢迎惠子。

这一招大有纵横家的风度,是犀首万万没有想到的。

12　遭受奚落和嘲讽

惠子在魏国为相的时候,老朋友庄子前来看他。

有人对惠子说:"庄子来魏国,是想取代您啊!"惠子心里很害怕,便下令在城中搜寻庄子,整整搜寻了三天三夜。

后来,庄子知道了这件事,便前来见惠子,说:"南方有一种鸟,它的名字叫鹓雏(yuān chú),你知道吗?它从南海出发飞到北海去,不是梧桐树不栖息,不是竹子的果实不吃,不是甜美如醴的泉水不饮。有一只猫头鹰拾到了一只腐臭的老鼠,视若宝物,见到鹓雏飞过来,唯恐腐鼠被抢走,便仰头看着鹓雏,发出'吓'的怒斥声。如今,你是不是也想用你的魏国相位——这只腐鼠来吓唬我啊?"

13　濠梁之辩

颐和园"谐趣园"的东南湖池水面上的斜桥,桥头建有一座牌坊,刻着乾隆御书"知鱼桥"。"知鱼桥"即取自庄子与惠施在濠水边关于"安知鱼乐"论争的典故。

有一天,庄子和惠子在濠水的一座桥上散步。濠水清澈透亮,水中各色鱼或游或止,清晰可见。

庄子见鱼在水里自由自在地游来游去,就说:"你看,这水中的鱼优哉游哉地游来游去,多快乐啊!"

惠子说:"你又不是鱼,怎么知道鱼的快乐?"

庄子反问道:"你又不是我,你怎么知道我不知道鱼的快乐?"

惠子说:"我不是你,固然不知道你的感觉,但你也不是鱼,你不知道鱼快乐也是很显然的。"

庄子说:"让我们把话题拉回到开头吧!你刚才说'怎么知鱼的快乐',就证明你已经知道我晓得鱼是快乐的,否则你不会这样问我。现在我可以告诉你:我之所以知道鱼的快乐,是因为我到了濠水桥上,看见鱼在水中游来游去,自由自在。"

14　大材大用

惠子对庄子说:"魏王送我一颗葫芦种子,我把它种在土里后结出了一个特别大的葫芦。我用它盛水,它却不坚固,承受不了;把它剖开做瓢,又没有这么大的水缸可以容纳下它。这大葫芦空大无用,我只好把它打碎。"

庄子说:"你真是不善于把大东西往大处使用啊!有个宋国人善于配制防治皮肤皲(jūn)裂的药膏,世世代代以漂洗丝絮为业。有一位客人听说后,愿出百金收买他的药方。宋人与全家人商量:'我家世世代代以漂洗丝絮为业,只得很少的金子;如今一旦卖出药方,立刻可以获得百金,还是卖了吧!'客人买到药方,便去游说吴王。这时正逢越国入侵,吴王命他为将,率兵和越人水战。时值冬天,吴国的将士用了这药,可免于手被冻裂,结果大败越国,吴王遂割地封赏这个人。同一种药方,有人用它得到封赏,有人用它只是漂洗丝絮,这是因为他们使用方法不同。现在,你有大葫芦,为什么不把它作腰舟,系在身上浮游于江湖之中,反而愁它大而无用呢?你的心智真是茅塞不通啊!"

15　无所可用

惠子对庄子说:"我有一棵大树,人们管它叫樗(chū)。这棵大树的树干上面长了很多凹凸不平的大疙瘩,无法打上笔直的墨线;它的树枝又都弯弯曲曲,不符合木匠的材料标准。这棵大树长在道路旁边,木匠们连看也不看它一眼。现在你说的那些言论,就像这棵大树一样,大而无用,所以大家都会掉头而去啊!"

庄子说:"你难道就没见过野猫吗?它将身子伏于草丛,专门守候那些出游之鼠。小鼠来了,野猫就跳跃蹦跶,而不管高低深浅,难免踩中猎人的机关,死于罗网。还有牦牛,对野猫来说,它虽然是一个庞然大

物,就像天上垂挂而下的层云,然而却不会捉耗子。现在你有这样一棵大树,却担心它派不上用场,那未免太可笑了。为什么不把它栽种在那无边无际的旷野,让那些无所作为的隐士彷徨在树旁,逍遥自在地睡卧在树下。让这树不会因为斧子的砍伐而夭折,也没有什么东西来侵害它。你还担心什么大得无所可用,有什么好困苦的嘛!"

16 无用之用

有一次,惠子对庄子说:"你所说的话毫无用处可言。"

庄子回答说:"知道无用就可以和他谈有用的道理。广大无边的地,人所使用的,不过一块立足之地而已,其余没有用到的地方还多着呢!若将立足以外之地尽掘到黄泉,那么对于那块有用的地而言,还有用吗?"

惠子道:"没有用了。"

庄子说道:"那么,没有用处的用处不是很明显了!"

17 人有情

惠子对庄子说:"人原本就没有情吗?"

庄子说:"是的"。

惠子说:"一个人假若没有情,为什么还能称作人呢?"

庄子说:"道赋予人容貌,天赋予人形体,怎么能不称作人呢?"

惠子说:"既然已经称作人,又怎么能够没有情?"

庄子回答说:"这并不是我所说的情呀!我所说的无情,是说人不因好恶而致伤害自身的本性,常常顺其自然而不随意增添些什么。"

惠子说:"不添加什么,靠什么来保有自己的身体呢?"

庄子回答说:"道赋予人容貌,天赋予人形体,可不要因外在的好恶而伤害了自己的本性。如今,你等之辈外显自己的心神,消耗自己的精力,整天靠在树干上来发表那些无谓的言论,说累了就依靠着枯树打盹,醒来后继续毫无意义的争辩。上天授予了你人的形状,而你等却说些'坚石非石'、'白马非马'的废话而自鸣得意。"

18　智救田驷

田驷欺骗了邹君，邹君将要派人杀掉他。田驷十分恐惧，求救于惠子。

惠子即刻去拜见邹君，说："假如有人朝见主君，却闭着一只眼睛，怎么样？"

邹君说："我一定要杀掉他！"

惠子又说："瞎子两只眼睛都闭着，主君为什么不杀他？"

邹君说："因为他不能不闭眼睛。"

惠子说："田驷在东面傲慢地对待齐君，在南面欺骗楚王。田驷在骗人方面就和盲人一样自然，君主为什么还要怨恨他呢？"

邹君听后，竟然下令不杀田驷。

19　劝说魏太子

公元前319年，魏惠王死，张仪由魏归秦，惠子返魏。临近惠王下葬的日期时，大雪纷飞，城里的道路无法通行，太子准备用木板构筑栈道去送葬。群臣谏阻太子改日安葬，太子说："做儿子的因为人民辛苦和国家开支不够的缘故，就不按期举行先王的丧礼，这不合礼法。你们不要再说了。"

大臣们都不敢再去劝说，就把这件事告诉了犀首。犀首说："我也没法劝说，看来这事只有靠惠子了，让我去告诉惠子。"

惠子听说后，驾车去见太子，说："先王安葬的日期已定吗？"

太子说："是的。"

惠子说："从前，周王季历埋葬在终南山脚下，渗漏出来的水侵蚀了他的坟墓，露出棺材前面的横木。周文王说：'先王一定是想再看一看各位大臣和百姓，所以才让渗漏的水把棺木露出来。'于是就把棺木挖出来，给它搭起灵棚，百姓都来朝见，三天以后才改葬。这是文王的义举啊！现在先王葬期虽然已定，可是雪下得很大，牛车难以前行，太子为了能按期下葬就不顾困难，这是不是有些急躁？先王一定是想稍微停留一下来扶护国家，安顿人民，所以才让雪下得这么大。据此推迟葬期而

另择吉日，不正是文王般的大义吗？像这样的情况还不改日安葬，想来大概是把效法文王当作羞耻吧！"

太子说："你说得太对了，请让我推迟先王葬期，另择吉日。"

20 运斧成风

有一天，庄子为人送葬，恰好经过老朋友惠子的坟墓。他在坟前默立了一阵，然后凄然地说："过去，有一位郢（yǐng）人在自己的鼻尖上抹了一层薄薄的白粉，薄得像苍蝇翅膀。他对面站着一个名叫匠石的人，挥动一柄锋利的大斧，大吼一声，对准郢人的鼻子一阵风似地劈将过去。白光闪过，薄薄的白粉全被劈尽，而鼻子丝毫未伤。那郢人站着纹丝不动，面不改色。宋元君听说后，就把匠石召去，要他表演一番。匠石回答道：'我倒是会使用斧子，可我那位鼻子上抹白粉的搭档早已去世。'唉，自从惠子先生死去后，我也失去了自己的搭档，还有什么话可说的啊！"

白马非马的公孙龙子

龙之学,以白马为非马者也。使龙去之,则龙无以教;无以教而乃学于龙也者,悖。

——公孙龙子

《人马图》,(元)赵孟頫绘。《人马图》画一匹肥硕的白马,一个手执缰绳的奚官。在画中,马的轮廓线条画得相当简洁、流畅,表现了马儿的膘肥体壮。

马与公孙龙子结下了不解之缘。公孙龙子因其《白马论》问世而一举成名,而《白马论》的主要命题是"白马非马"。公孙龙子"白马非马"的论说虽然有其一定的合理性和开创性,也符合辩证法关于个别与一般相区别的道理,更有纠正当时名实混乱的作用。但是,他夸大了事物的区别,否定了事物的联系,从而走向了诡辩论。

公孙龙子（约公元前330—前242年），复姓公孙，名龙，传说字子秉，魏国（今河南省北部）人，曾经做过平原君的门客，是战国末期的思想家、哲学家，名家代表人物。

公孙龙子是战国末期活跃于政治舞台上的一位游士、谋士和辩士。他有自己鲜明的政治主张和系统的学术观点，并为此积极地进行游说和论辩。在政治上，他主张偃兵、兼爱，反对诸侯之间的战争，曾先后说赵惠王以兼爱，说燕昭王以偃兵。他作平原君赵胜家客卿20余年，受到赵国君臣的厚待。他在邯郸解围后劝平原君赵胜不受封地，为其采纳。他在平原君家与孔穿辩论"白马非马"，还与邹衍有辩论，受到邹衍的批评，不久被平原君罢黜，即卒。

在学术上，公孙龙子以论"白马非马"著称于时，又持"坚白石相离"说，是"离坚白"学派的主要代表。其主要著作为《公孙龙子》，其中最重要的两篇是《白马论》和《坚白论》，提出了"白马非马"和"离坚白"等论点。在《公孙龙子》一书中，公孙龙子主要研究了概念的内涵和外延以及事物的共性和个性所具有的内在矛盾，他的特点就是夸大这种矛盾，并否认两者的统一，所以最后得出违背常理的结论。

公孙龙以善辩著称。他的论辩犀利灵通，常展诡辩之风，而在诡辩之中更突出了他的论辩之才，往往是雄辩风生，独具匠心；他常常使用诘难句式，以揭露对方的矛盾，使其屈服，而针对对方的问题，他又能巧妙答辩，且将深刻的哲理蕴含在简洁的语句之中。

公孙龙子是中国古代思想史上最具争议的人物，但他独特的哲学思想和思维方式却对中国哲学、逻辑思想史做出了巨大的贡献。他既是中国先秦名家学说的集大成者，又是中国逻辑学理论大厦的真正奠基人。

公孙龙说了一句"白马非马"，名垂千古。你是否知晓公孙龙先生"白马非马"的原意？

01 白马过关

当时赵国的马匹流行着传染病，秦国为了严防马病传入秦国，就在函谷关口贴出告示："凡赵国的马不能入关"。

这天，公孙龙子骑着白马来到函谷关前。

关吏说："你人可入关，但马不能入关。"

公孙龙子辩说："白马非马，怎么不可以过关？"

关吏说："白马也是马"。

公孙龙子说："我公孙龙是龙吗？"

关吏愣了愣，但仍坚持说："按规定不管是白马、黑马、黄马，只要是赵国的马，都不能入关。"

公孙龙子不慌不忙，娓娓道来："'马'是指名称，'白'是指颜色，名称和颜色不是一个概念。'白马'这个概念，分开来就是'白'和'马'或'马'和'白'，这也是两个不同的概念。譬如说，有人要马，给他黄马、黑马都可以，但如果是要白马，给黑马、黄马就不可以。这说明'白马'和'马'不是一回事吧！所以说白马就不是马。"

关吏越听越茫然，被公孙龙子这一通高谈阔论搅得晕头转向，如坠云里雾中，不知该如何对答，只好让公孙龙子和白马都过关去了。

02 人尽其才

在赵国时，公孙龙子常对学生们说："一个没有本领的人，我是不收他做学生的。"

有一天，一个衣衫破烂的年轻人前来拜师。公孙龙子问他有什么本事，年轻人回答说："我能大声呼喊。"旁边的学生们听了都窃笑起来。公孙龙子环顾大家问道："同学中有能大声呼喊的没有？"大家又哄地笑了，说没有。公孙龙子便对年轻人说："好，我收你做学生。"同学们面面相觑，均感莫名其妙。

过了数日，赵王派公孙龙子去燕国做说客。当他们一行匆匆到了一条大河边时，只见河水茫茫，船却停在河对岸。这时天已快黑，大家无法过渡，都急得团团转。那个声音大的年轻人却不慌不忙地用手拢成一

个话筒，对着河那边大声呼喊。洪亮的声音传过去，船家听见后，很快把船划了过来。

03　明智的预见

燕昭王二十八年，燕国已经打败齐国，公孙龙子曾从赵国带领弟子到燕国，劝说燕昭王停止战争。

昭王说："很好。我愿意跟宾客们商议这件事。"

公孙龙子说："我私下里估计大王您是不会停止战争的。"

昭王问："为什么？"

公孙龙子说："从前，大王您想打败齐国，天下杰出的人士中那些想打败齐国的人，大王您全都收留了他们；那些了解齐国的险阻要塞和君臣之间关系的人，大王您全都收留了他们；那些虽然了解这些情况但却不想打败齐国的人，大王您还是不肯收留他们。最后果然打败了齐国，并以此为功劳。如今大王您说，我很赞成消除战争，可是在大王朝廷里的其他人士，都是善于用兵的人。我因此知道大王您不会消除战争。"

昭王无话可言。

04　拜见赵惠文王

公孙龙子拜见赵惠文王，想拿夸张的事来在文王面前炫耀，因此就为文王陈述鲲鹏九万里、龙伯人连钓巨鳌的话。

文王说："南海的鳌，是我没见过的，就单把我赵国地界上的事告诉你吧。我国一个叫镇阳的地方有两个小孩：一个叫东里，一个叫左伯。他们一起在渤海上嬉戏。一会儿，有叫鹏的鸟，成群在水面上飞翔。东里赶忙入海抓鹏，一下就抓到了。渤海那多深，可才到东里的小腿，但是用什么装鹏呢？于是，就拿了左伯的头巾来装。左伯生气了，他们互相就争斗起来，很久都没完没了。东里的母亲就拉东里回家。左伯举起太行山来掷东里，却误中了东里的母亲，撞到了东里母亲的一只眼睛。东里的母亲用指甲把它剔出来，向西北弹去，所以太行山中间就断了，所弹出去的那石子，就是今天的衡山。您也看见过吗？"

公孙龙子举止犹疑，表情懊丧，只好作作揖退了出来。他的弟子说：

"先生拿大话想镇住别人,也会同样因大话而窘迫啊!"

05　消除战争的本意

有一天,公孙龙子与赵惠文王谈论消除战争。

赵惠文王对公孙龙子说:"我致力于消除战争有十多年了,可是却没有成功。战争不可以消除吗?"

公孙龙回答说:"消除战争的本意,体现了兼爱天下的思想。兼爱天下,不是仅靠虚名就能实

民国版《公孙龙子考》书影

现,一定要有实际。现在蔺、商石二县归属了秦国,您就穿上丧国之服;向东攻打齐国夺取了城邑,您就安排酒筵加餐庆贺。秦国得到土地您就穿上丧服,齐国丧失土地您就加餐庆贺,这都不符合兼爱天下的思想。这就是消除战争之所以不能成功的原因啊!"

06　荒唐的教师爷

赵惠文王封弟弟赵胜为平原君,任赵国宰相。公孙龙子是平原君的幕僚,孔穿是孔子的后裔。

有一天,孔穿在赵国平原君家中拜会公孙龙子。

孔穿说:"我住在鲁国,久仰先生的声誉,羡慕先生的才智,钦佩先生的德行。早就想来拜您为师,只是不敢苟同先生'白马非马'的学说,请您放弃这套理论,我便俯首甘拜为弟子。"

公孙龙子说:"先生的话未免太荒唐,我的学问就在于'白马非马'这套理论哩!要我放弃它,岂不等于叫我放弃教学?况且要拜人为师的总是因为智慧和学识不如人家吧!现在您叫我放弃'白马非马'论,这是先教训人,然后才拜人为师。先摆出教师爷的架势,然后才当人家的学生,未免太荒唐了吧!"

孔穿答不上话来。

07 言辞胜于义理

孔穿、公孙龙子在平原君那里互相辩论,言辞精深而雄辩。公孙龙子辩解"奴婢有三个耳朵"十分精微,说得头头是道。孔穿无言以对,过了一会儿,就告辞走了。

第二天,孔穿拜会平原君。

公孙龙子画像

平原君问道:"公孙龙子很有辩才,昨天他说的话非常雄辩,先生认为如何?"

孔穿回答说:"是的,公孙龙子很有辩才,几乎能让奴婢真的长出三只耳朵来。说起来虽然如此,实际却不可能。我想请教先生:现在论证三只耳朵十分困难,又非事实;论证两只耳朵十分容易,又确属事实。不知道先生选择容易、真实的,还是选择困难、虚假的?"

平原君不想得罪二者,只好不说话。

第二天,平原君对公孙龙子说:"先生不要再与孔穿辩论了。他的义理胜于言辞,先生的言辞胜于义理。凡言辞胜于义理的,终究会因理亏而被别人挫败的。"

08 有损君子风度

齐国邹衍路过赵国,平原君请他与公孙龙子辩论"白马非马"的观点。

邹衍说:"不行。所谓辩论,应该区别不同类型,不相侵害;排列不同概念,不相混淆;抒发自己的思想和旨意,表明自己的观点,让别人理解,而不是困惑迷惘。因此,辩论的胜者能坚持自己的立场,不胜者也能得到他所追求的真理。这样,辩论才是可以进行的。如果用繁文缛节来作为凭据,用巧言饰辞来互相诋毁,用华丽辞藻来偷换概念,吸引别人使之不得要旨,就会妨害治学的根本道理。那种纠缠纷乱,争论不休,直到别人认输才肯停止的做法,有损君子风度,我不做这样的事。"

在座的人听后,都齐声叫好。从此,公孙龙子受到了平原君的冷落。

09 劝平原君拒封

赵孝成王九年（公元前 257 年），秦国进攻赵国，包围了赵国的邯郸，平原君派使者向魏国求救。魏国信陵君无忌率军解围，秦兵退去。赵国的虞卿请求给平原君增加封地，他对赵王说："您不费一兵一卒，不损一件武器，就消除了国家的祸患，这是平原君的功劳啊！得了人家的力，却忘掉人家的功劳，这可不行。"赵王说："好。"于是准备给平原君增加封地。

公孙龙子听说后，去见平原君，说："您当初没有立下败军杀将的功劳，却封给了您东武城。赵国的豪杰大多有在您之上的，可是您高居相国之位，这是因为您和赵王有亲属关系的缘故。给您封在东武

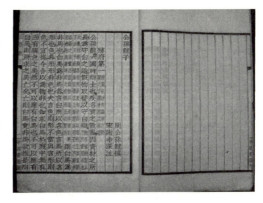

《公孙龙子》书影

城，您不因无功而谦让；让您佩带相国印，您也不因无能而推辞。解除一次国家的祸患，就要求增加封地，是凭亲戚任意受封，而按普通人则必须计功。为您考虑，不如不接受封地对您有利。"

平原君说："敬遵您的教导。"因此平原君没有接受封地。

10 猎得善言

公孙龙子早年在魏，得到魏公子牟的爱悦，亦曾在魏王左右活动。有一次，魏王梁君外出打猎，公孙龙子为之驾车。

梁君出去打猎，见到一群白雁，下车张满了弓准备射猎白雁。这时，路上有一个人走过，魏王要他停步，这人却没有停下来，以致惊飞了雁群。梁君大怒，欲射杀那位行人。

公孙龙子下车按住了他的箭，说："您住手！"

梁君气愤地说："你不帮助你的主君却帮助别人，为什么？"

公孙龙子回答说："过去齐景公的时代，天干旱了三年，占卜的人说

'只有用人祭祀，才会下雨'。齐景公走下庭堂磕头说：'我之所以求雨，是为了人民。现在一定让我用人祭祀才会下雨，我将亲自充当祭祀的牺牲品。'话没说完，天下大雨达到方圆千里。为什么呢？因为齐景公对天有恩德，对人民施恩惠。现在主君因白雁的原因而要射杀行人，我如果帮助主君的话，那么就跟虎狼没有什么不同。"

梁君听了这番话，拉着公孙龙子的手，与他一起上车，说："我今天真幸运啊！别人打猎都只能得到禽兽，我是猎得善言而归。"

11 浅井之蛙

有一天，公孙龙子对魏牟说："我年少的时候学习古代圣王的主张，长大以后懂得了仁义的行为。能够把事物的不同与相同合而为一，把一个物体的质地坚硬与颜色洁白分离开来；能够把不对的说成是对的，把不应认可的看作是合宜的；能够使百家智士困惑不解，能够使众多善辩之口理屈词穷。我自以为是最为通达的人，可如今我听了庄子的言谈，感到十分茫然。不知是我的论辩比不上他，还是我的知识不如他？现在我已经没有办法再开口了，冒昧地向你请教其中的道理。"

魏牟靠着茶几深深地叹了口气，然后又仰头朝天笑着说："你不曾听说过那浅井里的青蛙吗？井蛙对东海里的鳖说：'我快乐极了！我跳跃玩耍于井口栏杆之上，进到井里便在井壁砖块破损之处休息。跳入水中，井水漫入腋下并且托起我的下巴；踏入泥里，泥水就盖住了我的脚背。回过头来看看水中的那些赤虫、小蟹和蝌蚪，没有谁能像我这样的快乐！再说我独占一坑之水、盘踞一口浅井的快乐，极其称心如意。你怎么不下到井里来看看呢？'东海之鳖左脚还未能跨入浅井，右膝就已经被绊住，于是把脚退了出来，跟井蛙说起了大海的情况：'千里的遥远，不足以形容海的大；千仞的高旷，不足于形容海的深。夏禹时代十年里有九年水涝，而海水不会因此增多；商汤的时代八年里有七年大旱，而岸边的水位不会因此下降。不因时间的长短而有所改变，不因雨量的多少而有所增减，这就是东海最大的快乐。'浅井之蛙听后，惊惶不安，茫然不知所措。"

接着，魏牟说："你公孙龙子的才智还不足以知晓是与非的境界，竟想去察悉庄子的言谈，这就像驱使蚊虫去背负大山，驱使马蚿虫到河水里去奔跑,肯定是无法胜任的。而你的才智不足以通晓极其玄妙的言论,竟自去迎合那些一时口舌的胜利,这不是与浅井里的青蛙一样吗?而且庄子的思想主张可俯极黄泉,登临苍天。不论南北,释然四散通达无阻,深幽沉寂不可探测;不论东西,起于幽深玄妙之境,返归广阔通达之域。你竟浅陋地用察视的办法去探寻它的奥妙,用论辩的言辞去索求它的真谛,这只不过是用竹管去窥视高远的苍天,用锥子去测量浑厚的大地,不是太渺小了吗?你还是走吧!你就不曾听说过那燕国寿陵的小子到赵国的邯郸去学步之事吗?未能学会赵国的本事,又丢掉了他原来的本领,最后只得爬着回去了。现在你不走,不但学不到什么东西,反而会丢掉你原有的那点浅薄的东西。"

公孙龙子听了这一番话,快速地逃走了。

12　智者与愚者

公子牟是魏国贤能的公子。他喜好和贤能的人在一起交游,不关心国家的琐碎事务,而喜欢赵国的公孙龙子,乐正子舆等人都为此而笑话他。

公子牟说:"你们为什么讥笑我喜欢公孙龙子呢?"

子舆说:"公孙龙为人没有老师的教导,学习没有朋友的帮助,虽巧言善辩,却没有道理。他的学说散漫而不成体系,喜欢怪诞而胡说八道,企图迷惑别人的心思,折服别人的口才,与韩檀是一样的人物。"

公子牟变了脸色说:"为什么你要这样形容公孙龙子的过失呢?请你还是说事实吧。"

公孙龙子与白马

子舆说:"我笑公孙龙欺骗孔穿,说:'善于射箭的人,能够用一箭的头射中前一箭的尾,不断地发箭,而箭箭相连。最前面的箭射中标的,后面的箭首尾相接联,远看就像一根长长的箭一样。'孔穿听了很惊讶。公孙龙还说:'这还不算最巧妙的。逢蒙的弟子叫鸿超,因生妻子的气,要吓吓她,便拉乌号的良弓,用綦(qí)卫的名箭,射她的眼睛。箭头

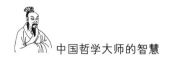

就要碰到眼珠了，在她还没来得及眨眼时，那箭便轻轻掉在地上，连尘土一点都没有飞扬。'这哪里是智者说出来的话啊？"

公子牟说："智者所说的话，本来就不是愚者所能理解的。射箭前后箭镞相连，这是箭法高超，用力均衡的表现。在箭头几乎碰到眼珠，眼皮还没眨一下之前，箭就落地，这是对射箭的力道控制得恰到好处。这又有什么好怀疑的呢？"

乐正子舆说："你以为公孙龙的言论都是有道理的吗？如果他放个屁，你也会把它吃掉吗？"

公子牟沉默了良久，然后告退说："等有了空闲的时候，再和你辩论吧！"

兼爱非攻的墨子

夫爱人者，人必从而爱之；利人者，人必从而利之；恶人者，人必从而恶之；害人者，人必从而害之。

——墨子

墨子聚徒讲学（图片选自"滕州党政信息网"）。墨子以"兴天下之利，除万民之害"为己任，到处奔走，宣传行义。经过几年的实践，他深感靠一个人的力量不够，必须组织更多的人为义献身。于是，他创办了人类历史上第一个设有文、理、军、工等科的综合性平民学校，培养了大批人才。史称"弟子弥丰，充满天下"。

墨子（约公元前468—前376年），名翟，鲁国人，一说宋国人，宋昭公时曾为宋国大夫。春秋战国之际著名的思想家、哲学家、教育家、军事家、社会活动家，墨家学派的创始人。墨子早年曾学习儒术，因不满周礼之烦琐，另立新说，聚徒讲学，创立墨学，与儒学对立，并称为"儒墨显学"。他率徒奔波于齐、鲁、宋、楚、卫、魏等国，宣传其政治主张，制止了多次战争。

墨子的"兼爱"思想是其整个哲学思想体系的核心，他提出了"兼爱、非攻、尚贤、尚同、节用、节葬、非乐、天志、明鬼、非命"十大主张。这十大主张，是构成墨子认为"择务而从事"的最重要的十件大事，也是构成墨子整个哲学思想和政治主张的主要之点。

墨子哲学思想的主要贡献是在认识论方面。他以"耳目之实"的直接感觉经验为认识的唯一来源，他认为，判断事物的有与无，不能凭个人的臆想，而要以大家所看到的和所听到的为依据。墨子从这一朴素唯物主义经验论出发，提出了检验认识真伪的标准（即"三表"），把"事"、"实"、"利"综合起来，以间接经验、直接经验和社会效果为准绳，努力排除个人的主观成见。墨子的认识论也有很大的局限性，他忽视理性认识的作用，片面强调感觉经验的真实性。

墨子的思想学说主要保存于《墨子》一书中。《墨子》是墨家学派的著作总汇，是后人对他言行的记录，现存53篇，为研究墨子和墨家学派思想的基本材料。《墨子》内容丰富深邃，博大精深，其中有智德并修、兼爱救世的思想，创造发明、逻辑论辩的倡导，知行并用、利人牺牲的见解，刻苦实践、强力而为的主张，尚贤尚同、民主政治的作风，生产节约、消费分配的理论，防御非攻、抵抗侵略的精神等，是一部百科全书式的不朽之作，被称为人类文化的瑰宝。

司马迁说："墨翟，善守御，为节用。"韩非子说："世之显学，儒、墨也。儒之所至，孔丘也；墨之所至，墨翟也。"孙中山说："古时最讲爱字的莫过于墨子。墨子所讲的'兼爱'，与耶稣所讲的博爱是一样的。"毛泽东评墨子说："墨子是个劳动者，他不做官，但他是比孔子高明的圣人。"

01　背周崇夏

墨子年轻时，是儒家学说的信徒，也学习过儒家学说，但他很快发现儒家的礼节太过烦琐而不爽，尤其是厚葬死者而浪费，贫民久服伤而害事。墨子非常反感，于是放弃了儒家学说，"背周道而用夏政"，创建了墨家学说，终生为扶危济困而奔走呼号。

孔子推崇周公，墨子效法夏禹。墨子称颂夏禹亲自拿着木锹疏通江河，治理洪水，奔波劳累得股上没有肉，腿上没有毛，是为天下利益艰苦奋斗的圣人。

02　攻伐之谬

战国时期，年年爆发战争，大国攻打小国的事经常发生。

有一次，墨子对鲁阳文君说："大国攻打小国，就像小孩以两手着地学马奔跑。小孩学马奔跑，是无事生非，自致劳伤。现在大国攻打小国，防守的国家，农民不能耕地，妇人不能纺织，都忙着去防守；攻打的国家，农民也不能耕地，妇人也不能纺织，都忙着去进攻。所以大国攻打小国，就像小孩学马奔跑一样。"

03　志功为辨

鲁国国君对墨子说："我有两个儿子，一个爱好学习，一个喜欢将财物分给人家，谁可以作为太子？"

墨子答道："这还不能知道，二子也许是为着赏赐和名誉而这样做的。钓鱼的人躬着身子，并不是对鱼表示恭敬。我希望主君能以志功为辨，把他们的动机和效果结合起来进行考察，然后决定谁为太子。"

04　止齐伐鲁

鲁国国君对墨子说："我害怕齐国攻打我国，有什么办法应对吗？"

墨子说："有。从前三代的圣王禹、汤、文、武，只不过是百里见方土地的首领，爱民谨忠，实行仁义，终于取得了天下；三代的暴王桀、纣、幽、厉，怨恨百姓，实行暴政，最终失去了天下。我希望君主您对上尊重上天、敬事鬼神，对下爱护、有利于百姓，准备丰厚的皮毛、钱币，辞令要谦恭，赶快以礼交遍四邻的诸侯，驱使国内上下同心，抵御齐国的侵略，这样，祸患就可以解除。不这样，就毫无其他办法。"

05　止鲁攻郑

墨子著经阁（河南平顶山市）

鲁阳文君（即公孙宽，楚惠王授予他鲁阳之地，故又称鲁阳文子）将要攻打郑国，墨子听到后，劝阻鲁阳文君说："现在如果让鲁国境之内的大都攻打小都，大家族攻打小家族，杀害人民，掠取牛、马、狗、猪、布、帛、米、粟、货、财，那怎么办？"

鲁阳文君说："鲁国境内都是我的臣民。现在大都攻打小都，大家族攻打小家族，掠夺他们的财物，那么我将重重惩罚攻打的人。"

墨子说："上天兼有天下，也就像您拥有鲁国一样。现在您举兵攻打郑国，上天的诛伐难道就不会到来吗？"

鲁阳文君说："先生为什么阻止我进攻郑国呢？我进攻郑国，是顺应上天的意志。郑国人数代残杀他们的君主，上天降给他们惩罚，使他们三年不顺利，我是帮助上天加以诛伐。"

墨子说："郑国人数代残杀他们的君主，上天已经给予惩罚，使它三年不顺利，上天的诛伐已经够了！现在您举兵攻打郑国，说：'我进攻郑国，是顺应上天的意志。'这就好比有一个人的儿子凶暴强横，不成器，所以他父亲鞭打他。邻居家的父亲，也举起木棒来击打他，说：'我打他，是顺应他父亲的意志。'这难道还不荒谬吗？"

鲁文君说："是！我依你的话看，那么天下说是可以的东西，未必是对的。"

06　杀其父而赏其子

鲁阳文君告诉墨子说:"楚国的南面有一个吃人的国家,名叫'桥'。在这个国家里,长子出生了,就被杀死吃掉,叫作'宜弟'。味美就献给国君,国君喜欢就奖赏他的父亲。这难道不是恶俗吗?"

墨子说:"即使中原的风俗也有像这样的,父亲因攻战而死,就奖赏他的儿子,这与吃儿子奖赏他的父亲有何不同呢?如果不实行仁义,凭什么去指责夷人吃他们的儿子呢?"

07　周游列国

墨子除聚徒讲学、组织团体之外,还周游列国。

弟子魏越问:"先生见到各国之君说什么呢?"

墨子答道:"每到一国必须选择那些急需的事先讲。国家混乱则语之尚贤、尚同;国家贫穷则语之节用、节葬;国家喜好声乐沉迷于酒,则语之非乐、非命;国家淫僻无礼,则语之尊天事鬼;国家抢夺侵凌,则语之兼爱非攻。"

墨子四处奔走,"上说诸侯,下教民众","遍众人而说之"。席不暇暖,栖栖惶惶,以自苦为极,以吃苦为高尚,北游齐,西游卫、郑,南游宋、蔡、楚、越等国。

08　化险为夷

墨子与宋国之君同宗,由平民成为"北方圣贤之人"后,各国诸侯对墨子评价很高,纷纷请他为官,博取爱士的美名。宋昭公派人请墨子到宋国参政。墨子欣然前往,希望能在宋国实践自己的学说。宋昭公认为墨子的学说很有道理,就拜墨子为宋大夫,参与管理朝政。

宋昭公末年,宋国的太宰戴欢不满司城皇子罕专制朝政。二人争权夺利,互相残杀,司城皇子罕击败戴欢后,又推翻宋昭公,篡夺了政权。那段时间墨子对宋国的变化极为不满,他在群臣之间游说,希望通过自己的宣传改变目前宋国争权夺利、互相残杀的局面。

中国邮政发行的《古代思想家——墨子》邮票

墨子来到子罕所在的大殿,要求和子罕面谈。子罕看到墨子进来,嘴角露出诡秘的笑容,平静地说:"墨先生,何事如此急忙地赶来,莫非为我做国君祝贺来了?"

墨子满脸愤怒之色:"子罕,国君有国君的绝对权利,没想到你不顾百姓的反对,犯上作乱,即没有仁爱之心,更无兼爱可言。你现在应该立刻将昭公请到国君的位置,以弥补你犯下让天下人不齿的罪过……"

子罕冷笑一声:"我早已听够了你所宣传的什么兼爱、非攻,我以为你看到现状会乖乖地回到鲁国去,没想到你自己倒找上门来。来人,把墨翟给我拿下,囚禁到大牢!"

墨子愤怒地说:"子罕,我相信天下人对你的胡作非为会群起而攻之!"墨子被囚之后,引起列国各界人士的震惊。墨家弟子义愤填膺,他们商讨了营救墨子的各种措施。与此同时,各国纷纷派人到宋国来劝说释放墨子。内外压力一齐向宋国压来,子罕迫不得已,只得放出墨子。

09 反受其害

墨子听说齐国想攻打鲁国,不顾高龄,亲自劝说齐太公田和。

墨子对齐太公说:"现在这里有一把刀,试着用它来砍人头,一下子就砍断了,可以说是锋利吧?"

太公说:"锋利。"

墨子又说:"试着用它砍好多个人的头,一下子就砍断了,可以说是锋利吧?"

太公说:"锋利。"

墨子说:"刀确实锋利,谁将遭受那种不幸呢?"

太公说:"刀承受它的锋利,试验的人遭受他的不幸。"

墨子说:"兼并别国领土,覆灭它的军队,残杀它的百姓,谁将会遭受不幸呢?"

太公头低下又抬起,思索了一会儿,答道:"我将遭受不幸。"

10　齐之大过

齐国将要攻打鲁国，墨子对项子牛说："攻伐鲁国，是齐国的大错。从前，吴王夫差向东攻打越国，越王勾践困居在会稽；向西攻打楚国，楚国人在随地保卫楚昭王；向北攻打齐国，俘虏齐将押回吴国。后来诸侯来报仇，百姓苦于疲惫，不肯为吴王效力，因此国家灭亡了，吴王自身也成为刑戮之人，所以大国攻打小国是互相残害，灾祸一定反及于本国。"

11　请辞胜绰（chuò）

墨子让弟子胜绰去项子牛那里做官。项子牛三次入侵鲁国的领土，胜绰三次都跟从了。

墨子听到了这件事，派高孙子请项子牛辞退胜绰。

高孙子转告墨子的话说："我派胜绰来是让他阻止骄气，纠正邪僻。现在，胜绰得了厚禄，却欺骗您，您三次入侵鲁国，胜绰三次跟从，这是在战马的当胸鼓鞭。我听说：'口称仁义却不实行，这是明知故犯。'胜绰不是不知道，他是把俸禄看得比仁义还重要。"

> **知识链接：**
> "兼爱"是墨家学派的主要思想观点。墨子认为，"天下兼相爱则治，交相恶则乱"，天下之乱，起于人与人不相爱。臣与子不孝，君与父不慈，以及"大夫之相乱家，诸侯之相攻国"，直至盗贼之害人，都是互不相爱的结果。如果天下人能"兼相爱"，"爱人若爱其身"，那么天下则太平了。

12　勤奋好学

有一次，墨子率弟子从鲁国出发，前往卫国游说，车中"载书甚多"，他的弟子弦唐子感到很奇怪，便问墨子道："老师，您车上带这么多书干什么啊？"

墨子说："过去，周公每天早上要读一百篇书，晚上还要接见七十个

读书人,所以他知识渊博,政绩显著,他的影响一直持续到今天,没有磨灭。我上没有君主治理国家的责任,下没有农民耕种土地的任务,怎么敢不读书呢?"

13　劝卫养士

墨子到卫国后,对公良桓子说:"卫国是小国,处在齐、晋两国之间,就像穷家处在富家之间一样。穷家如果学富家那样花费,那么穷家很快就破败。现在看看您的家族,好车好马数百,穿文绣的妇人数百。如果国家有难,是用这些妇女抵抗,还是用士人?"

公良桓子不知所云。

墨子又说:"如把这些钱财用来养士,可养一千多人,一旦遇到危难,士可以保护您的安全。"

公良桓子点头称是。

14　说服公输盘

公元前440年前后,楚国准备攻打宋国,事先请鲁国著名工匠公输盘(即鲁班)制造攻城的云梯等器械。

公输盘制成云梯这种器械后,要拿去攻打宋国。墨子听到这个消息,就从鲁国动身,走了十天十夜,到达郢都,去见公输盘。

公输盘说:"先生有什么指教呢?"

墨子说:"北方有人欺侮我,我想借您的力量来杀掉他。"

公输盘不高兴了。

墨子说:"请让我奉送给您十金。"

公输盘说:"我是讲道义的人,绝不能平白无故杀人。"

墨子站起来,拜了两拜,说:"请让我说几句话。我在北方听说您造了云梯,要拿去攻打宋国。宋国有什么罪呢?楚国有的是土地,缺少的是民众,如今去杀害自己缺少的民众而争夺自己并不缺少的土地,不能说是聪明。宋国并没有罪而要去攻打它,不能说是仁爱。懂得这个道理,却不据理力争,不能说是忠诚。争论而达不到目的,不能说是坚强。自己说讲道义,杀少量人还懂得不合理,却要去杀众多的人,不能说是明白事理。"

15　劝谏楚王

经公输盘的引荐，墨子见了楚王，说："现在这里有个人，抛掉自己华丽的车子，看到邻人有破车子便想去偷；抛掉自己的锦绣衣裳，看见邻人有粗布衣服就想去偷；抛掉自己的白米肥肉，看见邻人有糟糠便想去偷。这是什么样的人呢？"

楚王说："（这个人）一定患了偷窃病了。"

巨型铜砚——墨子砚（局部）

墨子说："楚国的土地方圆五千里，宋国的土地方圆只有五百里。这就好像华丽的车子和破车子相比。楚国有云梦泽，那里满是犀兕、麋鹿之类，长江、汉水里的鱼鳖、鼋鼍（yuán tuó）多得天下无比，宋国真像人们说的那样，是个连野鸡、兔子、鲫鱼都没有的地方。这就好像白米肥肉和糟糠相比。楚国有松、梓、楩（pián）、楠、樟这些大树，宋国却没有什么大树。这就好像锦绣衣裳和粗布衣服相比。我认为大王攻打宋国，正和这个害偷窃病的人一样。"

楚王说："对呀！虽然是这样，但是公输盘给我造好云梯了，我一定要打下宋国。"

于是，楚王召见公输盘。墨子解下衣带当作城，用竹片当器械。公输盘一次又一次地设下攻城的方法，墨子一次又一次地挡住了他。公输盘的攻城器械都用尽了，墨子的守城办法还绰绰有余。

公输盘技穷了，但他说："我知道怎么对付你了，可是我不说。"

墨子也说："我也知道你要怎么对付我，可是我也不说。"

楚王问这是怎么回事。

墨子说："公输盘的意思，是想要杀死我。他认为杀了我，宋国就守不住了，就可以攻下了。可是我的学生禽滑厘等三百人，已经拿着我的防守器械，在宋国城上等待楚国来进攻。即使杀了我，也不能杀尽保卫

宋国的人。"

楚王说:"好啦!我不攻打宋国了。"

16　为义将予天下

公输盘对墨子说:"没有见到你的时候,我想得到宋国;自从我见了你之后,给我宋国,假如是不义的,我也不会接受。"

墨子说:"我没有见你的时候,你想得到宋国;自从我见了你之后,给你宋国,假如是不义的,你也不会接受。这是我把宋国送给了你。你努力维护义,我将送给你天下。"

17　过宋被拒

墨子从楚国(说服楚王不攻打宋国后)返回,路过宋国,天下着雨,他到里巷的大门下去避雨,守门的人却不接纳他。

墨子感叹说:"运用神奇机谋的人,众人不知道他的功劳,而在明处争辩不止的人,众人却知道他。"

18　献书楚王

在墨子止楚攻宋取得成功的第二年,恰值楚惠王当政五十年,墨子为宣传"义",专程到楚国献上自己的著作。

楚惠王读了此书后,对墨子说:"您的大作很好。我虽然不能取得天下,但我很乐意奉养天下的贤人。请您留在楚国,做我的顾问。每年俸禄一百钟(容量单位),委屈您这位贤人了。"

墨子看出楚惠王不准备实行自己的学说,在楚国待下去没有什么希望,于是决意辞行回家,便对楚惠王说:"我听说贤人进谏,道理不被实行,不接受赏赐;仁义的学说不被听取,不滞留于朝廷。现在我书中的观点未被应用,那就让我回鲁国去吧!"

19　拒封返鲁

墨子从楚返鲁之前,想再见一次楚惠王。楚惠王说自己老了,派大臣穆贺为墨子送行。墨子利用这个机会，又向穆贺陈述自己的学说，但没成功。

鲁阳文君听说此事，认为不妥，于是对楚惠王说："墨子是有名的北方圣贤之人，您不给予礼遇，岂不是叫天下之士寒心吗？"楚惠王觉得鲁阳文君说得有理，许诺以方圆五百里的土地封给墨子。

楚惠王封地五百里的厚禄，没有动摇墨子坚持自己学说的决心，毫不犹豫地拒绝了封地，离楚返鲁。

20　不出卖名义

有一次，墨子派弟子公尚过前往越国做官。公尚过向越王介绍墨子，越王很高兴，对公尚过说："您的老师如果愿到越国来，我愿把过去吴国的五百里地封给他。"公尚过见到墨子后，说明了越王的意图。

墨子问："越王能够听从我的言论，实行我的主张吗？"

公尚过说："恐怕不能。"

墨子说："如果越王能听我的话，用我的道理，只要有饭吃，有衣穿，跟其他大臣一样的待遇就行，何必要分封的特殊待遇呢？如果越王不听我的话，不用我的道理，而只要我接受分封，这不是让我出卖自己的名义吗？我要是肯出卖自己的名义，早就在中原地区出卖了，何必要等到今天去出卖给越国呢？"于是，墨子拒绝了越国的分封。

21　实话实说

墨子推荐弟子到卫国去做官，不久，这个弟子却辞官回来了。

墨子问他："是什么原因使你回来呢？"

弟子回答说："卫国的国君与我说话不合。卫国国君说给我千盆的俸禄，而实际只给了五百盆，所以我离开了卫国。"

墨子又问："如果给你的俸禄超过千盆，那么你还离开卫国吗？"

那人答道："不离开。"

墨子说："既然这样，那么你不是因为卫国国君对你说的话不重视，而是因为你嫌卫国给你的俸禄少。"

22　背禄而求义

墨子让管黔敖推荐高石子到卫国去，卫国君主给他的俸禄很高，列他为卿。高石子三次朝见必尽量进言，但是所说的话都不被采用，于是离卫去齐国。

高石子见墨子说："卫君因为先生的缘故，给我的俸禄很高，位至卿位，石三次朝见都尽量进言而未被采纳，所以我就离开了。卫君将会以为石狂妄吧？"

墨子说："只要走得合理，即使受狂妄之名而又何害呢！古时候，周公旦觉得管叔的行为不对，辞掉王公之职东行居住商奄之地，当时人都说他狂，但是后世都称其德，扬其名至今不衰。"

高石子说："石的离去岂敢不依正道。从前先生曾说过：'天下无道之时，仁人不应该处在优厚的地位。'今卫君无道，如果我贪图他的爵禄，那我不是白食他人的粮食吗？"

墨子很高兴，就把禽滑厘召来，说道："背义而求禄的很多，但是背禄而求义的只有高石子。"

23　答公孟子

公孟子多次与墨子讨论学术、人生等问题。

有一次，公孟子头戴礼帽，腰间插笏（hù），穿着儒者服饰来见墨子，并问服饰与行为有何联系。

墨子说："前齐桓公、晋文公、楚庄王、越王勾践四位国君，服饰好坏贵贱不同，但作为都一样。我以为有作为不在于服饰。"

墨子用事实折服了公孟子。

24　劝人求学

有一天，一个小伙子到墨子处闲谈。

墨子问他："你怎么不学习呢？"

小伙子说："我们家族里从来没有学习的人。"

墨子说："你这话就不对了！爱美的人难道会说'我们家族里从来没有爱美的人'而不好美吗？想发财的人难道会说'我们家族里从来没有想发财的人'而不想发财吗？爱美、想发财的人，不用看别人的样子，也会拼命打扮自己，千方百计使自己发财。而为义是天下的第一等大事，为什么要看别人的样子呢？一定要竭尽全力来做才对啊！"

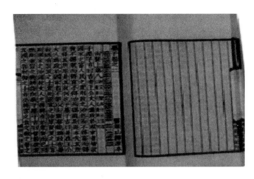

《墨子》书影

这位小伙子终于被说服了。

25　劝人求善

墨子的辛勤游说活动，常不被人理解。

有一天，儒家信徒公孟子批评墨子说："你到处游说，那么辛苦劳累有什么用呢？譬如美女，在家里不出门，人们也争着娶她。如果到大街上到处奔走，要求别人娶她，结果别人反而不敢娶。"

墨子反驳说："你的譬如不当。现在世道混乱，求美女的人多，所以美女虽不出门，要求娶的人也很多。但是求善的人少，如果不到处游说，人们就不知道。假如这里有两个人，都善占卜，一个人出行到外边给人占卜，另一个人处在家中给人占卜，出行到外给人占卜的和处在家中给人占卜的，哪一个所得的馈粮多呢？"

公孟子说："当然是出门给人占卜的得到的馈粮多。"

墨子说："主张相同，出行到外向人们游说的，其功劳和益处就多，我为什么不到外面游说呢？"

26　染丝的联想

墨子经过一家染坊，看见有几个染匠正在把一束束丝绢丢进一口口染缸里。墨子聚精会神地看了半天，然后长叹一口气，说道："这雪白的

丝绢,丢进黑水就染成黑色,丢进黄水就染成黄色,陆续投进五种染料,丝绢也就变成五彩色。染料一变,丝的颜色跟着变。所以,染色的时候不可不谨慎。做人治国也是同样的道理啊!"

27　智驳巫马子

有一天,巫马子对墨子说:"我跟你不同,我是不会实行兼爱的,我爱邹人比爱越人深,爱鲁人比爱邹人深(巫马子为鲁国人),爱我家乡的人比爱鲁人深,爱我的家人比爱我家乡的人深,爱我的双亲比爱我的家人深,而我爱我自己又胜过爱我的双亲。我对他们的爱的深浅不同,是因为他们与我的关系的远近不同。打我,我会疼痛;打别人,我却不会感到疼痛。我为什么不去解除自己的痛苦,却去解除和我无关的人的痛苦呢?所以,我只会杀他人以利我,却不会杀我以利他人。"

墨子问他:"你这种想法,是准备藏在心里,还是准备把它说出来让别人知道而实行呢?"

巫马子回答:"我为什么要把自己的想法隐藏起来,我当然是要告诉别人,让别人都来实行的。"

> **知识链接:**
> 墨子的精髓在于"兼爱非攻","兼爱"是超越时空的人类整体的爱、人与人之间平等的爱;"非攻",是反对一切掠夺性质的不义之战,追求世界的和谐。

墨子说:"既然这样,那么如果有一个人喜欢你的主张,这个人就要杀你以利于他自己;有十个人喜欢你的主张,十个人就要杀你以利于他自己;如果天下的人都喜欢你的主张,那天下的人就都要杀你以利于自己。反过来说,假如有一个人不喜欢你的主张,这个人就要杀你,因为他认为你是一个散布不详之言的人;有十个人不喜欢你的主张,这十个人就要杀你,因为他们都认为你是散布不详之言的人;天下的人都不喜欢你的主张,那么天下的人都要杀你,因为他们认为你是个散布不详之言的人。这样,喜欢你的主张的人要杀你,不喜欢你的主张的人也要杀你,这就是'摇唇鼓舌,杀身之祸便至自身'的道理。言而不利,不如不言,我看你还是趁早收起你的话,免得招来杀身之祸。"

28 "灭火"与"引火"

巫马子对墨子说:"你主张兼爱天下,并没有利于人;我主张不爱天下,也不曾害于人。我们的功效都没有看见,你为何自以为是而说我不对呢?"

墨子回答:"假如街上的一座房子失火了,一位邻居准备取水灭火,另一位邻居提起油桶准备火上浇油,但是他们两人都只有动机而没有效果。你说这两个人谁好呢?"

巫马子脱口而出地说:"当然是准备救火的邻居好,而那个想火上浇油的人不好。"

墨子微笑着说:"对啦!虽然他们两个人的功效都没见到,但谁是谁非已能判定。我兼爱天下的动机是正确的,而你不爱天下的动机是错误的。因为我的兼爱天下将导致天下大治,而你的非爱则会造成天下大乱。这就是我自认为是、以你为非的道理。"

巫马子以输而告终。

墨子画像

29 看重疯病的人

有一天,巫马子对墨子说:"你行义,没见有人帮助你,也没见鬼神赐福给你。但你还在做,你有疯病吗?"

墨子回答:"假若你有两个家臣,一个表里不一,一个表里如一,你看重哪个人?"

巫马子说:"我看重后者。"

墨子说:"既然这样,你也看重疯病的人。"

30 议誉先王

巫马子对墨子说:"放弃现实的人,却去赞美古代的圣王,也就是赞

美枯干的骨头。好像木匠一样,只知道枯干的树木,却不知道生长的树木。"

墨子听后说:"天下之所以能够生存,是用上代圣王的主张教育的结果。现在赞美上代的圣王,是赞美使天下生存的先王的主张。该赞美的却不去赞美,就是对人不亲善仁爱的做法。"

31　鼓而进义

吴虑对墨子说:"义啊,义啊,不能仅仅只是用话说,应切实可行才是。"

墨子听后问道:"假设天下的人不知道耕种,教人耕种的人和不教人耕种却独自耕种的人,他们谁的功劳大?"

吴虑回答道:"教人耕种的人功劳大。"

墨子又问:"假设进攻不义的国家,击鼓使大家作战的人与不击鼓使大家作战却独自作战的人,他们的功劳谁大。"

吴虑回答道:"击鼓使大家作战的人功劳大。"

墨子说:"天下的平民百姓少有人知道义,而用义教天下的人功劳也大,为什么不劝教呢?假若我能鼓动教育大家达到义的要求,那么,我的义不是可以更加发扬光大吗?"

32　君子若钟

公孟子对墨子说:"君子应自己恭敬地等待,问到他就说,不问他就不说。好像钟一样,敲击它就响,不敲它就不响。"

墨子说:"这话有三种情况,你现在只知道其中之二,并且又不知这二说的是什么。如果王公大人在国家荒淫暴虐,国家因而好发生灾难,即使不敲也会发出声音来。如果王公大人从事邪行,做不义的事,即使钟不敲也一定会发出声音来。况且你说:'君子应自己恭敬地等待,问到他就说,不问他就不说。好像钟一样,敲击它就响,不敲它就不响。'现在没有人敲击,你却说话了,这是你说的不敲而鸣,还是你说的非君子的行为呢?"

33　告子为仁

有弟子告诉墨子说:"告子能承担实行仁义的事。"

墨子说:"这不一定是对的,告子实行仁义,如同踮起脚后跟以为使身子增长,卧下使面积增大一样,不能坚持长久。"

34　告子毁墨

有一个弟子告诉墨子说:"告子说:'墨子嘴上说行仁义,而行为很坏,请抛弃他。'"

墨子说:"不行,称赞我的言论,而诽谤我的行为,胜过没有毁誉。假如现在这里有一个人说:'墨翟很不仁义,他尊重上天,侍奉鬼神,爱护百姓,行为却很恶劣。'这胜过什么都没有。"

35　一分为二

墨子对程子说:"儒家学说有四个方面足以丧亡天下。"

程子说:"你这是诋毁儒家。"

墨子说:"这是告诉你道理,而绝非诋毁。"

数日后,墨子与程子辩论时,却称赞孔子,并引用孔子的话,作为自己论证的根据。

程子问:"您一向反对儒家,为什么又称赞孔子?"

墨子答道:"孔子也有合理而不可改变的地方,不能经言废人。鸟遇热则飞向高空,鱼遇旱则潜入水底,这种情况就是大禹、商汤也不能改变。我为什么不能称赞孔子呢?"

36　儒者与猪狗

子夏的徒弟公孙高几次来找墨子,可是墨子总是不在家,一直未见着。大约是第四次再来求见,公孙高恰巧在门口遇见墨子,两人一同走进屋内。

公孙高辞让一通之后，和气地问道："先生是主张非战的？"

"不错！"墨子说。

"那么，君子就不斗吗？"

"是的！"墨子说。

"猪狗尚且要斗，何况人……"

"唉唉，你们儒者，说话称赞尧舜，做事却要学猪狗。可怜，可怜！"墨子说着，站了起来，一边向厨房走去，一边说："你不懂我的意思……"

37　圣王不为乐

程繁问墨子："先生曾说过：'圣王不作音乐。'以前，诸侯治理国家劳累后，就以听钟鼓之乐的方式进行休息；士大夫处理政事劳累后，就以听竽瑟之乐的方式进行休息；农夫春天播种，夏天除草，秋天收获，冬天贮藏，也要以听瓦盆之乐的方式休息。现在先生说：'圣王不作音乐。'这好比马套上车就不能再放松，恐怕不是有血气的人所能做到的吧！"

墨子说："以前尧舜只有茅草盖的屋子，况且礼乐不过如此。……圣王的教令：凡是太盛的东西就减损它。饮食于人有利，如果知道饥饿而吃的就算是智慧，也就无所谓智慧。现在圣王虽然有乐，但却很少，也就等于没有音乐。"

38　故人相会

墨子在齐国见到老朋友非常高兴。老朋友说："现在天下没有人行义，你何必独自吃苦行义，不如就此停止。"

墨子说："有一个人生养了十个儿子，只有一个耕种，其他九个闲着，这一个耕种的不能不更加紧张啊！为什么呢？因为吃饭的人多而耕种的人少。现在天下没人行义，您应该勉励我行义，为什么还劝阻我呢？"

39　言行之论

鲁国的南部有一个叫吴虑的人，冬天制陶，夏天耕作，自比尧舜，墨子听说后就去见他。

吴虑对墨子说:"义,贵在切实可行,何必到处宣传!"

墨子说:"你亲自陶稼,分之于民,获利太小;我宣传义,可以救天下,获利巨大。怎能不去宣传呢?"

40　言行一致

告子对墨子说:"我能治理国家,管理政务。"

墨子说:"政务,从政的人口能称道,自身一定能实行它。现在你口能称道,自身却不能实行,这是你自身紊乱出现了矛盾。不能解决你自身的矛盾,怎么能管理国家的政务呢?你姑且先解决你自身出现的矛盾吧!"

> **知识链接:**
> 志不坚者,智不达;言不信者,行不果。——墨子

41　为义而死

鲁国有一个人与墨子的关系较好,因而叫儿子向墨子求教。后来,这个人的儿子为义战而死了,他的父亲便责备墨子。

墨子说:"你要让我教你的儿子,他学成后为义战而死,你却怨恨我;这就像出卖粮食一样,我帮你将粮食卖出去了,你却怨恨我。这难道不荒谬吗?"

42　不能预料

墨子为了行义,推荐耕柱子到楚国去做官。

不久,有几个弟子去探访耕柱子,耕柱子只给同窗好友三升米做饭,招待并不优厚。

这几个人回来后,对墨子说:"耕柱子在楚国没有什么好处。弟子们去他那儿,也只给三升米做饭,款待不周。"

墨子答道:"这还不能预料哩!"

没过多久,耕柱子赠送200两黄金给墨子,说:"弟子不敢贪图财

利,这 200 两黄金请老师留用。"

墨子说:"果然不能预料。"

43　各尽其才

有弟子问墨子:"如果我们要行'义',最重要的是做什么?"

墨子说:"譬如筑墙,能够建筑的人建筑,能够运土的人运土,能够测量的人测量,这样墙才可以筑成。我们行'义'也是如此,能够辩论的人辩论,能够说书的人说书,能工作的人工作,这样行'义'才能成功。"

44　禽滑厘事墨子

墨子像

禽滑厘事奉墨子三年,手脚都起了老茧,脸晒得黑黑的,干仆役的活,听墨子使唤,却不敢问自己想问的事。墨子十分怜悯他,于是备了水酒和成块的干肉,来到泰山,垫些茅草坐下,用柴烤肉来酬劳禽滑厘。禽滑厘行了再拜之礼后,叹了口气。

墨子问他:"你有什么要问的吗?"

禽滑厘又行了两次再拜礼,说道:"请问守城的方法。"

墨子回答说:"暂且不要问,暂且不要问。古代曾有懂得守城方法的人,但对内不亲抚百姓,对外不缔结和平,自己兵力少却疏远兵力多的国家,结果送命亡国,被天下人耻笑。你对此可要慎重对待。"

45　骆滑氂(máo)好勇

墨子对骆滑氂说:"我听说你喜欢勇武。"

骆滑氂说:"是这样。我听说哪个乡里有勇士,就一定要去杀了他。"

墨子说:"天下没有人不想亲附他所喜爱的人、疏远他所憎恶的人。现在你听说哪个乡里有勇士,就一定要杀他,这不是好勇武,而是憎恶勇武。"

46　量力而行

有几个弟子回来告诉墨子："我们要去学习射箭的技术。"

墨子说："不可能，智慧的人一定要先衡量自己的力量所能达到的水平，然后再随即实践。卫国的战士一边作战，一边去扶人，尚且不能顾及，现在你们并不是卫国的战士，怎么能够既成就学业又学好射技呢？"

47　墨子责徒

耕柱子是墨子的得意门生，不过，他老是挨墨子的责骂。

有一天，耕柱子愤愤不平地问墨子："老师，难道在所有学生中，我竟是如此差劲，以至于要时常遭您老人家责骂吗？"

墨子听后，反问道："假设我现在要上太行山，依你看，我应该用良马来拉车，还是用老牛来拉车？"

耕柱子回答说："再笨的人也知道要用良马来拉车。"

墨子又问："那么，为什么不用老牛呢？"

耕柱子回答说："与老牛相比，良马足以担负重任，便于驱遣啊！"

墨子说："你答得一点也没有错。我之所以时常责骂你，也是因为你能够担负重任，值得我一再地教导啊！"

48　再教曹公子

墨子让曹公子到宋国做官，曹公子三年后返回，见了墨子说："开始我在您门下学习时，穿粗布短衣，吃野菜一类的粗劣食物，早晨吃了，晚上就没有了，不能够祭祀鬼神。现在因为您的教育，我家里比以前富有了，家里富有后，便谨慎地祭祀鬼神，但是家里的人则多病死亡，六畜也不旺，我也处于病患之中。我不知道老师的学说是不是还管用。"

墨子说："鬼神对人的要求很多，希望人处高官厚禄时可以让贤，财物多余时可以分给穷人。鬼神难道仅仅是想取食祭品吗？现在你处在高官厚禄的位置上却不让贤，这是第一种不祥；财物多余而不分给穷人，这是第二种不祥。现在你侍奉鬼神，只有祭祀，却说：'病从哪里来？'

这就像百门只关了一门,却问:'盗贼从哪里来?'这样向你责怪的鬼神求福,难道可以吗?"

49 鬼神之辩

有一天,墨子生病在床,弟子跌鼻去看他,十分纳闷地问墨子:"先生平时告诉我们,鬼神无所不知,能奖赏行善事的人,惩罚行恶事的人。先生是天下有名的圣人,怎么也会得病呢?是您的话不对,还是鬼神并不是什么都知道?"

墨子说:"虽然我有病,但是鬼神有何不清楚的呢?人得病有多方面原因:有的是因为寒暑,有的是因为劳苦。这好比有一百扇门的房子而只关闭一扇门,强盗为何不能进入呢?"

50 日者占卦

有一次,墨子离家往北到齐国去,途中遇到一位算卦先生。算卦先生看了看墨子说:"历史上的今天,黄帝在北方杀死了黑龙,你的脸色黑,不能向北去。"

墨子不听,继续向北走,但走到淄水边,没能渡河,返了回来。

算卦先生说:"我对你说过不能向北走。"

墨子说:"人的脸色有黑有白,假如实行你的办法,人们就不能往来。这是困蔽人心,你的言论不可信。"

51 祭祀必诚

有一次,鲁国的国君对墨子说:"墨子先生,你是否看到现在鲁国正在按照先生的主张祭祀?"

墨子说:"现在鲁国的很多人都相信仁义,因为很多人得到了仁义的好处。"

国君笑笑说:"先生的主张,让我国百姓受益,现在我们鲁国的司祭正在用一头小猪祭祀,向鬼神求百福,下面的很多人争相去做。"

墨子脸色变了,说:"这恐怕不行。现在能够施舍的人少,希望得到施舍的人多。那么，别人就想着你有东西赐给他们了。现在用小猪祭祀，向鬼神求福，鬼神就会想着你用牛羊祭祀了。从前圣王侍奉鬼神，只是祭祀。现在祭祀鬼神，与其祭品丰富，还不如贫乏的好。"

国君说："先生的意思是不要过多地用财物来进行祭祀？"

墨子点头："应该把那些财物分配给贫穷的人。"

国君说："先生的话非常有道理。"

52　自知之明

墨子制作木鸢（即老鹰），用了三年才做成，才飞了一天就坏了。

他的弟子说："先生的手艺真巧，以至于使木头制作的鹰都能飞。"

墨子说："我不如制作车輗（ní）的人巧。他们用尺把长的木头，不耗费一天的工夫，就能使它牵引三十石的负荷，到达很远的地方，使用寿命长达几年。如今我做木鸢，三年才完成，飞一天就坏了。"

53　小孔成像

墨子对光学很有研究，对于光的直线传播、光的反射和物影成像，进行了精彩的描述。有一次，墨子进行光学试验，他在堂屋朝阳的墙上开了一个小孔，让一个人对着小孔站在屋外，在阳光照射下，屋内相对的墙上出现倒立人影。墨子通过小孔成像的光学试验，阐述了光的直线传播原理，即光从上下直射，人的头部与足部成影在下边和上边，构成倒影，成为后代摄影技术的先声。

54　墨子成仙

墨子82岁那年，跟随赤松子（黄帝时代的圣人，后来成仙）游天下，后来隐居于狄山。

有一天，墨子在睡觉时，山上的神仙怕他着凉，为他用被子盖好双脚。这时，墨子并没有睡着，便问神仙："你是来超度我成仙的吗？"

神仙对墨子说："你本来就是仙风道骨，聪慧过人，不需拜师修道。"于是，神仙把一本有关修炼的经书送给了墨子。

后来，墨子依照经书修炼，终于成仙，乘风而去，并留下了《墨子五行记》。

山东滕州墨子雕像

军令如山的孙子

兵者,国之大事,死生之地,存亡之道,不可不察也。

——孙子

《阿玉锡持矛图》,(清)郎世宁绘。此幅《阿玉锡持矛图》风格写实,人物描绘精细严谨,用西法参以中法,使描绘对象很有表现力。

战马,长矛,战争之象征;兵书,兵法,战争之宝典。孙子,中国之兵圣。

孙子（公元前544—前470年），名武，字长卿，春秋末期齐国乐安（今山东惠民县）人，祖父田书为齐大夫，攻伐莒国有功，齐景公赐姓孙，封采地于乐安。公元前532年的齐国内乱后，孙子毅然到了南方的吴国，潜心钻研兵法，著成《孙子兵法》13篇。公元前512年，经吴国谋臣伍子胥多次推荐，孙子带上他的兵法晋见吴王阖闾。吴王任命孙子以客卿身份为将军。公元前506年，吴楚大战，孙子指挥吴国军队以三万之师，千里远袭，深入大国，五战五捷，直捣楚都，创造了我国军事史上以少胜多的奇迹，为吴国立下了卓著战功。

孙子被后人尊崇为"兵圣"、"兵家之祖"和"兵家之师"，除了他战功显赫外，更主要的是他留给后世一部不朽的军事名著——《孙子兵法》。它是我国现存最早、最完整、最系统的兵书，北宋神宗时，被列为"武经七书"之首。全书共分计、作战、谋攻、形、势、虚实、军争、九变、行军、地形、九地、火攻、用间13篇，5900余字，但这短短的几千字里却包含着一个博大精深的理论体系和十分丰富的思想内容，对中国军事学术的发展产生了巨大而深远的影响。《孙子兵法》揭示了战争的规律，论述了战争论、治军论、制胜论等多方面的法则，具有朴素的唯物论和辩证法思想，被誉为"兵经"。

《孙子兵法》在世界上久负盛名，已有英、日、德、法、俄、捷、朝等译本，国际上认为它是"世界古代第一部兵书"，现在不仅于军事领域，而且在经济、体育等方面都受到了极大关注和广泛应用。

英国著名战略家利德尔·哈特在《孙子兵法》英译本序言中说："2500多年前中国这位古代兵法家的思想，对于研究核时代的战争是很有帮助的。"

日本企业家大桥武夫所著《兵法经营全书》指出："采用中国的兵法思想指导企业经营管理，比美国的企业管理方式更合理、更有效。"

美国著名经济学家霍吉兹在《企业管理》一书中指出：《孙子兵法》一书中"揭示的许多原理原则，迄今犹属颠扑不破，仍有其运用价值"。

在现代社会中，古老的《孙子兵法》仍闪耀着迷人的光彩。

01　勤学好问

孙子小时候的一个最大的爱好就是看书,尤其是兵书。有不明白的问题就请教家聘的老师,甚至直接找祖父、父亲问个明白。

有一次,孙子读到"国之大事,在祀与戎",就跑去问老师:"先生,祀是什么?戎是什么?"

老师想今天孙子问的问题倒是简单,于是随口说:"祀是祭祀,戎是兵戎。"

孙子接着问:"祭祀是一种精神的寄托,怎么能和兵戎相提并论为国家的大事呢?"

老师顿觉奇异,一时答不出来。

孙子接着说:"只有兵者,才是国家的大事,君臣不可不察的大事。"

02　操练宫女

孙子受好友、时任吴国大臣的伍子胥推荐入宫,并把自己撰写的兵法13篇呈献给吴王。吴王将这13篇兵法看完后,赞不绝口,却不知孙子是否能将这些理论运用于实战,便问他:"你的13篇兵法,我都看过了。你可以小试一下指挥队伍吗?"

孙子回答说:"可以。"

于是,吴王派出宫中美女共180人,交由孙子操演。

孙子把180名宫女分成两队,让吴王宠爱的两个妃子担任两队队长,并命令所有人都拿着戟。

孙子命人将执法用的斧钺(古时杀人的刑具)竖立起来,反复重申军法,并将列队操练的要领讲得清清楚楚,然后击鼓发令。宫女们听见鼓声,觉得好玩极了,个个捧腹大笑,

孙子操练宫女,选自《中国五百名人图》。

乱作一团,谁也不听他的。

孙子说:"规定不明确,解释不清楚,错在将帅。"于是再次讲解了要领,然后击鼓发令。宫女们仍大笑不止,两个当队长的宠姬更是笑弯了腰。

这时,孙子说:"规定不明确,解释不清楚,是将帅之错;既然已反复说明,仍不执行命令,那就是下级士官的错了。"于是下令将两位队长斩首。

吴王见孙子要杀掉自己的爱妃,慌忙派人来传命说:"我已经知道将军善于用兵了。我没有这两个爱妃,连饭也吃不下,请将军不要杀她们。"

孙子断然回绝道:"臣既然已受命为将,将在军中,君命有所不受。"下令开刀问斩。

接着,孙子任命两队排头的宫女为队长,重新击鼓发令,这时宫女们再也不敢玩闹,左右前后的行走,都合乎规定和要求,阵形十分整齐。

孙子派人向吴王报告说:"队伍已训练整齐,请吴王检阅!"

吴王正为失去两个宠姬而惋惜,根本没有心思来看宫女操练,只是派人告诉孙武:"先生的带兵之道我已领教,由你指挥的军队一定纪律严明,能打胜仗。"

吴王虽不高兴,却已知道孙子是一位既能著书立说,又能统兵作战的军事奇才,终于封孙子为将军,令他日夜练兵,准备伐楚。

03 与吴王问对

《孙子兵法》书简

孙子的军事才能受到吴王的赏识,他经常与吴王一起讨论各种各样的军事问题。

有一次,吴王问孙子:"如果我师出境,驻扎于敌方境内,忽然大量的敌兵包围了我军。我欲突围而出,但四塞不通。我欲激励士兵，使他们拼命突围，应当怎么办呢？"

孙子答道："这时应深沟高垒，示敌人有守备，暂时安静勿动，以隐藏我军之本领；再告令三军，说明情况之不得已，然后杀牛焚车，让士兵饱食一顿，便烧尽粮食，填平井灶，人人割发弃冠，断绝生还的念头。于是加固坚甲，磨利锋刃，并气一力，攻其两旁。此时战鼓齐鸣，杀声震天，敌人闻之畏惧，莫知所当。我军以锐卒分行，疾攻其后，必能突围。这就是失误而求生之道。所以说：困而不谋者穷，穷而不战者亡。"

吴王听罢，觉得很有道理，就又问："如果我军包围了敌人，则如何行事呢？"

孙子答："敌人在山谷峻险之地，难以逾越，叫作'穷寇'。攻击它的方法是：隐蔽我军的士卒和营房，让开一条能出走的路。敌人求生逃遁，必无斗志，因而在半路上加以袭击，虽众必破。"

吴王听后深受启发。

04　治国的正道

有一天，吴王同孙子讨论起晋国的政事。

吴王问道："晋国的大权掌握在范氏、中行氏、智氏和韩、魏、赵六家大夫手中，将军认为哪个家族能够强大起来呢？"

孙子回答说："范氏、中行氏两家最先灭亡。"

"为什么呢？"

"根据他们的亩制、收取租赋以及士卒多寡、官吏贪廉做出判断的。以范氏、中行氏来说，他们以一百六十平方步为一亩。六卿之中，这两家的田制最小，收取的租税最重，高达五分抽一。公家赋敛无度，人民转死沟壑；官吏众多而又骄奢，军队庞大而又屡屡兴兵。长此下去，必然众叛亲离，土崩瓦解！"

吴王见孙子的分析切中两家的要害，很有道理，就又接着问道："范氏、中行氏败亡之后，又该轮到哪家呢？"

孙子回答说："根据同样的道理推论，范氏、中行氏灭亡之后，就要轮到智氏了。智氏家族的亩制，只比范氏、中行氏的亩制稍大一点，以一百八十平方步为一亩，租税却同样苛重，也是五分抽一。智氏与范氏、中行氏的病根几乎完全一样：亩小，税重，公家富有，人民穷困，吏众兵多，主骄臣奢，又好大喜功，结果只能是重蹈范氏、中行氏的覆辙。"

吴王继续追问："智氏家族灭亡之后，又该轮到谁了呢？"

孙子说："那就该轮到韩、魏两家了。韩、魏两家以二百平方步为一亩，税率还是五分抽一。他们两家仍是亩小，税重，公家聚敛，人民贫苦，官兵众多，急功数战。只是因为其亩制稍大，人民负担相对较轻，所以能多残喘几天，亡在三家之后。"

孙子不等吴王再开问，接着说："至于赵氏家族的情况，和上述五家大不一样。六卿之中，赵氏的亩制最大，以二百四十平方步为一亩。不仅如此，赵氏收取的租赋历来不重。亩大，税轻，公家取民有度，官兵寡少，在上者不致过分骄奢，在下者尚可温饱。苛政丧民，宽政得人。赵氏必然兴旺发达，晋国的政权最终要落到赵氏的手中。"

孙子论述晋国六卿兴亡的一番话，就像是给吴王献上了治国安民的良策。吴王听后，深受启发，高兴地说道："将军论说得很好。寡人明白了一个道理：君王治国的正道，就是要爱惜民力，不失人心。"

湖北广饶的孙武祠

身残志坚的孙膑子

战胜，则所以在亡国而继绝世也；战不胜，则所以削地而危社稷也。是故，兵者不可不察。
——孙膑

在春秋时代，战车与御术已经成为战争胜负的重要因素。

作为中国古代兵法专著精品之一的《孙膑兵法》，在继承《孙子兵法》精髓的基础上，独树一帜，体现了军事家孙膑无与伦比的军事才能，开启后世兵家之思想先河。

孙膑子（？—前316年），本名孙伯灵，生年不详，齐国鄄邑（今鄄城县红船镇）人，吴国大将孙武的后裔，约活动于公元前4世纪下半叶齐威王时期，齐国阿、鄄之间（今山东阳谷东北）人。

孙膑子是战国时期伟大的思想家、卓越的军事家，早年曾与庞涓师从鬼谷子学习兵法。庞涓出任魏将后，妒孙膑之才而将其骗至魏，对他处以刖（yuè）刑和黥（qíng）刑。孙膑子后逃往齐国，为田忌门客，被荐给齐威王，任军师，曾指挥桂陵之战和马陵之战大败魏军。随后，孙膑隐退而居，著《孙膑兵法》。

《吕氏春秋·不二》列举春秋战国时十大著名学派的人物及其学派特点，说："老聃贵柔，孔子贵仁，墨翟贵兼，……孙膑贵势，……此十人者，皆天下之豪士也。"由此可见，在战国时期，孙子在兵家中并没有很高的位置，其最高人物是孙膑子。

《孙膑兵法》久已失传，1972年山东省临沂银雀山汉墓出土竹简《孙膑兵法》，有1100余字。孙膑子继承和超越前人，形成了独具特色的军事理论体系。他的论著可谓博大精深，从战争的地位和作用等战争观，到用兵的战略战术思想，进而到兵阵战法、攻防战术、将领的选用及对其修养和素质要求，直至战略战术的思想基础及理论基础，都有深刻精辟的论述，包含有朴素的唯物论和辩证法思想，确实是留给后人的宝贵财富。

《孙膑兵法》的"战胜而强之"的战争观、"必攻不守"的进攻战略、"巧妙造势"的灵活战术、"以人为贵"的治军原则、"富国"是"强兵之急"的观点等战争哲理和运筹思想，不仅完善和发展了《孙子兵法》的理论，对后世兵家和军事著作也产生了很大影响。因此，它被誉为世界"兵家圣典"。《孙膑兵法》是一部内容丰富、极有价值的重要著作，值得人们好好阅读，仔细咀嚼，用心领悟。

身残志坚的孙膑子

01　争先吃饼

孙膑子和庞涓是同窗同学，一起跟鬼谷子学习兵法。有一天，鬼谷子把孙膑和庞涓一起叫了过来，说要考一考他们。鬼谷子给他们两人一共5个饼，要求每人一次最多只能拿2个饼，把手上的饼都吃完之后才能再拿，看谁最后吃得多。

庞涓一下子就拿了2张饼，狼吞虎咽地吃起来。

孙膑子拿起1张饼，慢条斯理地吃。庞涓吃得很快，迅速吃完了1个饼，但是因为手上还有1个，只能看着剩下的2个饼。这时，孙膑子拿起2张饼，说："我也吃个双合饼。"

这样，庞涓只剩下目瞪口呆的份了。

02　哄骗师傅

有一天，鬼谷子想测试一下徒弟的机智与应变能力，坐在屋里，跟弟子庞涓、孙膑子说："谁把我从屋里哄到屋外，谁就胜。"

庞涓装作惊慌失措的样子跑进屋，说："启禀师傅，元始天尊到，请您接驾。"鬼谷子无动于衷。庞涓第二次跑进来，连鞋都掉了一只，上气不接下气地说："师傅，九天玄女来了，正在外面等您。"鬼谷子身子动了动，并没起来。庞涓不死心，第三次进来，一急一忙，一跤摔倒在地，磕断了两颗门牙，结结巴巴地说："不好啦，苏师弟与张师弟打架，张师弟把苏师弟打死了！"鬼谷子站起来，看了看他，还是没出去。

轮到孙膑子时，孙膑一进来就说："师傅，我不行。"鬼谷子感觉有些奇怪，孙膑子说："您老人家能知五百年过去、五百年未来，我怎么哄得了您？"鬼谷子听罢，有些飘飘然。孙膑子接着说："要是您老人家在屋外，我倒有办法把您哄进来。因为外面的事是有天数的，您可以算出来；而屋里的事，是没有天数的，您出去了就算不出来了。"鬼谷子不信邪，让人把自己连人带椅子抬到外面。孙膑子见师

鬼谷子画像

傅出来,大笑说:"我已把师傅哄出来了!"鬼谷子一愣,哈哈大笑起来。

03 百担有余

有一次,鬼谷子对庞涓和孙膑子说:"我给你们一天的时间,谁上山砍的柴多,就算谁赢。"

庞涓力气大,上山打柴,一天下来,就砍了几十担柴。而孙膑子吃完早饭,一个上午都在家看书;吃过午饭,又眯了一觉,才动身上山。等傍晚回来,只见孙膑挑了一担树枝,一头是柏树枝,一头是榆树枝。

鬼谷子对庞涓说:"这回你又输了。"庞涓不解。鬼谷子问:"你打了多少柴?"庞涓回答:"二十几担。"鬼谷子说:"孙膑打了一百多担呢。"庞涓想了好一会儿,才如梦方醒。乍一看,孙膑子只有一担柴,可他的柴有柏树和榆树,即百(柏)担有余(榆)。

04 月朗星稀

一个中秋之夜,清风徐来,月光如洗,鬼谷子领着孙膑子、庞涓一同赏月。

鬼谷子漫不经心地问道:"你们说说啥时候月亮最圆啊?"庞涓抢先回答:"十五的月亮最圆。"鬼谷子看看孙膑,孙膑子思考了一会说:"根据我平时的观察,不能一概而论,月亮有时圆'四'不圆'五'。大月十四晚上月亮最圆,小月十五晚上最圆。"鬼谷子点了点头。

鬼谷子又顺势给他们出了个题:用最简短的文字,描述中秋夜空的景象。庞涓又抢先说:"我只用八个字——明月当空,繁星点点。"鬼谷子让孙膑子回答。孙膑子胸有成竹地说:"我只用四个字——月朗星稀。"鬼谷子捻须称道:"妙!妙!"

05 仙桃送母亲

相传孙膑18岁离开家乡到千里之外的云蒙山拜鬼谷子为师学习兵法,一去十二年,既没回家,也没给家写人封信。

有一年的五月初五,孙膑子猛然想到:"今天是老母八十岁生日,乌鸦十八日反哺母娘,羊羔吃奶跪乳,禽兽还知恩达礼,我却十二年未报母亲的养育之恩。"于是向师傅请假回家看望母亲。

鬼谷子摘下一个桃送给孙膑说:"这桃我是不轻易送人的,你在外学艺未能报孝母恩,我送给你一个带回去给令堂上寿。"孙膑子谢别师傅便上路了。

这一天,孙膑子家里正大摆酒宴为老母亲庆寿时,孙膑回来了。

孙膑子从怀里捧出师傅送的桃,对母亲说:"今日告假回来,师傅送我一个桃孝敬母亲。"

老母亲接过桃吃了一口说:"这桃比冰糖蜂蜜还甜。"桃还没吃完,母亲的容颜就变了,以前雪白的头发变成了如墨的青丝,昏老的双眼变得明亮了,掉了的牙又长了出来,脸上的皱纹也不见了,走路也不用拐杖了。

全家人都非常高兴。

06 师传兵书

孙膑子为人淳朴厚道,谦虚慎重,加上学习勤奋刻苦,颇得鬼谷子的器重。

有一天,鬼谷子对弟子们说:"我晚上厌恶老鼠的声音,你们轮流给我驱鼠。"弟子们连忙答应。

轮到孙膑子值夜驱鼠时,鬼谷子取出一捆竹简递给孙膑说:"这是你祖上孙武子著的《兵法》十三篇,世上早已失传。我看后有批注心得,用兵秘密,尽在其中。我看你心地忠厚,就交给你吧!"

元代青花人物罐——"鬼谷下山"

孙膑子说:"先生为何不一起传授给庞涓呢?"

先生说:"得到这本书的人,好好使用会对天下有利,不然会有害于天下。庞涓品行不佳,我怎能轻易传他!"

孙膑子捧回书后,精心攻读,三天之后,鬼谷子一篇篇考问,孙膑全都对答如流,背诵得一字不差。鬼谷子十分高兴地称赞说:"孙子后继有人了!"

07　遭受诱害

孙膑子拜师学习兵法时,与庞涓是同学,是其师兄。后来庞涓在魏宫廷中任职,成了魏国武职的最高级官员。

庞涓在和孙膑子一起学习兵法时,早就感觉到自己的才能不及孙膑子,将来如果有一天在战场上以兵戎相见,自己是会吃亏的。于是,他想方设法,遣人到孙膑子处,以同学的情谊、魏国的强盛、高官厚禄的许愿为诱饵,召孙膑子到魏国来。孙膑子推辞不掉老同学的这一番好意,便答应了庞涓的邀请。

不料,庞涓邀他去魏国,完全是一场骗局,是设下的一个陷阱。孙膑子一到魏都,庞涓的脸色马上变了。他想出了一条毒计:伪造信件,诬陷孙膑子私通齐国,使魏王下令对他处以膑刑,截去了他的膝盖骨;并对他处以刖(yuè)刑,斩掉了他的双脚;又对他处以黥(qíng)刑,在脸上乱刺符号。

经过这一场酷刑的折磨,孙膑子成了一个双腿残废的人。因他这次所受的刑罚中主要是膑刑,为了永远记住这次痛苦的教训,他自称"孙膑"。至于他以前的名字,反而失传了。

08　装疯度日

当孙膑子得知庞涓的全部阴谋时,气得顿时昏了过去。当天晚上,他突然大喊大叫起来,滚翻下地,爬到书桌边,将全部写好的竹简投入炉火之中。他一会儿笑,一会儿哭,泥土墨汁,弄得满脸浑身都是。庞涓闻讯赶来,只见孙膑子磕头如捣蒜,胡言乱语,嘴里唾沫四溅。

庞涓脱身走开,怀疑孙膑子是装疯卖傻,便命左右将他拖入猪圈。孙膑子披头散发,倒地而卧。不一会,有人送来糕点酒食,对孙膑子说:"我们同情孙先生的不幸,特送点吃的给您,以示敬意。庞将军是不知道的。"孙膑子横眉冷对,破口大骂:"你们又想来毒我了?"把那糕点酒食打翻在地。那人顺手拣些猪食泥土给孙膑,孙膑子一把抓过,塞进嘴里嚼起来。

庞涓这样试探多次,才相信孙膑子不是佯狂,而是真疯。从此,孙膑子爬进爬出，无人过问。有时与猪仔同睡，有时到街头露宿。街上市民可怜孙膑，经常给他吃的。孙膑子整天哭笑无常，疯疯癫癫。数日后，庞涓开始相信孙膑子真的疯了。

09 逃离魏国

有一天，孙膑子听说齐国使者来到了魏国大梁，便决意逃回齐国。当天夜间，孙膑子出现在齐国使者的住所前。

齐国使者闻信出来，一见孙膑子如此模样，十分惊讶，忙问："孙先生不是在这儿做客卿吗？为何变成这副样子？"

孙膑子把使者引到僻静处，才将自己因庞涓嫉妒而惨遭膑足之刑等实情告诉了齐国使者。

齐使便对孙膑子说："先生有意归齐，我当尽力相助。待到明天夜里三更时分，先生再来此处。"

孙膑子按时到达后，齐使命随从将孙膑子藏到车座下的木箱之中。天明后，齐使辞别魏王，在大臣们的欢送下，驾车驶离大梁，返回齐国。这样，孙膑子才逃离了魏国。

10 田忌赛马

孙膑子从魏都大梁逃回后，齐将田忌十分赏识他的才智，待他如上宾。

田忌经常与齐威王赛马，用重金进行赌博。孙膑子观察他们参赛的三匹马，各有一匹是上等的，一匹是中等的，还有一匹是下等的。由于齐威王每个等级的马都比田忌的马强得多，所以比赛了几次，田忌都失败了。

有一次，田忌又失败了，觉得很扫兴，比赛还没有结束，就垂头丧气地离开赛马场。这时，田忌抬头一看，人群中的好朋友孙膑子招呼自己。田忌走了过来，孙膑子拍着他的肩膀说："我刚才看了赛马，威王的马比你的马快不了多少呀。"孙膑子还没有说完，田忌瞪了他一眼："想不到你也来挖苦我！"孙膑子说："我不是挖苦你，我是说你再同他赛一次，我有办法准能让你赢了他。"田忌疑惑地看着孙膑子："你是说另换一匹马来？"孙膑子摇摇头说："连一匹马也不需要更换。"田忌毫无信心地说："那还不是照样得输！"孙膑子胸有成竹地说："你就按照我的安排办事吧。"

齐威王屡战屡胜，正在得意扬扬地夸耀自己马匹的时候，看见田忌陪着孙膑子迎面走来，便站起来讥讽地说："怎么，莫非你还不服气？"田忌说："当然不服气，咱们再赛一次！"说着，"哗啦"一声，把一大堆银钱倒在桌子上，作为他下的赌钱。齐威王一看，心里暗暗好笑，于是吩咐手下，把前几次赢得的银钱全部抬来，另外又加了一千两黄金，也放在桌子上。齐威王轻蔑地说："那就开始吧！"一声锣响，比赛开始了。

孙膑子先以下等马对齐威王的上等马，第一局田忌输了。齐威王站起来说："想不到赫赫有名的孙膑先生，竟然想出这样拙劣的对策。"孙膑子不去理他。接着进行第二场比赛。孙膑子拿上等马对齐威王的中等马，获胜了一局。齐威王有点慌乱了。第三局比赛，孙膑子拿中等马对齐威王的下等马，又战胜了一局。这下，齐威王目瞪口呆了。比赛的结果是三局两胜，田忌赢了齐威王。

11　围魏救赵

卓越的军事家——孙膑

公元前354年，势力强大的魏国进攻赵国，魏国的庞涓指挥大军包围了赵国的都城邯郸。双方战守年余，赵衰魏疲。这时，赵国向齐国求援，齐威王任命田忌为将、孙膑子为军师，出兵救赵。

田忌本来打算领军直接去赵国与魏军作战，但孙膑子认为，魏国的精兵在攻打赵国，国内空虚，主张采取避实击虚的灵活战术，向魏国的国都大梁（今河南开封）进军，造成兵临城下、大军压境之势。田忌采用了孙膑的计谋，率军进攻魏国。

魏军的庞涓闻讯，非常着急，丢掉粮草辎重，星夜撤军援救大梁。

孙膑子预先在魏军回国的必经之地桂陵（今河南长垣西北）设下埋伏，当庞涓率领长途跋涉、疲惫不堪的魏军经过时，齐军突然出击，大败魏军。

战史上把这种作战方法叫作"围魏救赵"。

12　减灶诱敌

公元前341年，魏国和赵国攻打韩国，韩国向齐国告急。齐威王派田忌、孙膑子率兵前往，直奔大梁。魏将庞涓听到消息，放下韩国赶回，但齐军已经越过齐境而西进。

孙膑子对田忌说："他们三晋的军队素来剽悍勇武而看不起齐国，齐国有怯懦的名声，善于作战的人只能因势利导。兵法上说，行军百里与敌争利会损失上将军，行军五十里而与敌争利只有一半人能赶到。为了让魏军以为齐军大量掉队，应使齐军进入魏国境内后先设十万个灶，过一天设五万个灶，再过一天设三万个灶。"

庞涓行军三天，见到齐军所留灶迹，非常高兴，说："我本来就知道齐军怯懦，入我境内三天，士兵已经逃跑了一大半。"于是丢下步兵，只率轻兵锐卒，用加倍的速度追赶齐军。

孙膑子估计魏军的行军速度，天黑应当赶到马陵。马陵道路狭窄，旁多险阻，可以埋伏兵马，于是把一棵大树削去树皮，露出白木，在上面写上"庞涓死于此树之下"，然后命齐军善射者持上万张弩，埋伏在道路两旁，约定好"天黑见到点着的火就一起放箭"。

庞涓于夜晚来到削去树皮的大树下，看见树上写着字，便钻木取火来照明。字还没有读完，齐军万弩齐发，魏军大乱而失去队形。庞涓自知无计可施，军队已彻底失败，只好自刎，临死说："总算叫这小子成了名！"

齐国乃乘胜全歼魏军，俘虏了魏太子申回国，孙膑子因此而名扬天下，世人皆传习他的兵法。

13　急流勇退

传说，马陵道之战孙膑子虽然打败了庞涓，受到齐国君民的赞誉，

孙膑故里——山东鄄城

但他看到齐国贵族阶层争权夺利,各不相让,便急流勇退,回到了云梦山。

师傅和他促膝谈心,他对老师说:"为什么做了九五之尊的国君不一心一意治国安民,却以邻为壑,征伐用兵?为什么富贵人家为富不仁,拼命掠夺民财?为什么君臣、父子、兄弟之间不能和睦相处,却相互倾轧,甚至残杀?……这些人情世故学生百思不得其解,再请先师指点迷津。"

鬼谷子叹口气说:"为师来此隐居,正是要寻找这些答案,可如今我仍不得其解。让我们共同思索吧!"

孙膑子见师傅心绪不好,连声说道:"是徒儿不好,让师傅生气啦!我愿守在师傅身边,终身求教,生死相随。"

鬼谷子摆摆手:"任你去吧,走你自己的路!"

但是,孙膑子没有离开师傅,就在鬼谷子隐居的地方住了下来。他总结、研究早年所学兵法知识和自己的作战经验,撰成《孙膑兵法》,成了我国古代伟大的军事家。

富国强兵的管子

政之所兴,在顺民心;政之所废,在逆民心。

——管子

"有的人活着,他已经死了;有的人死了,他还活着。……"法家学派的先驱——管子永远活在人们心中!

管子的塑像面北而立,于春风秋雨之中恒久地伫立着,俯视临淄广袤的天地、潺潺的缁水。管子面目祥和,眉宇间凝结着一缕淡淡的忧思,似乎目睹着齐国故都的兴衰变革,思索着这一方土地上人民的前程和未来。

　　管子,即管仲(公元前723年—约公元前645年),名夷吾,谥号"敬仲",齐国颍上(今安徽颍上)人,春秋时期齐国著名的思想家、政治家、军事家、哲学家,法家学派先驱。

　　管子一生传奇,从平民到宰相,甚至被齐桓公尊为"仲父"。他秉政四十年间,采用政治、军事、经济等谋略,辅佐齐桓公尊王攘夷、扶危救亡、省刑薄赋、富民强兵、九合诸侯一匡天下,使弱小的齐国成为春秋五霸之首。他的为政在国史中有诸多首创之举:主张富民强国,齐国遂成春秋首霸;最早懂得宏观经济调控,故设"轻重九府";实行租税改革,实施"相地衰征",实行土地承包经营;"兴市劝业",以市场作用带动就业;规划"女闾三百",首倡文化服务产业;"睦邻慎战",实现和平崛起。管子功成名就,既是学识渊博的思想家,又是政绩斐然的政治家,可以说是先秦诸子中唯一成功的典范。

　　在哲学上,管子提出了唯物主义的精气论。他认为,精气是构成万物的最小颗粒,又是构成无限宇宙的实体,有意识的人是由精气生成的。管子没有否定鬼神,但认为鬼神也是由精气生成的,精气"流于天地之间,谓之鬼神"。把鬼神视为普通一物,否认它是超自然的存在,反映出唯物主义的泛神论思想。管子认为,认识的对象存在于认识的主体之外。在认识过程中,主体要舍弃主观臆断,以外物为认识根据,要反映外物的真实情况。管子的精气论,对中国唯物主义的发展产生过深远影响,后来的唯物主义哲学家如王充、柳宗元等,都受到其影响。

　　管子的言论见于《国语·齐语》和《汉书·艺文志》,管仲的传记载于《史记·管晏列传》,另有《管子》一书传世。《管子》共24卷,85篇,今存76篇,内容极丰,包含道、名、法等家的思想以及天文、舆地、经济和农业等方面的知识。该书有三分之二的内容涉及经济问题,几乎把所有的经济问题都包揽无遗。因此,我们可以说,《管子》是一部古代的经济学全书。

　　管子深受历代圣贤推崇。孔子、司马迁、诸葛亮,以及唐太宗、房玄龄、魏征等,都对管子十分赞赏。近代的维新派领袖梁启超评价管子为"国史上第一流人物"。台湾大学者柏杨在《中国人史纲》中写道:"在国史中,堪称政治家的不过六人,管仲是第一人……"

01　管鲍分金

管子与鲍叔牙是好朋友，友情很深，两人一起经商。在经商时赚了钱，管子总是多分给自己，少分给鲍叔牙，而鲍叔牙对此从不和管子计较。对此，人们背地里议论说："管子贪财，不讲友谊。"鲍叔牙知道后解释说："管子不是不讲友谊，只贪图金钱，而是因为他家里实在太穷。多分给他钱，是我情愿的。"

后来，管子到部队里当兵，打仗冲锋的时候，他总是躲后面；往回撤了，他又冲在前面。这还不说，他居然还先后当了三次逃兵。对此人们议论纷纷，当成笑料。鲍叔牙则劝阻人们不要嘲笑管子，说："管子他不是贪生怕死，而是家里有年老力迈的母亲，不得不如此啊。"

管子晚年曾感动地说："我与鲍叔牙经商而多取财利，他不认为我贪心；同鲍叔牙谋事，我把事情办糟了，他不认为我愚蠢；我三次从阵地上逃跑，他不认为我胆小怕死；我做官被驱逐，他不认为我不肖；我辅佐公子纠败而被囚忍辱，他不认为我不知羞耻……生我者父母，知我者鲍子也！"

02　各保其主

公元前698年，齐僖（xī）公驾崩，留下三个儿子：太子诸儿、公子纠和小白。齐僖公死后，太子诸儿即位，是为齐襄公。太子诸儿虽然居长即位，但品质卑劣，齐国前途令国中老臣深为忧虑。

当时，管子和鲍叔牙分别辅佐公子纠和公子小白。一对好友，给两个公子当师傅，实为美谈。不过鲍叔牙当初对齐僖公令其辅佐公子小白很不满意，常常称病不出，因为他认为国君知道小白没有才能，将来没有希望继承君位，才让他辅佐小白。而管子却不以为然，当他了解内情后，劝导鲍叔牙说："国内诸人因厌恶公子纠的母亲，以至于不喜欢公子纠本人，反而同情小白没有母亲。将来统治齐国的，非纠即白。公子小白虽然没有公子纠聪明，而且还很性急，但却有远虑。除了我管仲，无人理解公子小白。公子纠即使日后废兄立君，也将一事无成。到时不是你鲍叔牙来安定国家，还有谁呢？"这样，鲍叔牙听从了管子的意见，竭

力尽心侍奉小白。

不久,齐襄公与其妹鲁桓公的夫人文姜秘谋私通,醉杀了鲁桓公。对此,具有政治远见的管子和鲍叔牙都预感到齐国将会发生大乱,所以他们都替自己的主子想方设法找出路。公子纠的母亲是鲁君的女儿,因此管子和召忽就保护公子纠逃到鲁国去躲避。公子小白的母亲是卫君的女儿,卫国离齐国太远,所以鲍叔牙就同公子小白跑到齐国的南邻莒国(在今山东莒县)去躲避。齐襄公十二年(公元前686年),齐襄公叔伯兄弟公孙无知杀死齐襄公,自立为国君。公孙无知在位仅一年有余,齐国贵族又杀死公孙无知,并声称公子小白与公子纠谁先赶回齐国都城,谁就是齐国新的君主。

两个逃亡在外的公子,一见时机成熟,都急忙设法回国,以便夺取国君的宝座。公子小白和鲍叔牙仔细分析国内形势,然后向莒国借了兵车,日夜兼程回国。鲁庄公知道齐国无君后,立即派兵护送公子纠回国,后来发现公子小白已经先出发回国,于是管子决定自请先行,亲率30乘兵车到莒国通往齐国的路上去截击公子小白。人马过即墨30余里,正遇见公子小白的大队车马,管子非常沉着,等公子小白车马走近,就操起箭来对准射击,只听"哨啷"一声,一箭射中,公子小白应声倒下。管子冷冷地笑了一声,便率领人马转身离去。

其实,公子小白没有死,管子一箭射中了他的铜制衣带勾,公子小白急中生智咬破舌尖装死倒下。经此一惊,公子小白与鲍叔牙更加警惕,飞速向齐国挺进,抢先进入临淄城。公子小白顺利地登上君位,这就是历史上有名的齐桓公。

03 作歌化险

鲁庄公得知齐国已有新君后气急败坏,当即派兵进攻齐国,企图通过武装干涉来夺取君位。齐桓公也不示弱,双方在乾时会战,结果鲁军大败,公子纠和管子随鲁庄公败归鲁国。齐军乘胜追击,进入鲁国境内。齐桓公为绝后患,遗书给鲁庄公,要求鲁国杀公子纠,并交出管子和召忽,否则齐军将全面进攻鲁国。

鲁庄公得知后与大臣施伯商量。施伯认为,齐国要管子不是为了报仇雪恨,而是为了任用他为政。因为管子的才干世间少有,他为政的国家必然会富强称霸。假如管子被齐国任用，将为鲁国的大患。因此施伯主张杀死管子，将其尸首还给齐国。

鲁庄公新败，闻齐国大兵压境，早吓得心颤胆寒，没有听施伯的主张。鲁庄公下令杀了公子纠，并将管子和召忽擒住，送还齐桓公发落。召忽为了表达对公子纠的忠诚而自杀。

管子一被押解返回齐国之路，立即意识到，这一定是鲍叔牙在想办法救他，可他此时并未因自己脱险而高兴，相反内心却十分焦急。他知道，鲁庄公一旦反悔，追兵赶上，自己仍不免一死。因此，他需要尽快离开鲁境，可是拉囚车的役人却打不起精神，行动缓慢。

情急之下，管子提议说："我为你歌，你为我和。"言毕，他即景生情引吭高歌："黄鹄啊，黄鹄啊，关在笼中不飞不叫，天高地广不得自由，引颈长号泪如雨飘。黄鹄啊，黄鹄啊，凌空展翅的天骄，一朝破笼冲云霄，劝君助力不会徒劳！"役人也跟着唱了起来，精神振奋，速度加快，一日竟走了两日路程。待鲁庄公明白过来，派兵追赶的时候，他们已经安全进入齐国境内。

04　不谢私恩

管子被捆绑在囚车上，从鲁国押往齐国。走在路上，又饥又渴，经过齐境边疆绮乌城，向守疆的管理祈求饮食。绮乌的守疆官吏跪着帮他送食，十分恭敬的样子。

随后，守疆的官吏乘机偷偷地对管子说："假如你侥幸回到齐国不被处死而被齐国重用，那时你将用什么来报答我？"

管子说："假如真的像你说的，我将会重用贤人，使用能人，评定奖赏有功之人，除此，我能拿什么来报答你呢？"守疆的官吏听了，对他很不满意。

管子重用的是人才，而不是和他亲近的人，管子是一个唯贤任用的人。即使身处逆境，管子仍可做到分清公事和私恩，坚持唯贤是举，唯才是用，不怕得罪人，难能可贵！

05　接受举荐

管子被押送到达齐国，鲍叔牙正在边境迎接他。老友相逢，格外亲

切。鲍叔牙马上命令打开囚车，去掉刑具，又让管子洗浴更衣，表示希望他能辅助齐桓公治理国家。

管子对鲍叔牙说："我与召忽共同侍奉公子纠，既没有辅佐他登上君位，又没有为他死节尽忠，实在惭愧。现在又去侍奉仇人，那该让天下人多么耻笑呀！"

鲍叔牙诚恳地对管子说："做大事的人，常常不拘小节；立大功的人，往往不需他人谅解。你有治国的奇才，桓公有做霸主的远大志愿，如你能辅佐他，日后不难功高天下，德扬四海。"做好管子的工作后，鲍叔牙赶回临淄，向齐桓公报告。

经鲍叔牙举荐，齐桓公选择吉祥日子，以隆重的礼节，亲自迎接管子，不计一箭之仇，起用管子，主持政事。

06　为何不死

春秋战国时期，人们提倡"士节"，即作为臣子，主子死了，你应该尽忠，为主子而死。

当时，公子纠和公子小白争夺王位，其左膀右臂是管子和召忽。公子纠被杀后，召忽对公子纠忠心耿耿，拔剑自刎，以身殉主。可是管子没有自杀，而且还接受了主子对手的邀请，成了齐国的宰相。

对于自己为何不死，管子说："我这个人要死，要符合三个条件，宗庙不存在了，祭祀灭绝了，国家灭亡了，我才会死。我不会为某一个国君死，我会为齐国死。如果我当时为公子纠像召忽那样死了，对国家没利，我活着才对齐国有利。"也就是说，他不是"忠君"，而是"忠国"，把"君"和"国"区分开来，为自己不死找了一个合适的理由。

07　纵论国策

有一次，齐桓公召见管子，把想了很久的问题摆了出来，说："你认为现在的国家可以安定下来吗？"

管子通过与齐桓公的接触，深知其政治抱负，于是直截了当地说："如果你决心称霸诸侯，国家就可以安定富强；你如果要安于现状，国家就不能安定富强。"

齐桓公听后又问:"我现在还不敢说这样的大话,等将来见机行事吧!"

管子被齐桓公的诚恳所感动,他急忙向齐桓公表示:"君王免臣死罪,这是我的万幸。臣能苟且偷生到今天,不为公子纠而死,就是为了富国家强社稷;如果不是这样,那臣就是贪生怕死,一心为升官发财了。"说完,管子就想告退。

齐桓公被管子的肺腑之言所感动,便极力挽留,并表示决心以霸业为己任,希望管子为之出力。

08　百姓为天

有一天,齐桓公问管子道:"当君王的人,应尊重什么?"

管子回答说:"应尊重天。"

于是,齐桓公仰而望天。

管子说:"我所说的'天',不是苍苍莽莽的天。当君王的人,要把百姓当作天。对于一个国家来说,百姓亲附,就可安宁;百姓辅助,就能强盛;百姓反对,就很危险;百姓背弃,就要灭亡。"

09　必先富民

有一天,齐桓公又问管子:"我想使国家富强、社稷安定,要从什么地方做起呢?"

管子回答说:"必须先得民心。"

"怎样才能得民心呢?"齐桓公接着问。

管子回答说:"要得民心,应当先从爱惜百姓做起。国君能够爱惜百姓,百姓就自然愿意为国家出力。爱惜百姓就得先使百姓富足,百姓富足而后国家得到治理,那是不言而喻的道理。通常讲安定的国家常富,混乱的国家常贫,就是这个道理。"

这时,齐桓公又问:"百姓已经富足安乐,兵甲不足又该怎么办呢?"

管子说:"兵在精不在多,兵的战斗力要强,士气必须旺盛。士气旺盛,这样的军队还怕训练不好吗?"

齐桓公又问:"士兵训练好了,如果财力不足,又怎么办呢?"

管子回答说:"要开发山林,开发盐业、铁业,发展渔业,以此增加财源。发展商业,取天下物产,互相交易,从中收税。这样财力自然就增多了。军队的开支不就可以解决了吗?"

经过这番讨论,齐桓公心情兴奋,就问管子:"兵强、民足、国富,就可以争霸天下了吧?"

管子严肃地回答说:"不要急,还不可以。争霸天下是件大事,切不可轻举妄动。当前迫切的任务是让百姓休养生息,让国家富强,社会安定,不然很难实现称霸目的。"

10　藏富于民

在管子看来,一个国家的兴衰,关键在于它的统治者是否得民心。他说:"政之所兴,在顺民心;政之所废,在逆民心。"也就是说,一个国家,政令之所以能推行,在于顺应民心;政令所以废弛,在于违背民心。

有一天,管子对齐桓公说:"施行王道的君主是藏富于民,施行霸道的君主总是藏富于极少数的权贵,而那些昏聩的君主只会把财富卷到自己的钱袋子里。"

齐桓公一时听不懂,反问道:"什么叫藏富于民?"

管子回答说:"藏富于民,就是把国家的财富分发到民间,让老百姓富裕起来。民间富裕了,君主就不会贫穷;民间贫穷了,君主不可能富有。这样表面看起来国库空虚,可是一旦需要,人民就会踊跃地提供赋税,君主便无财政之忧。"

11　治国之道

有一天,齐桓公在米仓附近射猎,管子、隰(xí)朋同来朝见。

齐桓公看到两人后,收弓脱铠而迎上去说:"那些鸿鹄,春天北飞、秋天南去而不误时令,还不是因为两只翅膀的帮助才能在天上畅意飞翔吗?现在我不得意于天下,难道不是你们两位的忧虑吗?"齐桓公又说一遍,两人都没有回答。

齐桓公说:"我既说了,两位怎么不回答呢?"

管子回答说:"现在人民忧虑劳苦,而国君却不断地使役他们;人民忧虑饥饿,而国君却加重他们的赋税;人民忧虑死,而国君却加紧用刑。这样,再加上亲近女色,疏远有德之士,虽然像鸿鹄之有双翼,过河之有舟楫,对国君能有什么作用呢?"

　　齐桓公谦恭局促不知所措。管子说:"从前先王治理人民,看人民忧虑劳苦,国君就限定时间使役,人们就不忧虑劳苦了;见人民忧虑饥饿,国君就轻收赋税,人民就不忧虑饥饿了;见人民忧虑死,国君就宽缓用刑,人民就不忧虑死了。这样,再加上亲近有德行的人而疏远女色,那么,四境之内,对待君主就像父母一样;四境之外,归附君主就像流水一般了!"

　　齐桓公立刻中止打猎,并表示要听从两位的话,以成就霸业。

12　伸手要"三权"

　　齐桓公让管子治理齐国,管子说:"贱不能临贵。"其意为,我人微言轻,地位低的人管不了地位高的人。齐桓公没有犹豫就任命管子为"上卿"。

　　过了一段时间,国政并没有什么变化,齐桓公很纳闷,便向管子询问其原因。管子说:"贫不能使富。"其意为,贫穷的人指挥不动富有的人。齐桓公便将国家一年来从市场上收来的租税全部赐给管子。

　　又过了一段时间,国家变化还不见明显起色,齐桓公有些着急,责问管子是什么原因,管子回答:"疏不能制亲。"其意为,疏远的人制约不了亲近的人。言下之意,就是我管不了您身边的人。齐桓公点点头,回去后便当众把管子尊立为"仲父"。

　　孔子曾说:"管子再能干,如果得不到这三种权力,也不能让他的君王称霸天下。"

13　官山海

　　有一次,齐桓公打算通过增加税收来充实国库,问政于管子,两人之间有过一场交谈。

　　桓公:"我要对房屋征税,你觉得怎么样?"

管子:"那样做等于毁掉已经建成的房屋。"

桓公:"我要对林木征税。"

管子:"等于砍掉尚未成材的树林。"

桓公:"我要对牲畜征税。"

管子:"等于滥杀牲畜,不让它正常繁殖。"

桓公:"我要征收人头税。"

管子:"等于隐瞒人口的实际数字。"

《管子》书影

齐桓公很不高兴地说:"那么,我用什么来维持国家的开支呢?"

管子回答说:"唯有官山海可为。"所谓"官山海",就是把山和海都收归国有,实施国家垄断经营,实施铁器和食盐的国家专卖制度,也就是政府明确规定铁矿和食盐属于国有,但在生产上实行民间生产,规定百姓在特定时间和特定地域炼铁、煮盐,然后政府统一收购、统一运输、统一销售,实行铁矿和食盐资产国有化和垄断经营。"官山海"表面上并没有直接征税,不会引起人民的任何抱怨,达到"见予之形,不见夺之理",是很高明的国家财政方式。

14 妙用"无形之手"

齐国西部某年因涝灾导致饥荒,粮食短缺,粮价上涨,每釜(古量器)达百钱;而齐国东部又因丰收而谷贱,每釜仅十钱。两地粮食价格不同,管子据此建议齐桓公向全体国民每人征收三十钱的税,但要换算成当地的粮食缴纳。

这样,东部齐民要缴三釜,而西部齐民只缴三分之一釜,东部的粮食就大量集中到了齐国政府手里。政府将粮食平价散售于齐西之后,齐东因有国家的大量收储,粮价上扬,解决了粮贱伤农之害;而齐西又因有国家的平价粮食售卖,最终使"齐西之民饥者得食,寒者得衣"。

可见,管子深明"用价格配置资源"的道理,巧妙地利用"价格"完成了一次事关社稷的宏观调控。

15 破厚葬

齐国人崇尚豪华的葬礼,生产的布匹都被用来做寿衣,而木材也都耗在了做棺材上。

齐桓公很担忧这样的风气，便把这个情况告诉了管子，说："布匹都用光了，人们就没有衣服穿；木材都耗尽了，就没有用来制作防御器材的材料。用什么方法来禁止这种豪华葬礼的风气呢？"

管子回答说："但凡人们要做什么事，不是为了名声，就是为了利益。"

于是，齐桓公下命令说："今后如果寿衣和棺材做得太高档，就是侮辱死者的尸体，那些发丧的人必须治罪。"

过了不多久，豪华葬礼的风气便停止了。

16　招商引资

有一天，齐桓公询问管子："你有何治国之策能使齐国富裕起来？"

管子说："请您下令：凡是各诸侯国的商人来齐国经商都免费提供住所；对于带着一辆马车来齐国经商的商人，除了提供住所，还免费供给食物；对于带着三辆马车来齐国经商的商人，除了提供住所、食物，还免费提供马的饲料；对于带着五辆马车来齐国经商的商人，另外还有提供仆人为之服务的优惠条件。"

管子是世界上第一个通过招商引资而富国强兵的政治家，其远见卓识令人叹为观止！当时，群雄割据，竞争激烈，管子在齐国率先施行优惠政策招商引资，结果是"天下之商贾归齐若流水"。

17　设立"女闾"

管子为政时，在中国历史上首次设立"女闾（lǘ）"（即妓院），将战俘或者罪犯的寡妇充于其间，并向她们收税。

在春秋时代由官方公开设立妓院，是一个大胆的举措。有人认为，管子设立妓院，一是为了充实国库，二是为了讨齐桓公的欢心，三是为了招揽人才。管子认为，齐国要兴盛，必须召集一批头脑活络的人士，而凡是这样的人士大多放荡不羁。

18　铤而走险的原因

齐桓公问："古代的天时和现代的天时是一样的吗？"

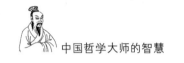

管子说:"是一样的。"

齐桓公问:"那古代的人类社会和现代的人类社会是一样的吗?"

管子说:"这可就不一样了,我们可以从政务和刑罚这两方面来看。帝喾(kù)和尧的时代,山里有好多值钱的东西都没人开发,这倒不是因为帝喾他们的执政水平有什么过人之处,而是因为山上的树木用不着砍光就足够用,河里的鱼用不着捕尽就足够吃。人们耕田种地,收成足够生活,多余的部分供养天子,所以天下太平无事。放牧牛马的人不会在道上相遇,不同地方的风俗习惯互不相知,人们讨生活也用不着到远处奔波,所以,虽然有官吏却没多少事可做,政务清静简单。至于犯罪的人,让他两只脚分别穿上两只不一样的鞋就算是惩罚了。而到了周公执政的时候,砍断的人手、人脚和人头堆满台阶,可人民还是不驯服。贪生怕死是人的天性,人们之所以铤而走险,是因为日子实在过不下去了。社会发展了,人口增加了,耕地相对减少了,活命越来越不容易了……"

19　治理懒惰

有一天,齐桓公问管子:"人民饥而无食,寒而无衣,正常赋税无力交纳,房屋漏雨不肯修,墙垣颓坏不肯砌,该怎么办呢?"

管子回答说:"请剪掉路旁树上的树枝。"

齐桓公说:"可以。"便命令左右伯剪除路旁的树枝。左右伯遵命剪除树枝后,路旁树上的枝叶稀疏了。过了一年,百姓穿上了帛服,吃到了粮食,交上了正常赋税,破屋得到修理,坏墙也得到补砌。

齐桓公问管子:"这是什么原因呢?"

管子回答说:"齐国,原是莱族的国家,常在一棵大树下休息上百乘的车,是因为树枝不剪可以乘凉。许多飞鸟在树上,青壮年拿弹弓在树下打鸟,而终日不归;父老们在树荫下高谈阔论,也是终日不归;赶集散市的人也懒惰思睡而终日不归。现在,我把树上的枝叶剪掉,没有了茂密的树荫,往返者则珍惜时光,过路者快速赶路,父老回家干活,青壮年也回家勤于本业。我之所以要纠正'三不归'的问题,是因为百姓从前被它弄得衣食不继的缘故。"

20　唯有我在此

有一天，齐桓公问管子："我应如何成就霸业？"

管子回答说："开垦田地，创建城邑，使得地利得以完全地发挥出来，则我的能耐不如宁戚，请将宁戚任命为田官；熟悉接待宾客、进退的各种谦让礼节，则我不如隰朋，请将隰朋任命为大行（官名，掌管接待宾客）；早到晚退，顶着冒犯君主的风险，必定以忠心进谏，不重视富贵，不避开死亡，则我不如东郭牙，请任命东郭牙为谏臣；审判案件，解决纷争，不诬陷无罪的人，不杀害无辜的人，则我不如弦宁，请任命弦宁为大理（官名，掌管刑法）；平原、战场之上，能让战车和士兵都不后退逃跑，击起战鼓则三军将士都能视死如归，则我不如王子成甫，请任命王子成甫为大司马（官名，掌管军事）。如果您想要富国强兵，则有这五个人就足够了；如果您想在天下称王称霸，那唯有我在此。"

21　各投所好

有一天，齐桓公问管子："我爱好在田野里打猎，有害于成就霸业吗？"

管子回答说："无妨。"

齐桓公再问："我有好饮酒的毛病，有害于成就霸业吗？"

管子回答说："无妨。"

齐桓公又问："我有好色的毛病，有害于成就霸业吗？"

管子仍回答说："无妨。"

齐桓公颇感意外，以为管子在说反话，便生气地问："那么，什么才有害于成就霸业呢？"

管仲纪念馆位于临淄区齐陵街道北山西村，南依牛山，北停淄河，依托省级文物保护单位管仲墓而建。

管子回答说："不知道贤人，有害于霸业；知道贤人而不用，有害于

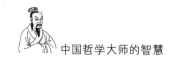

霸业；用而不能终，有害于霸业；任用又让小人参与其中，则有害于霸业。"

桓公说："好。"于是重用管子为相，尊其为"仲父"，恩礼有加，并下令："凡国家大政方针，首先告诉仲父，其次告诉我。需要具体实施的事情，全凭仲父裁决。"

君臣二人，各投所好，相得益彰，从而造就了春秋的第一位霸主，位居"春秋五霸"之首。

22　为君主分谤

若干年后，齐桓公霸业成功，志得意满，造豪华宫楼，出行礼式也比于周王。管子富贵得可以跟国君相比，他拥有建筑豪华的住宅和摆放礼器的台阁，过着非常奢侈的生活。

有一天，鲍叔牙劝管子说："为君的豪奢，为臣的也豪奢；为君的僭越，为臣的也僭越。这样不好吧？"

管子回答说："做君主的辛苦图强，就是要图一日之快意，如果你不让他得意舒心，他就没有进取的动力。可如果君主做的超出礼法，难免会有人骂他，而超出礼法的人不只君主一个，骂君主的人就少了。我所做的，只是为君主分谤而已。"

23　阻齐桓公封禅

齐桓公在实现"九合诸侯，一匡天下"的梦想时，突然提出封禅泰山的想法，希望以此彰显其功绩。当时，管仲并无一言。

下朝后，一位同僚问管子："您为什么不发一言，阻止齐桓公的决定？"

管子说："桓公好胜，要以私下阻止，不能正面谏阻。"

当晚，管子夜访齐桓公，不是以言辞相说服，而是设置了一些难办的事情阻止齐桓公封禅。他说道："古时候封禅，需要用鄗（hào）上地区的黍（shǔ），北里地区的禾，做祭天用的粢（zī）盛；用江淮之间生长的三脊茅编织荐神的席子，东海来贡比目鱼，西海来贡比翼鸟，然后还有不求自至的十五种吉祥物出现。如今什么祥瑞也没有，凤凰麒麟没有降临，嘉谷没有产生，而田野中的蓬蒿杂草茂盛，鸱鸮（chī xiāo）等恶鸟数次出现于朝堂。在这种情况下想要封禅，是否有点儿不太合适？"于是齐桓公打消了封禅的念头。

24　尊王攘夷

由于管子推行改革，齐国出现了民足国富、社会安定的繁荣局面，齐桓公对管子说："现在咱们国富民强，可以会盟诸侯了吧？"

管子谏阻道："当今诸侯，强于齐者甚众，南有荆楚，西有秦晋，然而他们自逞其雄，不知尊奉周王，所以不能称霸。周王室虽已衰微，但仍是天下共主。东迁以来，诸侯不去朝拜，不知君父。您要是以尊王攘夷相号召，海内诸侯必然望风归附。"

管子所说的"尊王攘夷"，就是尊重周朝王室，承认周天子的共同领袖的地位；联合各诸侯国，共同抵御戎、狄等部族对中原的侵扰。攘夷于外，必须尊王。"尊王"实际上是管仲的一个策略，因为齐国再强大，毕竟还是诸侯之一，他就是打着"尊王"的旗帜来发号施令，挟制诸侯。

25　买鹿制楚

齐桓公问管子："楚，是一个强国，其人民习于战斗之道。出兵攻伐它，恐怕实力不能取胜。兵败于楚国，又不能为周天子立功，为之奈何？"

管子回答说："就用战斗的方法来对付它。"

齐桓公问："这怎么讲？"

管子回答说："您可用高价收购楚国的活鹿。"

齐桓公便营建了百里鹿苑，派人到楚国购买活鹿。楚国的鹿价是一头八万钱。管子首先让桓公通过民间买卖贮藏了国内粮食十分之六，其次派左司马伯公率民夫到庄山铸币，然后派中大夫王邑带上二千万钱到楚国收购活鹿。

楚王得知后，向丞相说："钱币是谁都重视的，国家靠它维持，明主靠它赏赐功臣。禽兽，不过是一群害物，是明君所不肯要的。现在齐国

用高价收买我们的害兽,真是楚国的福分,上天简直是把齐国送给楚国了。请您通告百姓尽快猎取活鹿,换取齐国的全部财宝。"楚国百姓便都放弃农业而从事猎鹿。

管子还对楚国商人说:"您给我贩来活鹿二十头,就给您黄金百斤;加十倍,则给您黄金千斤。"这样楚国即使不向百姓征税,财用也充足了。楚国的男人为猎鹿而住在野外,妇女为猎鹿而住在路上。后来隰朋让齐国百姓藏粮增加五倍,楚国则卖出活鹿存钱增加五倍。

管子说:"这回可以取下楚国了。"

齐桓公说:"怎么办?"

管子回答说:"楚存钱增加五倍,楚王将以自得的心情经营农业,因为钱增五倍,总算表示他的胜利。"

齐桓公说:"不错。"于是派人封闭关卡,不再与楚国通使。楚王果然以自鸣得意的心情开始经营农业,但粮食不是三个月内就能生产出来的,楚国粮食高达每石四百钱。齐国便派人运粮到芊地的南部去卖,楚人投降齐国的有十分之四。经过三年时间,楚国就降服了。

26　服帛降鲁梁

齐桓公说:"鲁国、梁国对于我们齐国,就像田边上的庄稼、蜂身上的尾螫(shì)、牙外面的嘴唇一样。现在我想攻占鲁、梁两国,怎样进行才好?"

管子回答说:"鲁、梁两国的百姓从来以织绨为业。您就带头穿绨做的衣服,令左右近臣也穿,百姓也就会跟着穿。您还要下令齐国不准织绨,必须仰给于鲁、梁二国。这样,鲁梁二国就将放弃农业而去织绨了。"

齐桓公说:"可以。"就在泰山之南做起绨服,十天做好就穿上了。

管子还对鲁、梁二国的商人说:"你们给我贩来绨一千匹,我给你们三百斤金;贩来万匹,给三千斤。"这样,鲁、梁二国即使不向百姓征税,财用也充足了。鲁、梁二国国君听到这个消息,就要求他们的百姓织绨。十三个月以后,管子派人到鲁、梁探听。两国城市人口之多使路上尘土飞扬,十步内都互相看不清楚,走路的拖着鞋不能举踵,坐车的车轮相碰,骑马的列队而行。

管子说:"可以拿下鲁、梁二国了。"

齐桓公说:"该怎么办?"

管子回答说:"您应当改穿帛料衣服,带领百姓不再穿绨,还要封闭关卡,与鲁、梁断绝经济往来。"

齐桓公说:"可以。"

十个月后,管子又派人探听,看到鲁、梁的百姓都在不断地陷入饥饿,连朝廷"一税即得"的正常赋税都交不起。两国国君命令百姓停止织绨而务农,但粮食却不能仅在三个月内就生产出来,鲁、梁的百姓买粮每石要花上千钱,齐国粮价才每石十钱。两年后,鲁、梁的百姓有十分之六投奔齐国。三年后,鲁、梁的国君也都归顺齐国了。

27 劝君信守盟约

曹沫是鲁国人,凭借勇力侍奉鲁庄公。庄公喜欢勇力之士,曹沫成为鲁国的将军,与齐国作战,多次战败。鲁庄公害怕了,于是献上遂邑这个地方用来求和,仍然再任用曹沫做将军。齐桓公答应与鲁国在柯地(今山东东阿西南)相会并互订盟约。

鲁庄公与齐桓公经过谈判,然后准备歃血为盟,正在这时,曹沫突然手持匕首劫持了齐桓公,齐桓公左右的人没有一个敢动,齐桓公问曹沫:"你想要干什么?"

曹沫瞪着眼睛说道:"齐国强鲁国弱,而贵国侵犯鲁国也太过分了,已经侵占到鲁国的城下了。现在鲁国的城墙塌下来就会压到齐国的国境上,大王一定要考虑这件事!"

齐桓公见形势不妙,马上答应归还侵占的鲁国土地。桓公说完这些话,曹沫就扔掉匕首,走下盟坛,面朝北方坐到群臣的位置,脸色不变,言辞如故。

会盟结束,鲁国君臣胜利回国。齐桓公君臣却愤愤不乐,齐桓公则想毁约,管子则劝齐桓公说:"毁约不行,贪图眼前小利,求得一时痛快,后果是失信于诸侯,失信于天下。权衡利害,不如守约,归还占领的鲁国国土为好。"齐桓公听取了管子的意见,派人把汶阳之田和遂邑交还给了鲁国。

这一行动果然如管子所料,天下诸侯看到齐桓公信守承诺,不再以

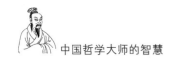

强凌弱,纷纷归附。两年之后,齐桓公使各路诸侯心悦诚服,取得了霸主的地位。

事后,齐桓公说:"仲父命令我向东,我就向东;仲父命令我向西,我就向西。"

28 老马识途

周惠王十四年(公元前664年),边境少数民族山戎人趁机统兵万骑,攻打燕国,企图阻止燕国通齐,燕庄公抵挡不住,告急于齐桓公。齐桓公为了集中力量对付南方楚国,本来不想支援燕国。但管子认为,当时为患一方的,南有楚国,北有山戎,西有狄,都是中原诸国的祸患。国君要想征伐楚国,必须先进攻山戎,北方安定,才能专心去征伐南方。如今燕国被犯,又求救于我国,举兵率先伐夷,必能得到各国的拥戴。齐桓公深以为然,遂举兵救燕。

山戎闻齐师大队人马将至,掳掠大量财物解围而去。齐军与燕军合兵一处,北出蓟门关追击,杀得山戎兵落荒而逃。山戎首领逃往山中藏匿,从而引诱齐军中计,误入迷谷。此时天色已晚,放眼望去只见茫茫一片平沙,狂风卷地,寒气逼人,齐军前后队失去了联系。齐桓公有些不知所措,忙向管子求教解危之计。

管子沉吟片刻,遂让随行兵士敲锣打鼓,使各队闻声来集,屯扎一处,挨至天明。谁知,天虽已亮,沙漠中却炎热异常,又无饮水,一望无际的沙漠难辨方向,全军将士焦急万分。管子见状,忙向齐桓公建议道:"臣听说老马识途,燕马多从漠北而来,也许熟悉此地,大王不妨令人挑选数匹老马放行,或许可以寻见出路。"齐桓公依其言,命人取数匹老马,放之先行,军队紧随其后,果然走出险地。

29 智过鬼泣谷

山戎人出兵攻打与齐国立盟的燕国时,燕国君主亲率两万将士出战,在鬼泣谷中了山戎部落令支国首领密卢的埋伏,只逃出千余人。

被管子封为先锋将军的虎儿斑追赶山戎人到一个叫里岗的地方时,却不敢前进了。他对齐桓公和管子说:"前面是鬼泣谷。如果山戎布下埋伏，我们就是插翅也休想过去。燕国两万大军就是葬身在那里的!"

管子在路上早就想出了过鬼泣谷的计谋。"将军既然有所顾虑，那你就跟在大军的最后吧。"管子说着，拿出令牌，"王子成父、赵川二将，你俩去前军按令牌所指行事，做好准备，明日清晨过鬼泣谷!"王子成父和赵川接令牌驾车而去。

第二天天刚亮，一辆辆战车向鬼泣谷驶去。只见马的嘴是被网笼住的；战车的轮子上绑有麻皮，发出的声音很小；战车上站着的将士则披甲握戈，显得格外高大；齐国的战旗在谷风的吹动下发出"哗啦哗啦"的响声。

这时，山戎令支国首领密卢举着"令"字小黄旗，出现在鬼泣谷的山头上，见齐军进入了他的伏击圈，就一挥小黄旗，喊声："打!"猛然间，箭、石、木齐下，有的击中齐军将士，有的把战车砸得稀巴烂，有的把"齐"字大旗打断了。

密卢挥动狼牙棒，率兵从山上冲了下来。密卢冲到一个身中数箭仍立于战车上岿然不动的齐将前，举起狼牙棒对这齐将的头部狠击一棒，"咚"一声，把齐将的头盔打掉了。定睛一看，原来被打掉头盔的却是披着衣甲的树桩。密卢知道中计，大惊失色。

此刻，鼓声大作。密卢闻声回头，只见齐国骁将王子成父和赵川率兵直扑过来。密卢大喝一声，挥舞着狼牙棒迎上去。他见远处有一个身材高大的人站在战车上，在观看两军作战，断定是齐国相国管子，就径直朝那人扑去。所到之处，齐兵无人抵挡得住。片刻，密卢已杀到管仲面前。说时迟，那时快，战车后数十枚箭齐发，密卢惨叫倒地。他手下一员大将冲进重围，把负伤的密卢抢了回去，往山戎的另一部落孤竹国逃去。

30 不苟安

公元前651年，齐桓公与各诸侯国在葵丘（今河南兰考）会盟之后，看到自己追求的称霸目标已经实现，十分高兴，想与管子一起庆贺庆贺。于是他斋戒10天后召见管子，并与夫人一起给管子敬酒，而管子却一脸的不高兴，喝了三杯就走了。

齐桓公怒问管子："你为何这样难伺候?"

因为协助齐桓公称霸的重要功绩，管仲被视为古代名臣的典范。

管子说："沉湎于宴乐就接近了忧患，光想享美味就淡薄了德行，懒于上朝就放松了政事，国家受到危害就危及社稷，所以我才走了。"

齐桓公说："我不敢自己苟安。我见仲父年纪大了，我也老了，我只是想安慰你一下。"

管子说："我听说壮年人不懈怠，老年人不苟安，顺应天道行事，一定会有好结果。要接受夏桀、商纣、周幽三个君王亡国的教训，您何必要有所苟安呢？"

第二天，齐桓公上朝就向管子询问如何建立国君威信等有关国计民生的大事，以示自己不苟安。

31　深明大义

公元前 648 年，管子以 70 多岁高龄，受齐桓公委派，为周王朝平定了戎寇。周襄王为了表达感激之情，准备以上卿之礼接待管子。

管子虽然身为齐国宰相，但因出身低微，爵位却在高氏、国氏两家世卿之下。管子如果接受上卿之礼，下一次周襄王接待高、国两氏，就得违背常礼了。因此，管子坚决推辞了"上卿"之礼。为了不使周襄王为难，管子自降一级，接受了"下卿"之礼。

32　病榻荐相

周襄王七年（公元前 645 年），管子患了重病，齐桓公去探望他，说："您的病很重，一旦病情危急发生不幸，我将把国家托付给谁好呢？"

管子回答说："以前我尽心竭力，还不能够知道这样一个人；现在得了重病，生死在于朝夕之间，我又怎么说得上来呢？"

桓公说："这可是大事，希望您能给我指教。"

管子恭敬地同意了，说："你想要任用谁为相呢？"

桓公说："鲍叔牙可以吗？"

管子诚恳地说："鲍叔牙是君子，但他善恶过于分明，见人之一恶，终身不忘，这样是不可以为政的。"

齐桓公问："易牙怎样？"

管子说："易牙为了满足国君的要求不惜烹了自己的儿子以讨好国君，没有人性，不宜为相。"

齐桓公又问："开方如何？"

管子答道："卫公子开方舍弃了做千乘之国太子的机会，屈奉于国君15年，父亲去世都不回去奔丧，如此无情无义、没有父子情谊的人，如何能真心忠于国君？况且千乘之封地是人梦寐以求的，他放弃千乘之封地，俯就于国君，他心中所求的必定过于千乘之封。国君应疏远这种人，更不能任其为相。"

齐桓公又问："易牙、开方都不行，那么竖刁怎样？他宁愿自残身肢来侍奉寡人，这样的人难道还会对我不忠吗？"

管子摇摇头，说："不爱惜自己的身体，是违反人情的，这样的人又怎么能真心忠于您呢？请国君务必疏远这三个人，宠信他们，国家必乱。"

桓公问："隰朋如何？"

管仲答："隰朋对自己要求很高，能做到不耻下问。对不如自己的人哀怜同情；对于国政，不需要他管的他就不打听；对于事务，不需要他了解的，就不过问；别人有些小毛病，他能装作没看见。他能使上下和睦，万众一心，可以隰朋为相。只可惜他与我形同喉舌，我一死，他恐怕也活不了多久的。"

管仲去世后，桓公拜隰朋为相，果然，不到一年，隰朋也去世了。桓公任用鲍叔牙为相，可是，桓公离开了易牙等三人，竟然饭不香、睡不安，不久，就又重用起易牙三人。鲍叔牙愤愤不平，从政不到两年，就忧愤而死。由此，易牙三人专权自高，各树其党，争权夺利，全不把桓公放在眼里。

不久，齐桓公病重。易牙、竖刁见齐桓公已不久于人世，就堵塞宫门，假传君命，不许任何人进去。

有一宫女乘人不备，越墙入宫，探望齐桓公。桓公正饿得发慌，索

取食物，宫女便把易牙、竖刁作乱，堵塞宫门，无法供应饮食的情况告诉了齐桓公。桓公仰天长叹，懊悔地说："如死者有知，我有什么面目去见仲父？"说罢，用衣袖遮住脸，活活饿死了。

桓公死后，宫中大乱，齐桓公的几个公子为争夺王位各自勾结其党羽，互相残杀，致使齐桓公的尸体停放在床上六七十天无人收殓，尸体腐烂生蛆，惨不忍睹。

这就是齐桓公最后没有听从管仲的话的结果。

33　孟子"小"管子

有一天，孟子的学生、齐人公孙丑说："管仲辅佐国君称霸，晏子辅佐国君扬名，管子和晏子还不足以效法吗？"

孟子不以为然地说："你真是个齐人，只知道管仲、晏子。"他对公孙丑说了这样一件事，有人曾问曾参的孙子（也有学者认为是儿子）曾西："你和子路哪个有德行？"曾西不安地说："子路是先祖父所敬畏的人。"那人说："那么你和管仲哪个有德行？"曾西就不高兴了，说："你怎么竟把我和管仲相比？"

孟子反问公孙丑说："管仲是曾西不愿效法的对象，你认为我会愿意吗？"

有一次，齐宣王召请孟子，孟子以病为借口推辞不去。有一个叫景丑的人说："你这样做，好像不合礼义吧。"孟子说："成汤对于伊尹、齐桓公对于管仲都不敢传唤。管仲尚且不能传唤，何况不愿做管仲的人呢？"

以法为本的韩非子

法莫如显,而术不欲见。

——韩非子

狮子是百兽之王,百兽闻之莫不惊恐万状。正因为狮子有如此特点,历代统治者均将其应用在陵寝、宫殿、寺庙门前,作为"尊贵"和"威严"的象征性雕像,体现着皇权至尊,威震八方,神圣不可侵犯。

中国哲学大师的智慧

　　韩非子（约公元前280—前233年），名非，是战国晚期著名的哲学家、思想家和散文家，法家思想的集大成者。韩非子口吃，但他善于写作。针对韩国的现状，他提出了许多有利的建议和主张，但都未被采纳，于是他便发愤著书，把自己的思想用文字表达出来。

　　韩非子是法家学派中极具影响的人物。法家早期学派中的商鞅重"法"、申不害重"术"、慎到重"势"，而韩非子继承并发展了法、术、势三派学说，综合成一种体系完整的新法家学说。韩非子的法治思想为秦始皇所重用，为中国第一个统一专制的中央集权制国家的诞生提供了理论依据。韩非是中国历史上第一个提出"以法治国"的人。其法治思想被历代封建统治者所采用，对历史发展产生了深远影响。

　　韩非子提出了唯物主义的自然观和无神论思想，反对迷信鬼神。在哲学上，韩非的朴素辩证法思想较为突出。他一生创作了大量脍炙人口的寓言故事，最著名的有"自相矛盾"、"守株待兔"、"讳疾忌医"、"滥竽充数"、"郑人买履"、"狗猛酒酸"、"踊贵履贱"、"老马识途"等。这些生动的寓言故事，蕴含着深隽的哲理，凭着思想性和艺术性的完美结合，给人们以智慧的启迪。

　　《韩非子》是先秦法家集大成之杰作，是我国古代政治学方面的名著，在古代哲学、文学史上也享有盛誉。它和先秦诸子百家如道家、儒家、墨家、兵家、名家、阴阳家等学派的著作交相辉映，共同编织了灿烂夺目的中国古代优秀传统文化彩虹。宋朝名相赵普说："半部《论语》治天下。"无独有偶，近代著名学者、革命家章太炎称"半部《韩非子》治天下"。这里的两个"半部说"，恰好合二为一，有机结合，构成了封建社会中占统治地位的思想基础，透出了一个时代的精神支柱。即使是我们今天倡导的"以德治国"、"以法治国"，似乎也可以从此寻求渊源。

　　《韩非子》是中国先秦哲学史上的一朵奇葩。细读《韩非子》，你会为他气势之磅礴、视野之开阔、立论之缜密、引喻之精博而叹服。当年秦始皇看过《韩非子》一书后，赞叹有加，说："如果寡人能见到此书的作者，与之交流谈论，死而无憾！"

01　拜荀子为师

声名远播的荀子先生从公职退休之后,在楚国的兰陵开班讲学,四方学子慕名而去,韩非子也加入了求学者的行列。

若干年后,韩非子学成,告别恩师踏上了回国的道路。

02　韩王瞧不起的人

当时国力较弱的韩国饱受强邻秦国的威胁,随时都有亡国之虞。韩非子屡次上书韩王,提出救国大计,却患有口吃的毛病。

有一次,他面见韩王,提出自己的想法,韩王却不耐烦地说:"你说话都结结巴巴,还能有什么妙计?!"

韩非子也许是听了韩王的话后,发愤著书,写出了《韩非子》一书,该书共十余万字。

03　偶像之战

韩非子的著作不胫而走,很快传到了秦国。秦王嬴政看过《韩非子》一书后,赞叹有加,说:"如果寡人能见到此书的作者,与之交流谈论,死而无憾!"

秦国丞相李斯连忙说:"这本书的作者是臣的同学韩非子,是韩国人。"

公元前234年,秦王嬴政下令发动了一场偶像之战,一支精锐的秦国部队攻击韩国的边境。大军压境,韩国的君臣照例想到了割地,但此次秦国表示不要土地和城池,指名只要韩非子一人。韩国君臣千恩万谢,连忙把韩非子找出来送给了秦国。

在中国历史上,为女人而战的史实屡见不鲜,而为一个人才发动一次战争的绝无仅有。

04　为国出力,授人以柄

韩非子一到秦国就发挥自己的特长,给秦王写了一封信,也就是被

后人称为《存韩》的那篇文章。

在信中,韩非子将韩国描绘成秦国的标准仆从国,出则为遮蔽,入则为枕席,为了秦国的利益竟干一些出力不讨好的事情,韩非竭尽全力使秦王相信秦国的最大敌人是赵国。说了这些后,韩非子得出的结论是:秦国留着韩国有百利而无一害。不如领着韩国一起对付赵国,待击败赵国之后,天下自然就是秦国的天下。

韩非子为国出力,却授人以柄,为李斯的陷害留下了口实。

05　遭同窗陷害而亡

李斯画像

秦王对韩非子的态度,让李斯十分嫉妒,他私下对秦王道:"韩非子是韩国王室贵族,现在秦国吞并诸侯已成定局,韩非的血统决定了他终究不会为秦国出力,这是人之常情。以韩非子的学识和才干,如果不能为大王所用,久留于秦国而又平安返回,不知道有多少秦国情报会随之而去,必将成为秦国的后患。韩非子来秦有日,无功于秦却数次以文乱法,大王不如找个罪名杀了他。"

秦王政认可了李斯的说法,下令将韩非子入狱审讯。李斯派人给韩非子送去毒药,逼他自杀。韩非子提出向秦始皇自陈心迹,却又不能进见。秦王政在韩非入狱之后后悔了,便下令赦免韩非子,然而为时已晚,韩非子已经服毒自杀。

06　君主的逆鳞

韩非子深深地明了游说的困难。他在《说难》一书中写道:"大凡游说的困难,在于如何了解游说对象的心理,然后用我的说辞去适应他。游说的对象志在博取高名,而你却用重利去劝说他,他就会认为你品德低下而遗弃和疏远你;游说的对象志在贪图重利,而你却用博取高名去劝说他,他就会认为你脱离实际而不被采纳。游说的对象实际意在重利而公开装作博取高名,而你用博取高名去劝说他,他就会表面上录用你而实际上疏远你；假如你以重利去劝说他，他就会暗中采纳你的意见而公开疏远你。这些情况不可以不明察。"

"龙是一种动物，可以驯养、游戏、骑它，然而它喉咙下端有一尺长的逆鳞，人要触动它的逆鳞，一定会被它伤害。君主也有逆鳞，游说的人可以做到不触犯君主的逆鳞，就差不多算是善于游说了。"

07　视君主态度而游说

从前，弥子瑕被卫国君主宠爱。那时卫国的法律规定："偷着驾驶君主车辆的人处以砍脚的刑罚。"弥子瑕母亲生病，有人连夜来告诉弥子瑕，弥子瑕假托君命驾驶君主车辆出去。卫灵公听说后反而赞美他说："真孝顺啊！为母亲的缘故，忘记了砍脚的刑罚。"

有一天，弥子瑕和卫灵公在果园游玩，弥子瑕吃到一个甜桃子，没吃完就献给卫君。卫君说："真爱我啊！自己不吃却想着我。"

后来，等到弥子瑕脸色衰老宠爱减退时，得罪了卫灵公，卫灵公说："这个人曾假托我的命令驾驶我的车辆，又曾拿他吃剩下的半只桃子给我吃。"

韩非子说："弥子瑕的德行和当初一样没有改变，之所以以前被认为孝顺而后来被治罪，是由于卫君对他的爱憎有了极大的改变。被君主宠爱时就认为他聪明能干，愈加亲近。被君主憎恶了，就认为他罪有应得，愈加疏远。因此，劝谏游说的人，不能不审察君主的爱憎态度后再进行游说。"

08　郑人买履

《韩非子·外储说左上》讲述过"郑人买履"的故事：

春秋时期，郑国有一个人要买鞋。他先用绳子量好脚的尺寸，随手放在凳子上，就往集市去了。他来到集市，找到卖鞋的商户，才发觉忘了带那条绳子。

卖鞋的商人把鞋拿给他，他却说："我忘记拿鞋尺码了。"于是急忙回家去取。待他拿到尺码，返回集市，商家已经关门了。

有人问他："你为何不试穿一下呢？"

他说:"我相信量好的尺码,不相信自己的脚。"

显然,韩非子是举郑人买履之例,影射日暮途穷的韩国社会,提醒当权者不要墨守成规、故步自封,只相信古人的东西,而不相信自己,应该大胆改革,以法治国,发奋图强。

韩非子是颇有政治眼光的。在他死后三年,即公元前230年,不思进取、自我陶醉的韩国即被秦所灭。

09　狗猛酒酸

宋国有一个卖酒的商人,卖酒器具量得很公平,接待客人态度很恭敬,酿造的酒很香醇,店铺门前酒旗悬挂得很高,但积贮很多酒却没有人来买,时间一久,酒都变酸了。卖酒的感到奇怪,不解其中缘故。他向同住里巷且知道这事的老人杨倩打探。杨倩说:"你养的狗凶恶吗?"卖酒的说:"狗凶恶,那么酒为什么就卖不出去呢?"杨倩说:"人们都是害怕你的狗呀!有的人打发自己的小孩,揣上钱,拿着壶,前往打酒。但你的狗窜出来咬人,(谁还敢来买酒呢?)这就是你的酒卖不掉最终变酸的原因。"

韩非子说:"国家也有这样的恶狗。有才能的人怀着治国的本领想要禀陈大国的君王,使大国的君王能够明晓治国的方略。那些大臣像恶狗一样窜出来咬人,这就使国君受到蒙蔽和挟制,因而那些有才能的人不能得到重用。"

10　自相矛盾

历山一带的农民相互侵占田界,舜到那里种田,一年后,各自的田界都恢复了正常。黄河边的渔夫相互争夺水中高地,舜到那里打鱼,一年后,大家都礼让年长的人。东夷的陶工制出的陶器质量粗劣,舜到那里制陶,一年后,大家制出的陶器都很牢固。

孔子赞叹说:"种田、打鱼和制陶,都不是舜的职责,而舜前去干这些活,是为了纠正败坏的风气。舜确实仁厚啊!竟能亲自吃苦操劳而使民众都听从他。所以说,圣人的道德能感化人啊!"

有人问儒者:"当时尧在哪里?"儒者说:"尧在做天子。"

韩非子对此驳斥道:"既然这样,孔子说尧是圣人又该如何解释呢?圣人处在君位上,明察一切,会使天下没有坏风气。如果种田和打鱼的没有争执,陶器也不粗劣,舜又何必用道德去感化他们呢?舜去纠正败坏的风

自相矛盾

气,又证明尧有过失。认为舜贤就要否定尧的明察,认为尧圣就要否定舜的德化,不可能两者兼而有之。楚国有一个卖矛和盾的人,夸他的盾说:'我的盾最坚固,没有什么东西能够刺穿它。'又夸他的矛说:'我的矛最锐利,没有什么东西刺不穿的。'有人说:'拿你的矛来刺你的盾,会怎么样呢?'卖矛和盾的人就无法回答了。不能被刺穿的盾和没有什么刺不穿的矛,不可能同时存在。现在尧和舜不能同时被称赞,与上面所讲的矛和盾的道理是一样的。"

11 依法治国

郑相子产早晨出门,经过东匠间时,听见有妇女在哭泣。子产按住车夫的手,示意停车,仔细听听。过了一会儿,子产派官吏把那个妇女抓来审问,她就是亲手绞死丈夫的人。另外一天,车夫问他说:"您凭什么知道那妇女是凶手?"子产说:"她的哭声显得恐惧。一般说来,大家对于亲爱的人,刚病时忧愁,临死时恐惧,既死后悲哀。现在她哭已死的丈夫,不是悲哀而是恐

> **知识链接:**
>
> 法家主张法、术、势的结合。法,指公开颁布的成文法律以及刑罚制度;术,是君主驾驭臣民的政治权术;势,即权势,主要指君主的统治权力。法以立本,术以立策,势以立人。

惧,所以知道她有奸情。"

韩非子说:"子产治国,不也是太多事了吗?奸情一定要等亲自听到和看到,然后才了解,那么郑国查到的奸情就太少了。不任用主管狱讼的官吏,不采用多方面考察验证的政治措施,不彰明法度,而依靠竭尽聪明劳心费神去获知奸情,不也是缺少治国办法吗?况且事物众多而个人智寡,寡不胜众,个人智力难以普遍地了解事物,所以要利用事物来治理事物。臣下多而君主少。少不胜多是指君主难以普遍地了解臣下,所以要依靠人来了解人,就能不劳累身体就办好事情,不使用脑力就得知奸情。"

12　踊贵履贱

齐景公走访晏子,说:"您的住宅太小,又靠近集市,请把您家搬到豫章的园地去。"晏子拜了两拜推辞说:"我家穷,靠上集市买东西吃,早晚都要赶集,不能离得远。"景公笑着说:"您家人熟悉市场行情,知道什么贵什么便宜吗?"这时景公刑罚繁多。晏子回答说:"断脚人穿的踊贵,常人穿的鞋便宜。"景公说:"什么缘故?"晏子回答说:"刑罚太多。"景公惊讶得脸色大变,说:"我大概太残暴了吧!"于是减去五种刑罚。

韩非子说:"晏子说踊贵,不是他的真心话,是想借此来劝说景公不要多用刑罚。这是他不懂治国之道的过错。刑罚恰当不嫌多,刑罚不当不在少。晏子不以刑罚不当告诉景公,而以用刑太多劝说景公,这是不懂法术的过错。"

13　司守本职

从前,韩昭侯喝醉酒睡着了,掌帽官怕君主受了寒,就拿衣服给君主盖上。韩昭侯睡醒后很高兴,就问身边的侍从:"盖衣服的是谁?"身边的侍从回答说:"掌帽官。"韩昭侯便同时处罚了掌衣官和掌帽官。

韩非子说:"韩昭候处罚掌衣官,是认为掌衣官失职;处罚掌帽官,是认为掌帽官越权。不是不担心寒冷,而是认为越权的危害超过了寒冷。所以明君驾驭臣下,臣下不能越权去立功,不能说话不恰当。超越职权就该处死,言行不一就该治罪。司守本职,言而有信,群臣就不可能结党营私了。"

14 和氏之璧

楚国人卞和在楚山中得到一块玉石,捧着它献给楚厉王。楚厉王派治玉的工匠来鉴定它,玉匠说:"这是块石头。"楚厉王认为卞和欺骗自己,就处以砍掉左脚的刑罚。

楚厉王死后,楚武王登上王位,卞和又捧着那块玉石献给楚武王。楚武王叫玉匠来鉴定,玉匠又说:"是块石头。"楚武王也认为卞和是欺骗自己,于是又砍掉了他的右脚。

楚武王死后,楚文王即位,卞和抱着那块石头在楚山脚下哭泣,哭了三天三夜,眼泪流干后流出了血。楚文王听说后,派人询问他痛哭的缘故。那人对他说:"天下被砍掉脚的人多了,你为什么哭得这样悲伤呢?"卞和说:"我并不是悲伤被砍掉脚,我悲伤的是那宝石被认为是石头,忠贞的人被认为是欺骗。这才是我悲伤的原因啊!"楚文王于是派玉匠雕刻那块石头,从中果然得到宝玉,随即把这块玉命名为"和氏之璧"。

韩非子说:"那珍珠宝玉是君主急需的,即使卞和献的玉璞不够完美,也并

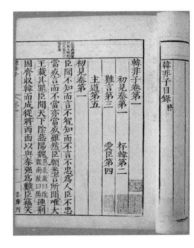

《韩非子》(二十卷)书影,明万历年间刻本。

不构成对君主的损害,但还是在双脚被砍后宝玉才得以认定,鉴定宝玉竟然是如此难呀!如今君主对于法术,未必像想得到和氏之璧那样急切,然而法术却可以禁止群臣百姓的自私和邪恶。既然这样,那么法术之士还没被杀戮的原因,只是帝王所需要的法术宝贝还没进献罢了。"

15 辩说产生的原因

有人问道:"辩说是怎么产生的呢?"

韩非子回答说:"产生于君主的不明智。"

问话的人说:"君主不明智就产生辩说,为什么呢?"

韩非子回答说:"在明君的国家里,命令是最尊贵的言辞,而法律是处理政事的最高准则。除命令外,没有第二种尊贵的言辞;除法律外,没有第二种行事的准则,所以言论和行动不合乎法令的必须禁止。如果言论没有法令作依据,但可以对付诡诈、适应事变、谋得利益、推断事理的,君主必须采纳这种言论并进而责求它的效果。言论和实效相符,就给重赏;言论和实效不符,就给重罚。因此愚笨的人畏罪而不敢说话,聪明的人没有什么可争论的。这就是没有辩说存在的原因。"

16 不贪生怕死

堂谿公对韩非子说:"我听说遵循古礼、讲究谦让,是保全自己的方法;修养品行、隐藏才智,是达到顺心如意的途径。现在您立法术,设规章,我认为会给您生命带来危险。用什么加以验证呢?"

韩非子说:"我明白您的话了。整治天下的权柄,统一民众的法度,是很不容易施行的。但之所以要废除先王的礼治,而实行我的法治主张,是由于我抱定了这样的主张,即立法术、设规章,是有利于广大民众的做法。我之所以不怕昏君乱主带来的祸患,而坚持考虑用法度来统一民众的利益,是因为这是仁爱明智的行为。害怕昏君乱主带来的祸患,逃避死亡的危险,只知道明哲保身而看不见民众的利益,那是贪生而卑鄙的行为。我不愿选择贪生而卑鄙的做法,不敢毁坏仁爱明智的行为。您有爱护我的心意,但实际上却又大大伤害了我。"

合纵抗秦的苏秦

以大王之贤，士民之众，车骑之用，兵法之教，可以并诸侯，吞天下，称帝而治。

——苏秦

合纵连横，简称"纵横"，是战国时期纵横家所宣扬并推行的外交和军事政策。当时最著名的纵横家是苏秦、张仪。苏秦曾游说六国诸侯，要六国联合起来西向抗秦。与合纵政策针锋相对的是连横。张仪曾经游说六国，让六国共同事奉秦国。合纵连横的实质，是战国时期的各国为拉拢其他国家而进行的外交、军事斗争。

苏秦（约公元前334—前284年），字季子，亦尊称为苏子，战国时东周洛阳乘轩里人，是战国时代最著名的说客与谋士、纵横家①中合纵派的领军人物和最高首脑。苏秦出身农家，素有大志，曾随鬼谷子学习纵横捭阖之术多年，与张仪同出自鬼谷子门下。

战国时期，诸侯纷争，群雄争霸。苏秦初欲"连横"，劝秦惠王用远交近攻的方法逐个击破东方六国，秦不用，故东"合纵"，先后说服燕、赵、韩、魏、齐、楚六国联合起来抗秦，迫使秦国废帝退帝，苏秦成为"纵约长"，"并相六国，显赫一时"。可是由于六国内部的问题，轻而易举就被秦国击溃。后合纵盟约瓦解，苏秦去赵归燕，又因燕使齐，进行弱齐强燕的外交间谍活动，终因行迹败露，被齐国车裂而死。

苏秦擅长于战略谋划、长篇游说和辩论，他所解决的问题都是当时国际上的首要问题或者一个国家的核心问题，对具体问题和局部问题的策略，他不是太感兴趣。他游说时善于抓住要害和本质问题，单刀直入、鞭辟入里，富有逻辑性，说理清楚、极具信服力。他也是最讲究语言修辞的说客，他的辞藻华丽、排比气势如虹、比喻夸张随手拈来，各种修辞手段应有尽有，可以说他是战国时代说客、谋士中的集大成者。

在重视国家外交的基础上，苏秦运用极具辩证色彩的矛盾分析方法，深切分析了当时七国纷繁错综的外交、军事关系，进而对不同的矛盾进行加工、选择，指出各国外交的要害。苏秦肯定了统一战争的必要性，又反对争夺利益的不义之战，更清醒地意识到战争带给社会、人民的巨大灾难，提出了一系列节制战争、反对战争的观点。苏秦以论辩艺术说服各国，谋取功名，借时代之力，将个人的力量发挥到极致，可称作时代之骄子。正所谓："一人之辩，重于九鼎之宝；三寸之舌，强于百万之师。"

---

① 纵横家兴于战国后期。"纵"指"合纵"，"横"指"连横"。所谓"合纵"，指战国时齐、楚、燕、韩、赵、魏六国联合抗秦的外交策略；所谓"连横"，指以上六国分别与秦国结盟的外交策略。所谓"纵横家"，指鼓吹"合纵"或"连横"外交策略的人物。

01 初次出道

战国时期，中原大地七雄并立，战争连年不断，各国都想统一中原。

苏秦在鬼谷先生那里学习游说技巧和外交谋略，当他自以为学有所成后，便满怀信心地来到当时最强大的秦国，游说秦惠王。他倡导连横战略，游说秦惠王说："大王的国家，西面有巴、蜀、汉中等地的富饶物产，北方有来自胡人地区的贵重兽皮与代地的良马，南边有巫山、黔中作为屏障，东方又有崤山、函谷关这样坚固的要塞。土地肥沃，民殷国富；战车万辆，壮士百万；沃野千里，资源丰富，积蓄充足；地势险要，能攻易守。这正是天下公认的'天府之国'，秦国因而真正是雄霸天下的强国。凭着大王您的贤能，秦国士卒与百姓的众多，战车、骑兵等武器的巨大作用，兵法和谋略的运用之妙，完全有把握吞并其他诸侯，一统天下，称号皇帝，统治全中国。希望大王能考虑一下这一前景，允许我陈述自己的方略。"

秦惠王说："寡人常听人说：羽毛不够丰满的鸟儿不可以高飞，法令不完备的国家不可以奖惩刑罚，道德不崇高的君主不可统治万民，政策教化不顺应天意的君主不可以号令大臣。如今先生不远千里来到我秦国登庭指教，寡人内心非常感激，不过关于军国大计，最好还是等将来再说吧！"

随后，苏秦十次上书秦王，劝秦惠文王用"连横"的办法，用远交近攻的方法逐个击破东方六国，但他的建议始终没被秦王采纳。苏秦的黑貂皮大衣穿破了，一百斤黄金也用完了，钱财一点不剩，只得离开秦国，返回家乡。这时，他背着书箱，挑着行李，形容枯槁，面目黧黑，满脸羞愧，一副失魂落魄的样子。

回到家后，家人的态度使他觉得比游说失败更难受。他回家时，妻子不下织机，嫂子不去做饭，父母不与他说话。苏秦见此情状，长叹道："妻子不把我当丈夫，嫂嫂不把我当小叔，父母不把我当儿子，这都是我苏秦的罪过啊！"

02 不走运的人

有一年，苏秦的父母过生日，苏秦与哥哥苏代各自手捧着酿造的米酒奉到父母的面前,以此表达对双亲的孝心。

父母美滋滋地喝下了苏代的敬酒,赞道:"好佳酿。"看得出他们特别欣赏这个老大。

轮到苏秦小心翼翼地送上酒来,父母一见他近前便板起了脸,接过酒各尝了一口,立刻斥道:"酸酒。"虽然肯定没指望能像大哥那样得到赞许,苏秦还是感到惊愕,倒不是对自己酿酒的技艺有信心,而是因为这酒本来就是从苏代那里借的。

这时,苏秦的妻子见丈夫受窘,便脱口说了实话:"这是大嫂家借来的。"

哪想到父母听了这话更加生气,老父叱道:"你这不走运的人,过手便酸。"这也就是说苏秦乃倒霉鬼,好东西经他的手也会变味。

03 引锥刺股

苏秦初次失败而归,十分伤心,自言自语地说:"难道我这辈子就没有出头之日吗?"

苏秦引锥刺股而发愤读书

于是,苏秦把家里所有的书都翻出来,找出一部姜太公写的《阴符经》,从此他每天挑灯夜读,发奋钻研,选择其中重要的加以熟读,而且一边读一边揣摩演练。每当他深夜读书疲倦而打瞌睡时,就用锥子刺一下自己的大腿,鲜血一直流到了自己的脚上。这就是"引锥刺股"的来由。

苏秦自语道:"哪有像我这样自以为是地跑去游说君王,却不能让他们掏出金玉锦绣和卿相尊位的呢?!"过了一年,他的研究和演练终于成功,又自言自语:"现在我真的可以去游说各国君王了。"于是,中国历史上"纵横家"的一位开山鼻祖横空出世!

04　拜受相印

苏秦决定再次出山游说。因为开始劝秦"连横"不成，对其心怀怨恨，所以他转而游说六国"合纵"，共同抗击秦国。

苏秦先到了北方的燕国，对燕文公说："燕国没受到秦国的侵略，是因为西边有赵国挡住秦国，可是赵国要来打燕国，早上发兵，下午就能到。您不跟近邻的赵国交好，反倒把土地送给挺远的秦国，这种做法很不好。主公只有用我的计策，先跟邻近的赵国订立盟约，然后再去联络中原诸侯一同抵抗秦国，燕国才能安稳。"燕文公赞成苏秦的办法，就给他准备了车马和财礼，让他到赵国去游说。

苏秦来到赵国，见到了赵肃侯，问："当今天下哪一国对赵国的威胁最大？"

赵肃侯答："秦国。"

苏秦又问："秦国最忌恨的是哪个国家？"

赵肃侯答："您是说赵国吗？"

苏秦说："是的。秦国之所以不敢举兵伐赵，只是畏惧韩、魏会袭击他的后方，所以为赵国在南方作遮蔽的是韩、魏啊！可是韩、魏没有名山大川之险要，一旦秦兵大出，蚕食二国，二国投降则灾祸降临于赵。我曾经考察地图，六国的土地，超过秦上万里。诸侯的军队，多过秦十倍。如果六国合为一心，并力西向，击破秦国又有何难！今天为秦谋划者，以秦恐吓六国，诸侯必须割地求和，而无故割地是自我毁灭。击破人与被人击破哪一个好呢？"

赵王听到此，不觉膝行向前。

苏秦接着说："依我愚见，不如邀请列国君臣会盟于洹水（洹，huán；洹水，今河南安阳），交盟定誓结为兄弟，联为唇齿。秦攻一国，则五国共救。如有败盟背誓者，诸侯共伐之。秦虽强暴，岂敢以孤立之国与天下之众争胜负！"

赵肃侯听到此极为高兴，马上封苏秦为武安君，佩以相印，并配给兵车百乘，赐以高宅大院，赐黄金万镒（一镒为20两），白璧百双，锦缎千匹，让苏秦出面组织"联合国"。

随后，苏秦说服了韩宣王、魏襄王、齐宣王、楚威王，于是六国联

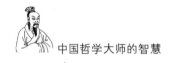

合,并力对付秦国,从而苏秦成了合纵盟约的"纵约长"。这样,六国相印,博取于舌尖之上;合纵连横,玩弄于股掌之间。

05 前倨（jù）后恭

有一次,苏秦南下游说楚王,路经洛阳,他的家人知道后,做出了令苏秦意想不到的举动。

苏秦的父母听说儿子来了,赶紧粉刷房子,把路面打扫干净,并准备了音乐、筵席,而且到三十里以外去迎接他。他的妻子不敢正眼看他,低着头偷偷地看他,侧着耳朵听他说话,生怕听错了。嫂子的表现更离谱,她像蛇一样在地上爬到苏秦跟前,毕恭毕敬,不停地跪拜道歉。

苏秦见嫂子这个样子,笑着说:"嫂子怎么以前对我那么傲慢,现在又这么恭敬了呢?"

他嫂子说:"那是因为叔叔您现在当了大官,又有那么多钱。"

苏秦感慨万分,不禁感叹道:"贫穷的时候连父母都不认你作儿子,富贵以后则亲戚也感到畏惧。人生在世,权势以及富贵不容忽视啊!"一语道破世态之炎凉!

这就是成语"前倨后恭"的来由,其意为:对人先前非常倨傲,而后来却又万分恭敬。

06 两面通吃

东周国想种水稻,可这居于洛水上游的西周国不放水,东周君为此十分忧虑。苏秦便对东周君说:"请让我去说服西周君放水。可以吗?"

苏秦拜见西周君,说:"您的主意错了!如果您不放水,反而使东周国有了致富的机会。现在东周国的百姓都种麦子,没有种其他东西。您如果想坑害他们,不如突然一下子给他们放水,去破坏他们的庄稼。现在放水,东周国一定会改种水稻;待他们种上了水稻,便再给他们停水。这样,东周国的百姓就会完全听命于您。"

西周君说:"好。"于是下令放水。

苏秦则得到了两国的赏金。

07　说齐归燕地

燕王晚年，让位给大臣子之，引起国内叛乱。齐国趁机派兵攻燕，仅50余天就占领了燕国全境，燕国因此残破。赵武灵王护送燕公子职回国，立为燕昭王。

燕昭王即位后，广纳贤士，积极准备对齐国进行大规模的军事报复行动。这时，苏秦来到燕国，燕昭王便派他到齐国去交涉仍被齐占领的燕国土地。

苏秦到达齐国后，对齐宣王说："燕昭王是秦穆公的女婿，有强秦作后盾。齐占燕地，必然使燕和秦都不满于齐。如果大王能把所占的燕国

苏秦像

十城之地交还燕国，那么燕秦二国反而会感激大王的恩德。大王即可以秦燕为支持，号令天下，天下还有谁敢不从呢！到那时，齐国的霸业也就可以成功了。"宣王大喜，归还燕国旧地。

苏秦归燕，受到燕昭王的重用。

08　劝齐王伐宋

苏秦洞察了燕昭王想攻齐的意图，便献计于燕昭王道："我们虽然收回了被齐占的土地，然而，当年亡国之恨不可以不报。如果使齐西劳于宋、南疲于楚，我们即可趁机发动进攻，一举灭齐。我请求到齐国去说服齐宣王攻宋。"燕昭王遂拜苏秦为上卿，出使齐国。

秦国一向与宋国交好，齐伐宋就必须与秦绝交。恰逢秦派人到齐国商议共同称帝的事，苏秦趁机劝说齐王："齐秦并立为帝，天下人是尊齐还是尊秦？"齐王说："当然是尊秦了！""那么齐放弃帝号，天下是爱齐还是爱秦？""当然是爱齐了！""两帝并立，共约伐赵，与齐军独攻宋，哪一个更有利呢？"齐王回答："当然伐宋有利！"苏秦接着劝齐王道："如果我们同秦一样称帝，天下只尊秦国；如果我们放弃帝号，天下就爱齐而称强秦，共约伐赵又不如单独伐宋。所以，我主张放弃帝号以顺应

天下。"

齐王听从苏秦建议,联合赵国在阿地会盟,约定共同抗秦,秦齐关系恶化。苏秦趁机劝齐王攻宋:"宋国国君荒淫无度,天下共愤。如果我们挥师西击宋,正是奉天讨罪的壮举,大王必然贤名震于诸侯,且可得到实际的利益,使齐雄踞东方,成为中原诸侯之长。"齐于是攻宋。

为了取得齐的信任,燕国派兵协助齐国伐宋。在联军攻击下,宋国只得割淮北地求和,而齐国实力也因战而衰弱。

09　合纵攻强秦

在齐国,苏秦继续作削弱齐的工作。他劝齐王大兴土木,纵情享乐,对外则大肆战争,广树仇敌。齐秦关系恶化,再加上齐攻宋国,秦王非常震怒。苏秦劝齐王先采取军事行动,以打击遏制秦势力的发展,同时也是为了使齐的力量进一步被消耗。

齐王对燕怀有顾虑。苏秦为燕辩解说:"燕国国小力弱,一向依附于强齐,而齐之所以能号令天下,也正是有了燕的支持。这种友好关系是燕国人心所向,怎么会对齐有异心?"齐王释然。于是,苏秦出使,为齐王合纵攻秦而奔走。

苏秦分别游说韩、赵、魏、燕四国国君,各自出军兵粮草,以攻秦国,推选赵国宰相奉阳君为合纵长,而齐国实际上却是合纵的真正组织者和指挥者。齐国名义上合纵攻秦,其实不过是借齐制秦,使其不能抽身救宋,齐好再次攻宋。苏秦极力主张强攻秦国,然而齐既不卖力,赵、韩、魏、燕自然也都互相推让而逡巡不进。因此联军始终未与秦发生大规模的战争。尽管如此,齐劳师袭远,仍然大损国力。

10　合纵反攻齐

齐王发动攻秦的同时,展开了对宋的第二次进攻。这实际上使其他四国联军陷入进退维谷的境地,既无法合力攻秦,又不能马上撤兵回国,于是各国对齐都暗怀不满。

此时,苏秦南下,明着合纵攻秦,暗中却在积极为燕联系反齐的同盟军。苏秦见各国离心,便暗中劝在魏国的孟尝君:"昔日您在齐国时,为齐立下盖世之功，而齐王昏庸，不但不重用，而且使您背井离乡，远来归魏。现在，齐国又弃信义于不顾，玩弄联军各国。燕军有攻齐之意，赵国也早对齐怀恨在心。如果联合起来东击齐国，则中原势大，魏和先生您一定会名震天下。"孟尝君答应了苏秦的建议。

苏秦又劝说齐王同秦求和说："魏赵距秦近而齐地距秦远，如果我们五国合纵不能击败秦，魏赵为了保存国家肯定会向秦求和。秦一旦同其他国家联合，一定会连横来攻打齐国。望大王早作准备，先与秦谈和，以免形势被动。"于是，齐王抢先与秦做出友好的表示，并打算用亲秦的韩聂做宰相。

赵国奉阳君正忙于合纵攻秦，见齐王未商量就先与秦交好，大为恼怒，便联合魏燕对正忙于攻宋的齐国开战。齐王慌忙从宋撤军，并答应送给奉阳君土地，奉阳君才停止了攻齐的行动。

11　被拘于赵

奉阳君得到齐王关于割让土地的许诺，与齐的关系又和好起来，而苏秦在暗中进行的对燕赵关系的离间活动，也被奉阳君察觉，于是奉阳君把苏秦拘留在赵国，限制其行动。

苏秦向燕王求救，并打算继续进行离间活动。燕王向赵奉阳君提出严重抗议，奉阳君被迫释放了苏秦，然而苏秦却再也不能找到机会在赵活动。他想去见齐派至赵国的使者，赵不准许。苏秦无奈，只好离开赵国而投奔齐国。

12　自陈功过

苏秦投奔齐国后，燕昭王对他产生了怀疑，因为张仪以时机未到为辞，几次劝阻燕昭王对齐国的进攻，于是燕昭王打算让别人替换苏秦回国。

苏秦感到非常委曲，向燕昭王写信申辩。这封信可以说是他对自己一生功过的一个评说。

苏秦说："燕和齐的仇恨由来已久。我为燕齐的邦交奔走，本来就难以获得各方面的信任。齐是燕国的心腹大患，我在齐国，大可使齐不谋

攻燕，小可使齐赵关系破裂，以此为大王的大事做准备。五国伐秦，燕虽然出兵出粮，但一来免去齐称帝、燕称臣的耻辱，二来没有齐赵攻燕的祸患。后来奉阳君接受齐的封地，将我扣在赵国。大王救我出于水火，现在齐赵都不谋攻燕，燕得以修饬国力，我虽无功，但自以为可以免罪了。

"我作为燕臣，在齐国活动，本来就会有流言蜚语。我如在齐国显贵，燕国大夫就不信任我；我在齐国作贱，世人就看不起我。我如受齐王重用，燕大夫就会对我抱有希望，希望达不到又徒增埋怨。齐国如有不利于燕的地方，就把责任都归到我头上；天下人不攻齐，就说我善于为齐谋划。我的处境也可以说是够危险的了。我不畏死报效于大王，大王却怀疑怪罪于臣下，我实在感到恐惧。尽管我自以为可以列于天下公卿之中无可愧疚。如果大王重用有才能的贤人，我愿在齐与他认真合作；如大王不放心我，我就回燕国侍奉大王，以宽解大王的忧虑。"

燕昭王终于没有撤换苏秦。

13 喻言忠诚、守信

有一次，燕昭王受谗言的影响，对苏秦的忠诚产生怀疑。燕昭王说："你自己不忠诚、守信罢了，难道还有因为忠诚、守信而获罪的吗？"

苏秦说："不是这样的。我听说有一个人在很远的地方做官，他的妻子和别人私通。他快要回来时，和他妻子私通的人十分忧虑。妻子说：'你不要担心，我已经做好了毒酒等着他呢！'过了三天，她丈夫果然回来了，妻子让侍妾端着有毒的酒给他喝。侍妾想告诉主父酒中有毒，又恐怕他把主母赶走；可是不告诉主父，又恐怕毒酒害死了主父。于是，她假装跌倒，把酒泼在地上。主父大发雷霆，将她打了五十竹板。侍妾一跌倒而泼掉了那杯毒酒，既保存了主父，又保存了主母，可是自己却免不掉挨竹板。怎么能说忠诚、守信就不能获罪呢？不幸的是我与侍妾的遭遇相类似啊！"

燕昭王说："先生恢复原来的官职吧！"从此，燕昭王愈发优厚地对待苏秦。

14　拈花惹草

苏秦是风流才子，曾拈花惹草。燕王的母亲是燕文侯的夫人，跟苏秦私通。燕王知道了母后和苏秦的丑事，却装着不知道，反而对苏秦更好。苏秦感觉很害怕，便对燕王说："我留在燕国，不能使燕国的地位提高；如果我在齐国，就一定能提高燕国的地位。燕齐两国迟早要交手，不如派我去行使反间计。"燕王明知道是怎么一回事，但想到用这个办法送苏秦走最为妥当，便让他去了齐国。

于是，苏秦假装得罪了燕王而逃到齐国，齐王便任用他为客卿。随后，苏秦说服齐王大筑宫室，开辟园林。苏秦的用意在于消耗齐国实力，使其凋敝，从而有利于燕国。后来，齐宣王去世，齐闵王继位，齐国大夫中一些人和苏秦争夺国君的宠信，因而派人刺杀苏秦。

15　死后擒刺客

初夏某晚，在齐国的苏秦正在书房里读书。忽然，从窗口闪进一个黑影，还没等苏秦叫出声来，一个蒙面人就已跃到眼前，扬起利剑直刺苏秦胸膛。苏秦遇刺，立即惊动了齐闵王。他闻报后，当即去看望苏秦。

齐闵王见苏秦身负重伤，痛恨交加地说："我一定要捉到刺客，为先生报仇！"

苏秦喘着气说："我马上就要死了，请您在人口集中的街市上把我五马分尸示众，就说：'苏秦为了燕国在齐国谋乱。'这样，刺杀我的凶手一定可以抓到。"说完，便与世长辞了。

齐闵王依计而行，当即命令在街市将苏秦的头和四肢分别拴在五辆马车上。

唐朝诗人贾岛路过苏秦墓时，写下一首颇为凄凉的诗《经苏秦》："沙埋古篆拆碑文，六国兴亡事系君；今日凄凉无说处，乱山秋尽有寒云。"图为苏秦故里墓碑。

一声令下，五辆马车向五个方向奔跑，顿时，苏秦的尸体分为五个部分。

齐闵王刚要回宫，只见人群中挤出一个人来，自称是杀死奸细苏秦的刺客。齐闵王说："你把行刺的过程说说看。假如真是你杀的，寡人将重重赏你。"那人叙说了一遍，跟齐闵王了解到的现场情况一致。齐闵王知道那人确是刺客，立即命令拿下刺客，说："寡人若不照苏秦先生临终献的计谋行事，你这亡命之徒怎会自投罗网啊！"

刺客方知上当，欲拔剑刺向齐闵王。卫士们一跃而上，早把刺客剁成了肉酱。

苏秦个人的命运是意味深长的。他一生贫寒如洗，活得丰富多彩，死得悲壮惨烈！

连横攻弱的张仪

大王试听其说，一举而天下之从不破，赵不举，韩不亡，荆、魏不臣，齐、燕不亲，伯王之名不成，四邻诸侯不朝，大王斩臣以徇于国，以主为谋不忠者。

——张仪

战国时期，齐、楚、燕、韩、赵、魏、秦这七个诸侯强国，即"战国七雄"，连年征战，在政治、军事、外交等方面的斗争十分激烈。此时，各诸侯国在军事和外交上，纷纷采取了"合纵"或"连横"的策略。正是这样的时代背景给像张仪这样的纵横家提供了施展才华的机遇和舞台。

张仪（？—公元前309年），亦尊称为张子，魏国大梁（今河南开封市）人，是战国时期著名的政治家、外交家和谋略家，与当时著名的纵横家苏秦齐名，是连横派的领军人物和最高首脑。

战国时期，列国林立，诸侯争霸，割据战争频繁。各诸侯国在外交和军事上，纷纷采取"合纵"或"连横"的策略。

张仪与苏秦一道，曾随鬼谷子学习纵横之术。苏秦创"合纵"之法，游说六国合纵抗秦之后，张仪则施以"连横"之术，游说六国亲秦，拆散"合纵"。在当时"合纵"派与"连横"派的斗争中，最终以张仪为首的连横派的胜利而告终。

秦惠文君九年（公元前329年），张仪由赵国西入秦国，凭借出众的才智，被秦惠王任为客卿。次年，出任秦国第一任相国，位居百官之首，参与军政要务及外交活动，从此开始了他的政治、外交和军事生涯。他凭借三寸不烂之舌，游说于燕、韩、赵、魏、齐、楚、秦之间，巧施"连横"之术，辅助秦国统一了天下。

张仪本是魏国人，后来投奔秦国，长期为秦国服务。张仪在商鞅变法的基础上，"外连衡而斗诸侯"，与秦国的耕战政策相配合，运用雄辩的口才、诡谲的谋略，纵横捭阖，游说诸侯，建树了诸多功绩。为了"连横"，张仪无义无信，反复无常，史学家多有非议，但他在秦国的政治、外交和军事上成了举足轻重的风云人物。他在风云多变的险恶环境中，主要凭借外交手段，采用连横策略，"散六国之从，使之西面事秦"，使秦国的国威大张，在诸侯国中产生了巨大的威慑作用，为秦国的霸业和将来的统一起了积极的作用。

张仪正是作为杰出的纵横家出现在战国的政治舞台上，对列国兼并战争形势的变化产生了较大的影响。张仪的连横之举之所以能节节胜利，首先在于他能正确估量天下大势，并选择了生机盎然的秦国作为自己的政治舞台，其行为又符合全国统一的大趋势；其次则在于他能灵活巧妙地运用机谋权变，去实现自己的政治意图。张仪对先秦历史的发展做出了重要贡献，其智慧丰富了我国的思想文化宝库。

连横攻弱的张仪

01　遭受鞭笞

早年，张仪与苏秦一起拜鬼谷子为师，研习合纵、连横之术，深得老师的真传。完成学业之后，张仪就去游说天下诸侯。

公元前338年，张仪先在本国求见魏惠王，被魏王一口谢绝。张仪继而到楚国，也被楚威王谢绝。他只好在楚国令尹昭阳门下做客卿。

有一天，昭阳设宴，款待群僚，张仪也在其中喝酒。凑巧，昭阳府内丢失了一块玉璧。相府中的人觉得张仪贫穷寒酸，就怀疑是他偷的，便不分青红皂白，把他捆绑起来，拷打逼供。张仪被打得皮开肉绽，却死也不肯承认，令尹昭阳只好放了他。

张仪回家后，他的妻子说："唉，要是你不读书，不到处游说诸侯，怎么会受到这样的羞辱？"

张仪对妻子说："你看我的舌头还在吗？"

他的妻子笑着说："舌头还在。"

张仪说："舌头在，那就足够了！"

后来，张仪做了秦国的相国，写了一封声讨文书给楚国的相国："当初我跟着你的时候，明明没偷你的东西，你却鞭打我。你好好地守住自己的国家，我会来看望你并真真切切地偷你一把——我一定要夺你的城池。"

02　受辱入秦

张仪游说各诸侯都未能成功，权衡一番后，张仪决定投奔已经位高权重的老同学苏秦，先获一官半职，再徐图发展。

苏秦知道张仪要来十分高兴，决定派遣张仪去秦国替自己卧底，维持合纵联盟。

苏秦很冷淡地接待了张仪，态度傲慢。吃饭时，苏秦在殿堂上大宴宾客，却安排张仪独坐一角，苏秦的宴席上摆满了山珍海味，张仪桌上只有可怜的两道小菜。看到苏秦不顾同学情谊，如此冷落自己，张仪难受极了，陡然间恨极了苏秦。他发誓要与苏秦唱对台戏，为秦国出谋划策破掉苏秦的"合纵"盟约。

中国哲学大师的智慧

这时，一位腰缠万贯的人找到张仪，说："你相貌不凡，贵气逼人，此去秦国一定能够成功，我愿意资助你，并亲自陪你跑一趟。"

面见秦惠王后，张仪旁征博引点明了当前列国间利害冲突的要害所在，措辞激烈地批评了秦国的内政外交，最后献上了破除六国合纵盟约的策略，即远交近攻的连横战略。

张仪像

正苦于找不到对付六国合纵方法的秦惠王听了张仪一席指点迷津的话后，大有相见恨晚之感，立刻封他为官，不久，又升其为相国。

看到张仪已飞黄腾达，资助者便前来向他告别。张仪惊讶地说："我张仪能有今天，全赖您的帮助。如今正要重重回报，怎么您就要走了呢？"

那人笑着对张仪说："资助你的人不是我而是苏相国，他认为你是天下少有的贤士，却又怕你乐于小利，因此故意激发你的斗志。希望你掌握秦国的大权后，威胁六国但又不要发动强大的攻势，使合纵盟约得以维持。这样，就算是回报苏相国了。"

张仪此时方才明白，一切都是苏秦的安排。于是，他对那个人说："请您为我感谢苏相国的恩典，有他在，秦国就不会真正地去破坏合纵盟约。"

03 远交近攻

周显王四十一年（公元前328年），秦惠王命张仪同公子华桑一起举兵伐魏，结果大败魏军。张仪考虑到当时天下形势不利于秦，"诸侯之地五倍于秦，诸侯之兵十倍于秦"，因此他为秦确立了一条外交方针——远交近攻。

后来，他交替使用武力进攻与政治怀柔两手策略，集中力量打击近邻魏、韩两国，结交齐国。他劝说秦惠王用一打一拉的策略对付魏国，将所占焦、曲沃二地归还于魏。另外，又派秦公子繇（yáo）去魏国作人质，谋求和好。

张仪亲身入魏国，游说魏惠王，说道："秦王对待魏国很是宽厚，魏国不可无礼于秦。"

魏王慑于秦国强大的军事力量，又看到秦国归还土地，入使通好，心中欣喜不已。为了表示友好，就主动献出上郡、少梁十五县给秦。

没想到张仪略施小计，就使秦国名利双收，既得到了魏国土地，又落了一个睦邻友好的美名。

04 计破"合纵"

周显王四十七年（公元前322年），魏惠王因联齐之策无效，便驱逐惠施，反要联合秦、韩，报复齐、楚。秦惠文王见有隙可乘，便与张仪精心策划一个苦肉计，罢免张仪的相国之职，派他去魏国为相，想让魏国先臣服于秦国，破解苏秦的合纵之策。

张仪虽然做了魏相，魏襄王对他的话并不听从，不肯屈从秦国。魏襄王死后，魏哀王继立。张仪又劝说魏哀王与秦国和好，魏哀王也不肯听从。张仪便偷偷告诉秦王进攻魏国。

第二年，齐国在观津大败魏国。秦王趁机再次出兵，打败了魏国的军队，斩首八万，威震诸侯。魏哀王两面受敌，又是小国，怎能招架得住，便想依附一方，也好有个帮手。

张仪便借机游说魏哀王，说："魏国地方不过千里，兵力也不过三十万，又是平原地带，没有名山大川这些天险可以依靠，而且还处在天下的中心，四周与各国接壤。你如果和楚国好，齐国就会从东面打你；你如果和齐国好，赵国就会从北面打你；如果不和韩国和好，韩国又会从西面打你；如果不和楚国和好，楚国又会从南面打你。

"六国听从苏秦的游说，合纵抗秦，各国都相约为兄弟之国，杀白马盟誓，好像真的能合成一体，可是同父母的亲兄弟还有争夺钱财的事，六国合纵显然是不能成功的。大王与齐、楚、赵这些国家难以相处还是小事，如果您不和秦国联合，那么，祸患就更大了。

"秦国如果出兵攻魏国，赵国必然不敢南下救魏，赵国不能南下，而魏也不能北上。这样合纵之道自然就没有了。魏没有合纵国的支援，要想独立对抗强国,想不灭亡是不可能的。秦国如果挟持韩国攻打魏国,韩国害怕秦国,秦国、韩国合在一起,魏国的灭亡就可指日而待了,所以为大王着想,不如与秦国联合。魏国和秦国联合,韩国和楚国就不敢轻举妄动。没有了楚国和韩国的威胁,大王就可高枕无忧了。还有,秦国想要对付的是楚国,而能使楚国变弱的是魏国。楚国虽有富强地大的名声,实际上却很空虚,楚国的士兵临阵逃跑,不能坚持战斗。发动魏国所有的兵力南面伐楚,楚国必败。取得楚国的土地来增强魏国,这才是上策。如果大王不听我的话,秦国就会出兵伐魏,那时大王就算想和秦国联合也不可能了。"

在张仪的军事诱降和隐含的武力打击的双重压力下,魏哀王便背弃"合纵",通过张仪和秦国达成"连横"协议,投向了秦国。张仪终于得以大功告成,便打道回府,又返回秦国任相国。

05　离间齐楚

公元前313年,张仪为秦国相时,秦王想征伐齐国,又顾虑齐国与楚国有互助条约,便派张仪前往楚国。

张仪对楚怀王说:"大王如果能听从我的建议,与齐国废除盟约,断绝邦交,我可以向楚国献上商于地方的六百里土地,让秦国的美女来做侍奉您的妾婢。秦、楚两国互通婚嫁,就能永远结为兄弟之邦。"楚怀王十分高兴,允诺张仪的建议。

群臣都前来祝贺,只有大臣陈轸(zhěn)表示哀痛。楚怀王恼怒地问:"我一兵未发而得到六百里土地,有什么不好?"

陈轸回答道:"您的想法不对。依我之见,商于的土地不会到手,齐秦二国却会联合起来。齐秦一联合,楚国即将祸事临门。"

楚怀王问:"你有什么解释呢?"

陈轸回答:"秦国之所以重视楚国,是因为我们有齐国作盟友。现在,我们如果与齐国毁约断交,楚国便孤立了,秦国怎么会偏爱一个孤立无援的国家而白送商于六百里土地呢!张仪回到秦国以后,一定会背弃对大王您的许诺。那时大王北与齐国断交,西与秦国生出怨仇,两国必然会联合发兵夹攻。为您算计,不如我们暗中与齐国仍旧修好而只表面上绝交,派人随张仪回去。如果真的割让给我们土地,再与齐国绝交也不晚。"

楚怀王斥责道:"请你闭上嘴巴,不要再说废话了,等着看我去接收大片土地吧!"于是把国相大印授给张仪,并给予重赏。随后,楚怀王下令与齐国毁约断交,派一名将军同张仪前往秦国接收土地。

张仪回国后,假装从车上跌下,三个月不上朝。楚怀王听说后,自语道:"张仪是不是觉得我与齐国断交做得还不够?"于是派勇士宋遗北上到齐国去辱骂齐王。齐王大怒,立即断绝与楚国的关系,转而与秦国媾和。

这时,张仪上朝,见到楚国使者,故作惊讶地问:"你为何还不去接受割地?我有秦王赐给的六里封地,愿把它献给楚王。"

楚国使者说:"我奉楚王的命令,来接受商于一带六百里土地,怎么只有六里?"

张仪对楚使说:"没有这回事,大概是你们大王听错了吧!秦国的土地哪儿能轻易送人呢?我说的是六里,不是六百里,而且是我自己的封地,不是秦国的土地。"

使者回国报告楚怀王,楚怀王勃然大怒,不听大臣陈轸的劝告,派兵征讨秦国,秦国也起兵迎击。

春季,秦、楚两国军队在丹阳大战,楚军大败,秦军乘势夺取了汉中郡。楚怀王又征发国内全部兵力再次袭击秦国,在蓝田决战,楚军再次大败。韩、魏等国见楚国危困,也向南袭击楚国。楚国只好率军回救,割让两座城向秦国求和,秦国答应了楚国的请求。

06　巧计脱险

秦国想得到楚国黔中一带的土地,向楚国提出用秦国武关以外的土地来交换楚国黔中一带的土地。

楚怀王恨透了张仪,一心想置张仪于死地,便对秦国提出:"我不愿意交换土地,只要能得到张仪,我情愿白白献出黔中一带的土地。"

秦惠王心里想用张仪换取楚国黔中一带的土地,却又不忍心把心里的想法对张仪说出来。张仪知道秦惠王的心意,就主动向秦惠王请求前往楚国。

秦惠王说:"楚怀王恼恨你背弃奉送商于一带六百里土地的许诺,是

存心要报复你。"

张仪说:"秦国强大而楚国弱小,我与楚国大夫靳尚有很好的交情,靳尚与楚王的夫人郑袖关系很好,楚王对郑袖言听计从。况且,我是奉大王的命令出使楚国,楚王怎么敢杀害我呢?假如以我之死能为秦国换到黔中一带的土地,我也心甘情愿。"于是,张仪出使楚国。

张仪一到楚国,楚怀王便下令将他囚禁了起来,准备杀死他。这一切早在张仪的意料之中。他告诉早已收买的楚大夫靳尚依计而行。

靳尚先见楚怀王,奏道:"大王拘捕张仪,一旦得罪秦王,失掉盟国欢心,天下必轻大王。愿大王三思再三思。"楚怀王闻言,不觉犹豫起来。

靳尚连忙去见楚怀王的夫人郑袖,煞有介事地说:"您知道您将被大王遗弃吗?秦王很钟爱张仪,一定要把他从囚禁中解救出来。如今,秦王将要用上庸六个县的土地贿赂楚国,把美女嫁给楚王,把宫中能歌善舞的女子作为陪嫁。楚王看重土地,必然会尊重秦国,秦国的美女一定会受到楚王的宠爱而尊贵,夫人就会遭到遗弃。为今之计,不如劝说大王,放掉张仪了事。"

郑袖听信了靳尚的话,日夜不停地对楚怀王说:"作为臣子各为其主。如今答应送给秦国的土地还没有交给秦国,而秦国就派遣张仪前来,这意味着秦国极其看重大王。大王没有回报秦国的礼遇却要杀张仪,秦王必然大怒而攻打楚国。我请求让我们母子一起迁移到江南去,不要让我们成为任秦国宰割的鱼肉。"

楚怀王听了郑袖的话,感到非常后悔,就赦免了张仪,像以往一样厚待张仪。

07　王不好色

张仪来到楚国,处境贫困,他的随从很不高兴,想要回去。张仪说:"你一定是因为衣冠破烂,才要回去吧!你等着,让我替你去拜见楚王。"

这时,南后和郑袖很受楚怀王宠爱,在楚国地位尊贵。张仪前去拜见楚怀王,说:"大王不用我,我就到北方去见韩王。"

楚怀王说:"好吧!"

张仪说:"难道大王对韩国没有什么要求吗?"

楚怀王说:"黄金、珍珠、玑珠、犀革、象牙都出自楚国,我对韩国没有什么要求。"

张仪说:"大王不好女色吗?"

楚怀王说:"什么意思?"

张仪说:"那郑国和周国(韩国属国)的女子十分漂亮,站在大街巷口,初次见到的还以为是仙女下凡。"

楚怀王说:"楚国是一个偏僻的国家,从来没有见过中原女子这样美丽的。我怎么不好色呢?"于是赠送给张仪一批珍珠、玉器。

南后和郑袖知道此事后,大为吃惊,就派人对张仪说:"我们听说将军要到韩国去,我这里有金千斤,送给您作为养马的草料钱。"郑袖也给了张仪一批黄金。

张仪辞别楚怀王时,说:"诸侯相互阻隔,道路不通,不知何时再能见到大王,希望能与大王饮酒作别。"

楚怀王说:"很好。"于是设宴与张仪对饮。

酒至半酣,张仪一拜再拜,请求说:"这里没有外人,希望大王邀集左右亲近一块畅饮。"

楚怀王说:"好。"于是找来南后和郑袖,一起饮酒。

张仪又再拜请罪,说:"我对大王犯有死罪。"

楚怀王说:"这是为什么?"

当着南后、郑袖的面,张仪说:"我走遍天下,从来没有见过像南后、郑袖这样的美人,却说要为您找美人。这简直是欺骗大王啊!"

楚怀王十分尴尬地说:"你就不必挂心了。我本来就认为天下的美女谁也比不上她们两人。"

楚怀王与张仪论色

08 威逼利诱

张仪被楚怀王放出来不久,还没有离去,听说倡导建立合纵联盟的苏秦已经死了,就趁机劝楚怀王说:"秦国的疆土占了天下的一半,兵力

可以抵挡四方的国家，黄河如带穿过，四边修设险塞可以固守。勇武之士一百多万，兵车千辆，战马万匹，粮食堆积如山。法令严明，士兵安于赴难、乐于战死，国君贤明威严，将帅智勇双全。即使没有出兵，他们的声威就能席卷险要的常山，一定会折断天下的脊梁，天下后臣服的国家必将先灭亡。况且，那些主张合纵的人，无异于驱羊群去攻击猛虎，绵羊不能抵挡猛虎是很明显的。如今大王不依附猛虎而去依附群羊，我认为大王的策略错了。

"当今，天下的强国，不是秦国就是楚国。秦楚两国互相征战，势不两立。大王不依附秦国，秦国派兵占据宜阳，韩国的土地就会阻塞不通。出兵河东，夺取城皋，韩国必然要向秦国称臣，魏国就会闻风而动。秦国攻打楚国的西边，韩魏攻打楚国的北边，那么，楚国的江山怎么能不危险呢？

"如今，秦国与楚国边境地界相接，本来应该是亲近的国家。如果大王能听从我的意见，我请求派秦国的太子到楚国做人质，楚国的太子到秦国做人质，请让秦国的美女嫁给大王做侍奉大王的侍妾，进献大王有一万户百姓的城邑，作为供给大王汤沐的地方。秦楚两国永远成为兄弟邻邦，终身不互相攻打。我认为没有比这更好的计策了。"

楚怀王接受了张仪的建议，退出合纵联盟，与秦国缔结了友好关系。

09　说韩事秦

张仪离开楚国，便直接前往韩国，对韩王说："韩国地势险恶，生活在山陵之中，生长的五谷，不是豆类就是麦子，老百姓一般吃的是豆子，喝的是豆叶汤。一年没有收成，人们连糟糠都吃不饱。韩国纵横不到九百里，没有储存两年的粮食。估计大王手下的军队，全部不足三十万，而且其中还有杂役人员。除守卫边界亭堡的兵士外，现成的可供调动的兵力最多不过二十万。秦国的军队有一百多万，战车千辆，战马万匹，不戴头盔踊跃奔杀、弯弓射敌、持戟冲锋的兵士多得数不清。……

"大王不归附秦国，秦就会发兵占据宜阳，截断韩国的上党地区，再东取成皋、荥（xíng）阳，那么鸿台之宫、桑林之苑就不再属于大王所有了。如果阻塞了成皋，截绝了上党地区，那大王的国土就要被分割了。早归附秦国就安全，不归附秦国就危险。如果制造的是祸端却想要得到福报，计虑粗浅，结怨很深，违背秦国而顺从楚国，要想国家不亡，那是不可能的啊！所以为大王着想，还不如替秦国效劳。"

韩王听从了张仪的主意。张仪回秦做了汇报，秦惠王赐给张仪五座城邑，并封他为武信君。

10　避祸于魏

公元前311年，当张仪游说东方诸国大功告成而返秦时，秦惠王去世。张仪一回到秦都咸阳，便成了众矢之的。群臣纷纷乘机在继位的武王面前进谗，说道："张仪为人无信，左右卖国以取容。如果仍然重用他，恐为天下人耻笑。"

此时，齐国又落井下石，特派使臣前来责备张仪。内攻外扰，步步紧逼，大有不杀张仪誓不罢休之势。张仪失去政治靠山，面对目前岌岌可危的形势，于是左思右想，陡生一计。

张仪对秦武王说："大王，最近一段时间，东方各国均无战事，友善相处。依臣看来，这对我们秦国是非常不利的。只有东方各国兵戎相见，战火不断，我们秦国才可以乘机割得更多的土地。我听说齐王最恨张仪，张仪在何处，齐王必然会兴兵伐之。因此，我愿前去魏国，到时齐必然兴师伐魏。齐、魏两国一旦交战，大王便可乘机伐韩，进入三川，出兵函谷而不进攻他国，只逼近周京，周朝的祭器就会交给大王。那时，大王就可以挟天子以令诸侯，成其帝王之业！"

秦武王信以为真，不胜欢喜，立即表示赞同，并且出动了30辆兵车，隆重地送张仪去魏国。张仪手持秦武王的符节，一扫近来的沮丧而春风得意。其实，这不过是张仪故作姿态以掩饰内心的落魄而已。

11　计退齐兵

张仪一到魏国，齐国果然兴师伐魏。魏襄王惊恐不安，觉得因张仪而使魏国无端受害，实在不值得，有意让张仪离魏归秦，又觉此话不好开口。

正在焦灼万分、左右为难之际，张仪不请自到，主动拜见魏王说："大王，您恐怕正在为齐国动兵之事担忧吧？大王不必忧虑，不需要大王

动一兵一卒,我即刻让齐国罢兵。"

原来,张仪早已派出家臣冯喜先赴楚国,待齐国对魏发兵时,冯喜已经以楚国使者的身份出现在齐王面前。

冯喜对齐王说:"据我所知,大王甚恨张仪,但是,大王因为张仪在魏国就攻打魏国,恐怕反倒救了张仪啊!"

齐王不解,问其缘故。冯喜便把张仪与秦王所定之计和盘托出,然后说道:"现在,张仪入魏,齐王果然立即发兵击魏,这是大王内耗齐国而外伐盟邦,并使秦王深信张仪之谋。这难道不是在帮张仪吗?"

齐王觉得言之有理,心里叹道:"张仪呀,张仪,我又险些中了你的奸计!"于是罢兵而去。

魏王忽闻齐国偃旗息鼓,自行撤兵,当然是不胜惊喜,对张仪更为宠信,甚至让他担任了相国。张仪相魏一年后,死于魏国。

后　　记

我既不是学哲学出身的，更不是哲学理论研究者，甚至不敢自诩为一名自觉的哲学爱好者。只是因为教学实践需要的缘故，我在哲学园地里与大师们相遇、相识、相交，并为其深邃的思想所吸引和折服，从而选编了先秦圣哲们的一些轶闻趣事，其中难免挂一漏万。然而，我问心无愧，因为自始至终我是用心去做的。

人贵有自知之明。作为一名中学教师的我来做此项工作，所付出的辛劳是常人无法想象的。如若写作之初即为了成书出版的话，我是不敢贸然行事的。我出版本书是被不知不觉地"逼上梁山"的。经过多年的辛勤劳作，现在总算有了一个较为满意的结果。此书付梓之际，我只有一种如释重负之感。尼采曾言："人类的伟大之处，正在于它是一座桥而不是一个目的。人类的可爱之处，正在于它是一个过程与一个没落。"我企盼的只是为筑"桥"而铺垫一块砖，我注重的只是辛勤劳作的"过程"。其实，我从哲学大师们那里得到的惠泽是无法估量的，更是无法言表的。

我编著此书，只有一个心愿：愿您——结识先秦圣哲，与大师们品茗共话，促膝谈心，领会哲人深邃的思想，体悟人生的真谛，谱写好自己的生命交响曲。

本套丛书为我主持的"广东省中小学教师工作室：胡兴松工作室"和"深圳市首批教育科研专家工作室：胡兴松工作室"的科研成果，特此衷心感谢给予我殷切关怀的各级领导及有识之士，感谢那些一直热情帮助我的同仁、始终支持我的家人、精心校改书稿的编辑以及施予我滴水之恩的人。在此，我还要特别感谢胡兴松工作室的全体成员为本书的出版所付出的辛劳，他们是：王立群、王敏、孔令启、吴姣、吴熙龙、陈小莉、陈美英、杨柳、胡亚敏、高永新、段梦妤、郭云奎、梁慧芳、熊汉生、彭珏。

胡兴松
2015 年 5 月 12 日于前海湾畔